新世纪应用型高等教育财经类课程规划教材

西方经济学

XIFANG JINGJIXUE

（宏观部分）

新世纪应用型高等教育财经类教材编审委员会组编

主　编　余少谦　项桂娥　胡　鹏

大连理工大学出版社

图书在版编目(CIP)数据

西方经济学. 宏观部分 / 余少谦，项桂娥，胡鹏主编. — 大连：大连理工大学出版社，2015.7(2023.8 重印)
新世纪应用型高等教育财经类课程规划教材
ISBN 978-7-5611-9887-2

Ⅰ. ①西… Ⅱ. ①余… ②项… ③胡… Ⅲ. ①西方经济学－高等学校－教材②宏观经济学－高等学校－教材 Ⅳ. ①F091.3②F015

中国版本图书馆 CIP 数据核字(2015)第 129430 号

大连理工大学出版社出版
地址：大连市软件园路 80 号 邮政编码：116023
发行：0411-84708842 邮购：0411-84708943 传真：0411-84701466
E-mail：dutp@dutp.cn URL：https://www.dutp.cn
北京虎彩文化传播有限公司印刷　　大连理工大学出版社发行

幅面尺寸：185mm×260mm	印张：13.25	字数：306 千字
2015 年 7 月第 1 版		2023 年 8 月第 2 次印刷

责任编辑：白　璐　　　　　　　　　　　　　　责任校对：张　诚
封面设计：张　莹

ISBN 978-7-5611-9887-2　　　　　　　　　　　定　价：34.80 元

前　言

《西方经济学(宏观部分)》是新世纪应用型高等教育教材编审委员会组编的财经类课程规划教材之一。

西方经济学(宏观部分)是我国高等院校财经类各专业的基础核心课程之一,对提高学生的整体素质和后续各专业课程的学习是极为重要的。该课程是一门难度较大的课程,既涉及国民经济运行所需的宏观经济的基本知识,又包含了运用简单的数学模型建立起来的实证分析技术。无论是从理论上还是实践上,掌握这些知识都有一定难度。虽然目前市场上同类教材较多,但多数版本对于以应用型教学为主的新建本科高等院校,或者内容过多过杂,或者凸显了高职特点而基础理论不够系统。鉴于此,编者在总结自身多年西方经济学教学经验的基础上,通过了解新建本科高等院校学生的特点和学习兴趣,编写了《西方经济学(宏观部分)》,以期帮助学生较好地掌握该课程的基本原理和方法。

本教材具有如下特色:

(1)本教材响应二十大精神,本着新建本科高等院校专业基础教育系统性和应用性的特点,既注重教材的系统性,又坚决舍弃过难过繁、实际意义不大的内容,并强调了教材编排的逻辑性和内容的一贯性。各章节配备了"导学",使学生对本章节的基本原理一目了然,学习重点突出,逻辑清晰。

(2)紧紧围绕新建本科高等院校财经类各专业人才的目标,坚持以能力为本位,以提高学生综合素质为基础,着力培养学生的应用能力和创新能力。突出面向应用,注重培养基础理论对实际情况的解读能力,激励创新意识。各章节配备了一定数量的"思考与练习"和"社会实践要求",

特别是"社会实践要求"，它是专门为新建本科高等院校的教学需要而设计的，具有很强的针对性。

（3）在叙述体例上，重视运用图、表、例及典型案例来说明问题，加大案例分析的比重，帮助新建本科高等院校学生更好地学习相关知识。在附录部分介绍了图表运用方法、经济模型所用到的数学法则以及宏观经济学综合案例。在叙述过程中，还结合我国宏观经济实践，做出适当的分析，以印证宏观经济理论，提高学生解决问题的应用能力。

本教材由福建江夏学院余少谦，池州学院项桂娥、胡鹏任主编。本教材在编写过程中参考了国内外大量相关文献，利用了各种统计资料和媒体资料，在此向相关作者表示感谢。

尽管我们在教材的特色建设方面做出了许多努力，但由于经验和水平有限，所以教材中仍有可能存在疏漏之处，恳请各相关教学单位和读者在使用过程中给予关注并提出改进意见，以便我们进一步修订和完善。

编　者
2023 年 7 月

所有意见和建议请发往：dutpbk@163.com
欢迎访问职教数字化服务平台：https://www.dutp.cn/hep/
联系电话：0411-84708445　84707019

目 录

第一章 国民收入核算理论 ··· 1
   第一节 宏观经济的循环模型 ··· 1
   第二节 国内生产总值及其计算 ··· 3
   第三节 国内生产总值及其他收入指标 ····································· 12
   第四节 国内生产总值分析 ··· 16

第二章 国民收入决定理论 ··· 24
   第一节 均衡国民收入 ··· 24
   第二节 乘数原理 ··· 31
   第三节 IS-LM 模型 ··· 36
   第四节 AD-AS 模型 ··· 42

第三章 宏观经济政策 ··· 54
   第一节 凯恩斯革命与需求管理 ··· 54
   第二节 财政政策 ··· 57
   第三节 货币政策 ··· 64
   第四节 财政政策与货币政策的协调 ····································· 71

第四章 失业理论与状态分析 ··· 81
   第一节 失业与失业率 ··· 81
   第二节 失业类型与原因 ··· 84
   第三节 失业状态及经济后果 ··· 92
   第四节 失业治理对策 ··· 95

第五章 通货膨胀理论与状态分析 ··· 104
   第一节 通货膨胀的概念与分类 ······································· 104
   第二节 通货膨胀的形式和原因 ······································· 111
   第三节 通货膨胀与失业的关系 ······································· 116
   第四节 通货膨胀状况与治理对策 ····································· 121

第六章 经济增长、经济周期与可持续发展 ································· 131
   第一节 经济增长的概念及模型 ······································· 131
   第二节 经济周期概述及模型 ··· 144
   第三节 经济发展 ··· 152
   第四节 经济的可持续发展 ··· 156

第七章　宏观经济学选讲模块 ………………………………………………… 167
　　第一节　汇率与对外贸易 ……………………………………………… 167
　　第二节　蒙代尔-弗莱明模型 …………………………………………… 175
　　第三节　泡沫与监管 …………………………………………………… 183
　　第四节　其他热点问题 ………………………………………………… 188
附　录 ……………………………………………………………………… 197
参考文献 …………………………………………………………………… 206

第一章

国民收入核算理论

> **导学**
>
> 通过学习两部门及三部门宏观经济运行,了解宏观经济运行的基本条件;重点理解国内生产总值的概念,掌握国内生产总值的三种核算方法及恒等关系,掌握国内生产总值、国民生产总值、国内生产净值、国民收入、个人收入、可支配收入的概念及其相互关系;掌握国内生产总值与实际国内生产总值、潜在国内生产总值之间的关系;了解国内生产总值增长率、人均、结构分析等方法。

第一节 宏观经济的循环模型

一、宏观经济学的研究对象

与微观经济学研究经济活动个体的行为及其结果不同的是,宏观经济学研究社会总体的经济行为及其结果。宏观经济学以整个国民经济活动作为研究对象,分析国民生产总值和国民收入、通货膨胀和失业、国际收支和汇率、经济增长和经济周期等各种经济现象产生的原因及它们之间的相互关系。换言之,宏观经济学关注的是一个国家整体的经济运行状况。

宏观经济学对国民经济的研究可以从不同的视角划分为两个方面:从短期来看,宏观经济学研究总产出、就业水平、价格水平等的短期波动,即经济周期问题。短期视角下,宏观经济学对经济周期的研究主要包括以下内容,考察经济处于周期波动中的哪个阶段;影响经济周期波动的因素有哪些;政府如何运用宏观经济政策手段来干预经济运行,减少其波动幅度。从长期来看,宏观经济学研究总产出的长期变动趋势,即经济增长问题。长期视角下,宏观经济学对经济增长的研究主要包括以下内容,一个国家长期经济增长的源泉是什么;为什么一些国家经济会迅速增长,而另一些国家经济却增长缓慢甚至倒退;为什么发达国家与不发达国家收入差距不断拉大等。

通过了解宏观经济学的研究对象,我们不难发现,宏观经济学主要包括国民收入决定理论、失业和通货膨胀理论、经济周期与经济增长理论、开放经济理论及宏观经济政策等内容。

二、宏观经济循环模型

国民经济运行表现为商品、劳务和货币在经济系统中持续不断地循环流动,就像水在管道里流动一样。为了理解整体国民经济的运行,需要建立模型来说明商品、劳务和货币的运行状况,这个模型就是宏观经济循环模型。宏观经济循环模型可分为两部门模型、三部门模型和四部门模型三种。

(一)两部门模型

两部门模型又称为两部门经济,是一个假设的经济社会。它假设经济中只有家庭和企业两个部门。其中,家庭是消费者和生产要素所有者。企业是生产者和生产要素使用者。两部门模型如图1-1所示,图中实线表示资金流,虚线表示实物流。在要素市场中,家庭向企业提供生产要素,得到相应的收入。在产品市场中,家庭购买企业提供的商品和劳务,企业得到销售收入。家庭的收入并不会全部用于消费,未被用于消费的收入流入金融市场,形成资金供给,企业由于生产经营需要资金,便会从金融市场获得贷款。如果家庭的储蓄和企业的投资相等,循环模型中的收入流量既不会增加也不会减少,经济处于均衡状态。若用 C 表示消费,用 S 表示储蓄,用 I 表示投资,则根据图1-1,两部门经济均衡的条件为 $C+I=C+S$,即 $I=S$。这是宏观经济学中

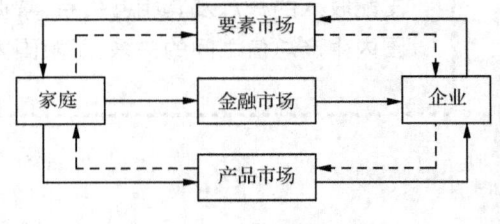

图1-1 两部门模型

最基本的恒等式。需要说明的是,在两部门模型中,$C+I$ 表示总需求,$C+S$ 表示总供给,它们都用 Y 来表示。

(二)三部门模型

三部门模型又称为三部门经济,是指由企业、家庭和政府三个部门所组成的经济模型。三部门模型如图1-2所示。为了便于理解,图中仅标出了资金流。在三部门经济中,政府一方面向企业和家庭征税,构成政府的财政收入;另一方面购买企业的商品和家庭的生产要素,构成政府的财政支出。在三部门模型中,总需求由三个部门组成,分别为消费 C、投资 I 和政府购买 G(政府用于购买物品和劳务的支出)。用公式表示为:$Y=C+I+G$。总供给也由三个部分组成:$Y=C+S+T$。均衡时,总需求等于总供给,$C+I+G=C+S+T$,即 $I+G=S+T$,或 $I=S+(T-G)$。$T-G$ 表示政府部门的储蓄。可见,三部门经济均衡的条件仍然是投资等于储蓄,只不过储蓄由私人储蓄和政府储蓄两部分构成而已。

(三)四部门模型

四部门模型又称为四部门经济,是指由企业、家庭、政府和国外(进出口)四个部门所组成的经济模型。世界上任何一国的经济都不是封闭的,或多或少都与国外有经济联系。在三部门模型中引入国外部门便构成了四部门模型。四部门模型如图1-3所示。在四部

门模型中,有来自国外的产品和劳务,即进口;还有卖给国外的产品和劳务,即出口。相应地,总需求由四个部分组成:$Y=C+I+G+X$,总供给也由四个部分组成:$Y=C+S+T+M$。均衡时,总需求等于总供给,$C+I+G+X=C+S+T+M$,即 $I+G+X=S+T+M$,或 $I=S+(T-G)+(M-X)$。$M-X$ 表示国外部门在本国内的储蓄。因此,四部门经济均衡的条件依然是储蓄等于投资,只不过储蓄由私人储蓄、政府出现和国外储蓄三部分构成而已。

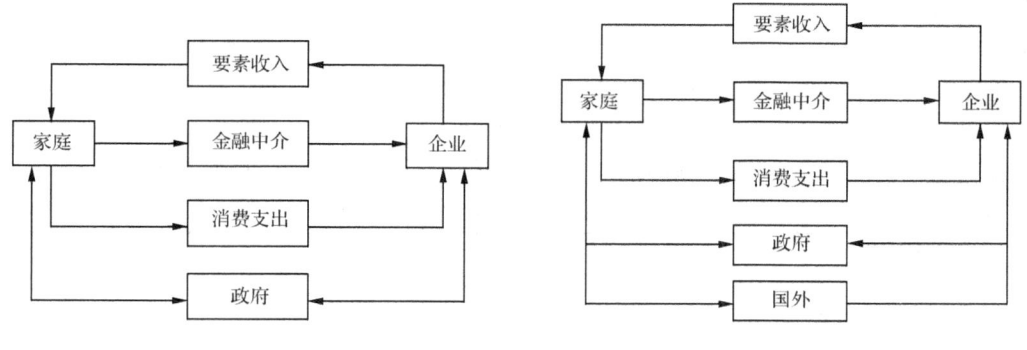

图 1-2 三部门模型

图 1-3 四部门模型

综上所述,不论是两部门经济运行、三部门经济运行还是四部门经济运行都包含储蓄与投资的恒等关系,因此,"储蓄＝投资"是经济运行的基本条件,也就是说两部门模型是各种经济循环模型的基础。

在上述宏观经济循环模型中,收入流量循环于环形的管道之内。若存在家庭储蓄、政府税收和国外进口,就会减少对本国商品和劳务的购买,这就是环形管道中收入流量的漏出;家庭消费、政府购买和出口都会增加对本国商品的购买,这是环形管道中收入流量的注入。在宏观经济循环运行中,漏出是一种收缩的力量,注入则是一种扩张的力量。只要漏出等于注入,宏观经济就会处于均衡状态。

宏观经济循环流动管道中存在众多变量,对这些变量的测定和计量,就是国民收入核算理论。

第二节 国内生产总值及其计算

一、国内生产总值的内涵

要研究宏观经济现象,首先必须找到定义和计量相关总量的方法,国民收入核算理论正是阐明国内生产总值及其有关总量衡量的规定和技术的理论。在国民收入核算理论中,国内生产总值是最重要的一项指标。

国内生产总值(GDP)是指经济社会(一国或一地区)在一定时期内运用生产要素所生产的全部最终产品和劳务的市场价值总和。

理解这一定义,应该注意以下问题:

第一,国内生产总值测量的是最终产品和劳务的市场价值,中间产品的价值不计入国内生产总值。最终产品和劳务是指在一定时期内生产的可供人们直接消费或者使用的产品和劳务。中间产品则指用于再加工或转卖并在后续的生产中作为投入的产品。让我们来看一个生产西装的例子。服装厂生产西装，需要织布厂提供布料，布料是中间产品；织布厂织布，需要纺纱厂提供棉纱，棉纱是中间产品；纺纱厂纺纱，需要农民提供棉花，棉花是中间产品。现将以上生产过程列在表1-1中。从表1-1中可以看出，棉花、棉纱、棉布都是中间产品，只有西装是最终产品。西装的市场价值为300元人民币。生产西装的四个阶段，棉花、棉纱、棉布、服装增值分别为80元、30元、90元和100元，加在一起正好是300元，等于西装的市场价值。由此可见，一件最终产品在整个生产过程中的价值增值，就等于该最终产品的市场价值。如果把棉花、棉纱、棉布这些中间产品的价值也计入国内生产总值，最终的国内生产总值是690元，远高于300元。因此，在计算国内生产总值时，不能记入中间产品的价值，否则就会造成重复计量，导致国内生产总值虚增。

表 1-1　　　　　　　　　　　一件西装价值的增值过程　　　　　　　　　　　　单位：元

生产阶段	总产出	中间投入	价值增值
棉花	80	0	80
棉纱	110	80	30
棉布	200	110	90
服装	300	200	100
合计	690	390	300

需要说明的是，中间产品和最终产品往往并不容易区分。比如面粉，如果是面包房购买的，就是中间产品；如果是居民家庭购买的，就是最终产品。又如煤，居民家庭购买的用于取暖或生火做饭的就是最终产品，而发电厂购买的用于发电的就是中间产品。

第二，国内生产总值中的最终产品包括有形产品和无形产品。因此应把旅游、服务、卫生、教育等行业提供的劳务价值计入国内生产总值中去。某家服装厂生产西装，需要包装和广告，需要专卖店销售；生产西装的工人为了更好地工作，需要休闲和教育。这些范围广阔的服务部门，在国民经济中起到越来越重要的作用，所创造的服务价值在国民经济中所占的比重日益增大。上例中，假设一件西装的包装和广告费为100元，则一件西装的市场价值为400元。

第三，国内生产总值是一个市场价值概念。首先，国内生产总值计量的是最终产品的市场价值。最终产品的市场价值就是这些最终产品的市场价格乘以产量获得的。因此，国内生产总值不仅受最终产品数量变化的影响，而且受最终产品市场价格水平变动的影响。某家服装厂生产的西装，去年平均每套卖400元，今年由于市场价格水平上涨，平均每套卖500元，去年1 000套按400 000元计算国内生产总值，今年1 000套则应按500 000元计算国内生产总值，从而体现了物价上涨20%的现状。其次，需要特别注意的是，国内生产总值仅计算通过市场交易的价值，没有通过市场交易的经济活动不在国内生产总值的统计范围之内。家务劳动、自给自足生产等非市场活动都不计入国内生产总值。

第四，国内生产总值指一定时期内生产出来的最终产品总值。在计算国内生产总值时不应包括以前所生产的最终产品的价值。某家服装厂，今年1月末进行盘点。发现仓库中有去年生产的西装200套，因某种原因尚未拿到市场出售；今年1月份生产的1 000

套西装已经销售了800套,还有200套没有售出。在本例中,今年1月份生产的并已经销售的800套西装的价值应计入今年的国内生产总值中。同时,今年生产的未售出的200套西装,可以看作是企业自己购买下来的存货投资,也应该记入今年的国内生产总值中。去年生产的200套西装的价值则不能记入今年的国内生产总值中,因为它们已经记入了去年的国内生产总值中。

第五,国内生产总值是一国范围内生产的最终产品的市场价值,是一个地域概念。计算国内生产总值采用的是"国土原则",即只要是在本国或本地区范围内生产或创造的价值,不论是外国人还是本国人创造的价值,均应计入本国或本地区的国内生产总值。与国内生产总值对应的另一个概念是国民生产总值(GNP),国民生产总值是指某国国民所拥有的全部生产要素在一定时期内所生产的最终产品的市场价值,因而国民生产总值是一个国民概念。计算国民生产总值采用的是"国民原则",即只要是本国或本地区居民,无论其是否在本国或本地区内,所生产或创造的价值,均计入本国或本地区的国民生产总值。举例来说,中国诺基亚公司归芬兰所有,所以该公司在中国经营得到的利润,虽是中国国内生产总值的一部分,但不被统计为中国国民生产总值,而应归入芬兰国民生产总值。同理,中国海尔在美国工厂的利润,应作为美国国内生产总值的一部分,但应被统计为中国的国民生产总值。还有一个案例,2008年苏州的国内生产总值是温州的两倍,但苏州老百姓的人均收入只及温州的一半。苏州的经济模式也被喻为"只长骨头不长肉",国内生产总值上去了,政府的财政收入上去了,老百姓的口袋仍然鼓不起来,因为利润的大头被外企拿走了,本地人拿的只是一点打工钱。

国内生产总值的核算方法有生产法、支出法和收入法三种。

二、用生产法核算国内生产总值

生产法是指从生产的角度出发,将各产业部门总增加值进行加总以核算国内生产总值的一种方法。由于核算时只需要计算企业在生产和销售过程中的价值增加值,这种方法也称为增值法。

运用这种方法进行计算时,各生产部门要把使用的中间产品的产值扣除,只计算所增加的价值。商业和服务等部门也按增值法计算。卫生、教育、行政、家庭服务等部门无法计算其增值,就按工资收入来计算其服务的价值。

现实生活中,由于区分最终产品和中间产品十分困难,而且各种最终产品的数量过于庞杂,所以通常按照产业部门进行分类,计算各产业部门的价值增加值并加总得到国内生产总值。产业部门是指国民经济基层单位按同质性原则分类形成国民经济产业部门。国民经济产业部门可以分为三大产业。第一产业,主要是农业,以自然物品为对象进行分类。第二产业,主要是工业和建筑业,以加工物品为对象进行分类。第三产业,主要是服务业,以自然人和法人为对象进行分类。因此,生产法核算国内生产总值的公式为:国内生产总值=总产出-中间投入=第一产业增加值+第二产业增加值+第三产业增加值。例子可见表1-2。

表 1-2　　　　2004～2013 年中国按生产法核算的国内生产总值　　　　单位：亿元

年份	国内生产总值	第一产业	第二产业	第三产业
2004	159 878.30	21 412.70	73 904.30	64 561.30
2005	184 937.40	22 420.00	87 598.10	74 919.30
2006	216 314.40	24 040.00	103 719.50	88 554.90
2007	265 810.31	28 627.00	125 831.36	111 351.95
2008	314 045.03	33 702.00	149 003.04	131 339.99
2009	340 902.82	35 226.00	157 638.78	148 038.04
2010	401 512.79	40 533.60	187 383.21	173 595.98
2011	473 104.04	47 486.21	220 412.81	255 205.02
2012	519 470.10	52 373.63	235 161.99	231 934.48
2013	568 845.21	56 957.00	249 684.42	262 203.79

（资料来源：2014 年《中国统计年鉴》）

三、用支出法核算国内生产总值

支出法是指从最终产品和劳务的购买出发，通过核算在一定时期内整个社会购买最终产品的总支出来核算国内生产总值的一种方法。支出法把国内生产总值看作是花费在购买当年全部总产出的支出之和。所以只要把一年的社会购买最终产品和劳务的各项支出加总起来，就可以得到当年所生产的全部最终产品和劳务的市场价值，即当年的国内生产总值。

用支出法核算国内生产总值，可以将国内生产总值分为四类：居民消费、企业投资、政府购买和净出口。

（一）居民消费

居民消费（用字母 C 表示）支出是指本国居民用于国内外最终产品的购买，包括耐用消费品、非耐用消费品和劳务三个部分的支出。耐用消费品支出包括电视、冰箱、空调、小汽车等方面的花费。非耐用消费品支出包括食物、衣服、燃料等方面的花费。劳务支出则包括医疗、教育、旅游、理发等方面的花费。值得注意的是，居民购买新住宅的支出不属于消费，应该计入投资。但是居民支付的房租则应该计入国内生产总值。

（二）企业投资

企业投资（用字母 I 表示）是指增加或更换资本资产的支出，包括厂房、住宅、机械设备和存货等方面的支出。需要注意的是，资本物品本身并不符合最终产品的定义，它们其实是用来生产其他产品的中间产品。但是，资本物品又和中间产品有很大区别。中间产品在生产最终产品的过程中会被全部消耗掉，但资本物品在生产最终产品的过程中只是部分被消耗掉。例如，一台机械设备使用寿命为 30 年，平均每年只消耗掉 1/30 的价值。鉴于资本物品的这种特殊性，在核算一国产出时，也把它当作是最终产品计入国内生产总值。资本物品由于损耗所造成的价值减少称为折旧。折旧既包括资本物品在生产过程中的有形磨损，还包括资本老化带来的无形磨损。比如一台计算机，使用年限虽然未到，但是由于技术的更新使得它已经过时了,其价值也要贬损。

投资可以分为固定资产投资和存货投资两大类。

1. 固定资产投资

固定资产投资又包括商业固定资产投资和住宅投资两部分。商业固定资产投资是指企业用于厂房、设备、商业用房等方面的支出。住宅之所以被划分为投资,是因为住宅像资本物品一样,也是长期使用,慢慢地被消耗掉的。

2. 存货投资

存货投资是指企业持有的存货价值的增加或减少。在某个核算期内,若企业生产了一台设备但没有售出,则将其归入存货,也就是假设该企业自己购买了这台设备。这样处理才能使从生产角度统计的国内生产总值和从支出角度统计的国内生产总值在口径上一致。如果该企业在下一个核算期内出售了这台设备,企业的存货投资就会相应地减少,正好抵销设备购买者的支出,因而对下一个核算期的国内生产总值没有影响。需要注意的是,某核算期内,当生产出来的中间产品还未被使用(该企业准备以后使用或出售),企业的存货投资也会增加。此时中间产品被暂时当作"最终"产品来处理,其价值作为存货投资计入国内生产总值。当企业在下一个核算期内使用或出售该中间产品时,企业的存货投资相应减少,正好抵消该中间产品对下一期国内生产总值的影响。存货投资可能是正数,也可能是负数。如果年末企业存货价值大于年初数,存货投资就是正数,反之,存货投资就是负数。

投资是指资本的增加或减少,因而是一个资本流量。与此对应,资本还有存量。假设某国 2011 年投资是 1 万亿元,该国 2011 年末资本存量是 10 万亿元。由于固定资产的磨损,假设每年的折旧为 3 千亿元。那么,1 万亿元的投资就需要 3 千亿元来补偿旧资本的消耗,由于这 3 千亿元是用来更换旧资本设备的,因而被称为重置投资。剩下的 7 千亿元投资则表示资本存量的净增加,因而被称为净投资。净投资加重置投资等于总投资。用支出法核算国内生产总值时所讲的投资,是指总投资。

(三)政府购买

政府购买(用字母 G 表示)是指各级政府用于产品和劳务的支出,包括政府在军事设施、公共设施、公共服务以及政府雇员薪水等方面的支出。政府购买仅是政府支出的一部分,政府支出的其他部分如转移支付、国债利息等并不计入国内生产总值。政府转移支付包括社会保障支出、失业救济和退伍军人津贴等。由于它们仅仅是单方面的价值转移,并不涉及商品和劳务的市场交换,因而不能计入国内生产总值。国债利息支出类似转移支付,也不能计入国内生产总值。

(四)净出口

净出口(用字母 NX 表示)是指出口额减去进口额后的差额。出口表示外国购买者对本国产品和服务的购买,因此应计入本国国内生产总值。前面介绍过的消费、投资和政府购买,大都由两大部分组成,一部分是对本国产品和服务的购买,另一部分则是对国外产品和服务的购买。因此,在计量一国国内生产总值时,就要将消费、投资和政府购买中对国外产品和服务的购买进行扣除。对外国产品和服务的购买也就是进口,因而核算国内生产总值时,要减去进口额。一般用 X 表示出口,用 M 表示进口,那么 $X-M$ 就是净出口。

综上所述,用支出法核算国内生产总值的公式为

$$国内生产总值 = C+I+G+(X-M)$$

或

$$国内生产总值 = C+I+G+NX$$

在我国的统计实践中,支出法计算的国内生产总值分为三大项:总消费、总投资和净出口。总消费指在一定时期内最终产品和劳务消费支出的合计,包括居民消费和政府消费。总投资指在一定时期内社会和私人各项投资的合计,包括社会和私人固定资产投资形成和库存增加。净出口是指出口减进口的差额。支出法核算国内生产总值的计算公式为

$$国内生产总值 = 总消费支出 + 总投资支出 + 净出口支出 = 总支出。$$

2004~2013 年中国支出法核算的国内生产总值见表 1-3。

表 1-3　　　　2004~2013 年中国支出法核算的国内生产总值　　　　单位:亿元

年份	国内生产总值	总消费	居民消费	政府消费	总投资	固定资产形成	库存增加	净出口
2004	160 956.58	87 552.58	65 218.48	22 334.10	69 168.40	65 117.70	4 050.70	4 235.60
2005	187 423.46	99 357.54	72 958.71	26 398.83	77 856.82	74 232.86	3 623.96	10 209.10
2006	222 712.53	113 103.85	82 575.45	30 528.40	92 954.08	87 954.06	5 000.02	16 654.60
2007	266 599.10	132 232.80	96 332.50	35 900.30	110 943.20	103 948.61	6 994.59	23 423.10
2008	315 974.56	153 422.49	111 670.40	41 752.09	138 325.30	128 084.42	10 240.88	24 226.77
2009	348 775.06	169 274.80	123 584.62	45 690.18	164 463.22	156 679.79	7 783.43	15 037.04
2010	402 815.87	194 114.96	140 758.65	53 356.31	193 603.91	186 315.16	10 988.75	15 097.00
2011	472 619.34	232 112.00	168 956.63	63 155.37	228 344.00	215 682.00	12 662.00	12 163.34
2012	527 608.00	259 600.00	170 584.60	89 015.40	253 524.00	243 152.00	10 372.00	14 484.00
2013	586 673.00	292 165.60	212 187.50	79 978.10	280 456.10	269 175.40	11 280.70	14 151.30

(资料来源:2014 年《中国统计年鉴》)

如果从各项支出的用途看,总消费、总投资、净出口不外乎可以分解为用于消费的支出和用于投资的支出,因此

$$国内生产总值 = 用于消费的支出 + 用于储蓄的支出 = 消费 + 投资$$

四、用收入法核算国内生产总值

收入法是指从收入的角度出发,把某国一定时期内参与生产产品和提供劳务的各种生产要素所获得的各种收入加总起来计算国内生产总值的一种方法。从生产角度看,对各种生产要素的支出,构成了产品和劳务的成本,因而这种方法也称为成本法。这种方法把当年总产出的生产费用以各种收入的形式加以汇总得到当年的市场价值总和。

严格说来,最终产品的市场价值除了各生产要素获得的收入构成的生产成本之外,还包括间接税、折旧、公司未分配利润等。

生产要素收入包括工资、利息、租金和利润四部分。间接税是政府对产品销售征收的税收,包括货物税、周转税。这种税名义上是对企业征收,但企业可以把它最终转嫁到消费者身上,故应视为产品成本,并计入国内生产总值。企业转移支付(即企业对非营利组织的社会慈善捐款和消费者呆账),也会通过产品价格转移给消费者,故也应看作成本,计入国内生产总值。

资本折旧虽不是要素收入,但它包括在总投资中,因而也应该计入国内生产总值。

公司税前利润包括企业所得税、社会保险税、股东红利以及公司未分配利润等。这些都是最终产品市场价值的组成部分,因而应计入国内生产总值。

非公司企业主收入也应计入国内生产总值中。非公司企业主收入,是指医生、律师、小店铺主、农民等的收入。他们使用自己的资金,自我雇佣,很难划分自己经营应得的工资、自有资金的利息、自有房子的租金等,其工资、利息、利润、租金常混在一起作为非公司企业主收入。

归纳起来,用收入法核算国内生产总值的公式为

国内生产总值 = 工资 + 利息 + 利润 + 租金 + 间接税和企业转移支付 + 折旧

或国内生产总值 = 生产要素的收入 + 非生产要素的收入

在用收入法核算国内生产总值时,各个国家的具体统计项目有差异,以我国为例,主要包括以下四大项:固定资产折旧、劳动者报酬、生产税净额和营业盈余。固定资产折旧指一定时期内为在生产中已耗费的固定资产而提取的补偿价值,它是生产经营活动中的转移价值。劳动者报酬指在一定时期内以各种形式支付给劳动者的报酬。生产税净额指在一定时期内生产单位向政府缴纳的各项生产税与政府向生产单位支付的补贴相抵之后的差额。营业盈余指一定时期内生产要素在生产过程中创造的增值价值,是企业经营效益的体现。收入法核算国内生产总值的计算公式为

国内生产总值 = 固定资产折旧 + 劳动者报酬 + 生产税净额 + 营业盈余 = 总收入

2004～2011 年中国收入法核算的国内生产总值见表 1-4。

表 1-4　　2004－2011 年中国收入法核算的国内生产总值　　单位:亿元

年份	国内生产总值	固定资产折旧	劳动者报酬	生产税净值	营业盈余
2004	159 878.30	42 013.23	80 950.75	20 608.83	16 305.49
2005	184 937.40	47 662.66	93 147.99	23 685.68	20 441.07
2006	216 314.38	50 010.60	106 309.00	27 656.69	32 338.09
2007	265 810.31	60 079.98	127 918.92	35 304.86	42 506.55
2008	314 045.43	67 401.69	150 511.09	39 556.34	56 576.31
2009	340 912.81	76 507.39	166 957.94	41 962.76	55 484.72
2010	401 512.80	91 921.27	190 809.47	52 672.57	66 109.49
2011	473 104.05	94 986.41	222 423.84	62 270.87	93 422.93
2012	519 470.10	75 717.38	256 563.94	68 866.03	118 322.75

(资料来源:据各年《中国统计年鉴》中的"资金流量表"资料计算整理。)

如果从各项收入的用途看,固定资产折旧、劳动者报酬、生产税净额、营业盈余均可以

分解为用于消费的收入和用于储蓄的收入,因此

国内生产总值＝用于消费的收入＋用于储蓄的收入＝消费＋储蓄

西方国家的收入法具体统计项目可以分解为:工资和其他补贴、净利息、租金收入、利润、企业税和资本折旧,与我国比较项目更细。如果我们将我国项目中的劳动者报酬对应于西方国家的工资和其他补贴,固定资产折旧对应于资本折旧,生产税净额对应于企业税,营业盈余对应于净利息、租金收入和利润之和,可以看出其结果基本一致。

五、三种国内生产总值的恒等关系

由于两部门模型是各种经济循环模型的基础,因此,可以运用两部门模型来分析总收入、总支出与总产量之间的关系。

从生产部门(企业)看,生产部门向消费部门(家庭)购买生产要素的支出,通过生产销售给消费部门,形成总收入。同时,从消费部门看,消费部门向生产部门提供生产要素所得到的收入,通过市场向生产部门购买商品,形成总支出。可以看出,在要素市场上生产部门的支出与消费部门的收入相等,在商品市场上生产部门的收入与消费部门的支出相等,同时又都表现为国内生产总值,因此

总产值＝总收入＝总支出

又因为,总收入＝消费＋储蓄,总支出＝消费＋投资,因此

总收入＝总支出

消费＋储蓄＝消费＋投资

储蓄＝投资

因此,投资与储蓄的恒等关系,反映了简单经济模型的基本条件。

从理论上说,按支出法、收入法与生产法计算的国内生产总值在量上是相等的,但实际核算中常有误差,因而要加上一个统计误差项来进行调整,使其达到一致。实际统计中,一般以国民经济核算体系的支出法为基本方法,即以支出法所核算的国内生产总值为标准。

六、三种核算方法的载体

我国国民经济核算体系告诉我们,国内生产总值的三种核算方法可以通过国内生产总值及使用表来归纳,其表式与结构见表1-5。

表1-5　　　　　　　　2004年我国国内生产总值及使用表　　　　　　　　单位:亿元

生产方	顺序号	总值	使用方	顺序号	总值
一、总产出	1	183 267.5	一、总支出	11	183 267.5
二、中间投入	2	23 389.2	二、中间使用	12	23 389.2
1.物质产品投入	3	15 376.9	1.物质部门使用	13	16 686.0
2.劳务投入	4	8 012.3	2.非物质部门使用	14	6 703.2
三、统计误差	5	0	三、统计误差	15	−1 078.28
四、国内生产总值	6	159 878.3	四、国内生产总值	16	160 956.58

续表

生产方	顺序号	总值	使用方	顺序号	总值
1. 固定资产折旧	7	22 402.7	1. 总消费	17	87 552.58
2. 劳动者报酬	8	75 366.2	(1) 居民消费	18	65 218.48
3. 生产税净值	9	23 866.3	(2) 社会消费	19	22 334.10
4. 营业盈余	10	38 243.1	2. 总投资	20	69 168.40
			(1) 固定资产形成	21	65 117.70
			(2) 库存增加	22	4 050.70
			3. 出口	23	49 103.3
			4. 进口(—)	24	44 867.7

表1-5的左方是运用收入法核算的生产方,反映商品和劳务的供给。表的右方是运用支出法核算的使用方,反映商品和劳务的使用。表的宾栏各项构成为:①固定资产折旧(固定资产原值－固定资产净值);②劳动者报酬(工资、奖金、津贴、公费医疗、社会保险、离退休费、农村劳动者收入、个体劳动者收入、个人所得税);③生产税净值(生产税(间接税)－向企业转移支付－出口退税);④营业盈余(业主收入、净利息、公司利润、公司未分配利润、公司红利、公积金、公司所得税);⑤总消费(居民消费＋社会消费),其中:居民消费包括耐用品、非耐用品、服务、农村生活消费品、自产自用、房租支出,社会消费包括行政管理费、集团购买、公共事业费、司法费、国防费;⑥总投资(固定资产形成＋库存增加),其中:固定资产形成包括基建投资、固定资产更新投资、公共投资、房地产投资、库存增加包括原材料、燃料、储备资料、半成品、产成品);⑦净出口(出口－进口)。

根据上述主要指标之间的关系,可以进一步分析国内生产总值及使用表间的平衡关系,并可以根据这些平衡关系,利用统计数据填制国内生产总值及使用表。

表中的生产方反映生产活动的成果。其指标之间的计算关系如下

总产出＝国内生产总值(收入法)＋中间投入＋统计误差
　　　　＝159 878.3＋23 389.2＋0
　　　　＝183 267.5

国内生产总值(收入法)＝固定资产折旧＋劳动者报酬＋生产税净值＋营业盈余
　　　　　　　　　　＝22 402.7＋75 366.2＋23 866.3＋38 243.1
　　　　　　　　　　＝159 878.3

表中的使用方反映生产成果的使用。其指标之间的计算关系如下

总支出＝国内生产总值(支出法)＋中间使用＋统计误差
　　　　＝160 956.58＋23 389.2＋(－1 078.28)
　　　　＝183 267.5

国内生产总值(支出法)＝总消费＋总投资＋出口－进口
　　　　　　　　　　＝87 552.58＋69 168.40＋49 103.3－44 867.7
　　　　　　　　　　＝160 956.58

此外,还要考虑以下相等关系:总产出＝总支出、中间投入＝中间使用、收入法国内生产总值＝支出法国内生产总值＋使用方统计误差－生产方统计误差。

我们还可以从表中看到,国内生产总值的恒等关系得到充分体现。总产值+生产方统计误差=总收入、总产值+使用方统计误差=总支出、总收入=总支出+使用方统计误差-生产方统计误差。

第三节 国内生产总值及其他收入指标

一、国民生产总值与国内生产总值

国民生产总值(GNP),是指某国一定时期内(通常为一年)在本国领土范围内所生产的最终产品和劳务的市场价值的总和。

(一)国民生产总值与国内生产总值在核算的时期、价值构成等方面相同

它们都是指一定时期内生产出来的价值总值,都是指最终产品的价值总值,最终产品都包括有形产品和无形产品,都是按市场价格计算。

(二)国民生产总值与国内生产总值的核算范围不同

国民生产总值依据国民原则进行核算,国内生产总值依据国土原则进行核算。国土原则,是指本国领土范围内生产的产品和劳务的价值,都要计入生产总值的原则。国民原则,是指本国国民生产的产品和劳务的价值,都要计入生产总值的原则。这里的本国国民既包括本国国内公民,又包括旅居外国的本国公民和取得本国居住权的外国公民。也就是说,国民生产总值应包括该国公民在本国和外国所生产的最终产品的价值总和。

国民生产总值与国内生产总值的相互联系在于:

国民生产总值=国内生产总值+国外要素净收入
=国内生产总值+本国公民投在国外的资本和劳务的收入—
外国公民投在本国的资本和劳务的收入

2004~2013年中国国民生产总值见表1-6。

表1-6　　　　　2004~2013年中国国民生产总值　　　　　单位:亿元

年份	国内生产总值	国外要素净收入	国民生产总值
2004	159 878.30	77.15	159 955.45
2005	197 789.13	124.48	197 913.61
2006	231 053.34	158.59	231 211.93
2007	275 624.62	330.01	275 954.63
2008	314 045.40	444.49	314 489.89
2009	365 303.69	488.95	365 792.64
2010	437 041.99	824.56	437 866.55
2011	473 104.00	965.60	474 069.60
2012	519 470.10	964.39	520 434.49
2013	568 845.21	1 008.15	569 853.36

(资料来源:据各年《中国统计年鉴》资料整理,国外要素净收入数据从国际收支平衡表中提取(单位为亿美元),再乘以各年的汇率得到。)

二、国内生产净值与国民收入

国内生产净值(NDP),指一个国家在一定时期内生产的最终产品与劳务的净增加值,即国内生产总值扣除折旧后的差额。国内生产净值的计算公式为

$$国内生产净值 = 国内生产总值 - 折旧$$

与国内生产净值相对应的是国民生产净值(NNP),计算公式为

$$国民生产净值 = 国民生产总值 - 折旧$$

或 $$国民生产净值 = 国内生产总值 - 折旧 + 国外要素净收入$$

国民收入(NI)指一个国家生产要素在一定时期内提供生产性服务所得到的报酬,即工资、利息、租金与利润之和。间接税和企业转移支付虽然构成产品价格,但并不会成为要素收入,因而要从国内生产净值中扣除。政府给企业的补助虽然不列入产品价格,却会形成要素的收入,因而要在国内生产净值外加入。

因此,国民收入的计算公式为

$$国民收入 = 国民生产净值 - 间接税 - 企业转移支付 + 政府补助金$$

在我国的统计实践中,国民收入=国内生产净值-间接税+国外要素净收入。

2004~2011年中国国内生产净值及国民收入见表1-7。

表 1-7 2004—2012 年中国国内生产净值及国民收入   单位:亿元

年份	国内生产总值	固定资产折旧	国内生产净值	间接税	国外要素净收入	国民收入
2004	159 878.30	42 013.23	117 865.07	15 144.98	77.15	102 797.24
2005	184 937.40	47 662.66	137 274.74	17 624.55	124.48	119 774.67
2006	216 314.38	50 010.60	166 303.78	20 941.00	158.59	145 521.37
2007	265 810.31	60 079.98	205 730.33	25 691.80	330.01	180 368.54
2008	314 045.43	67 401.69	246 643.74	29 961.55	444.49	217 126.68
2009	340 912.81	76 507.39	264 405.42	33 690.29	488.95	231 204.08
2010	401 512.80	91 921.27	309 591.53	40 320.77	824.56	270 095.32
2011	473 104.05	94 986.41	378 117.64	47 435.96	965.60	331 647.28
2012	519 470.10	75 717.38	443 752.72	52 669.53	964.39	392 047.58

(资料来源:据各年《中国统计年鉴》资料整理,间接税=增值税+营业税+消费税+关税。)

三、个人收入与个人可支配收入

个人收入(PI)是指一国领土范围之内所有个人在一定时期内从各种来源所得的收入的总和。生产要素意义上的国民收入并不会全部成为个人收入。首先,企业获得的利润必须缴纳企业所得税,企业还要保留一部分未分配利润。其次,居民得到的收入中有一部分要以社会保险费的形式上缴有关机构。再次,居民会以多种方式从政府那里得到转移支付,如失业救济金、职工养老金、职工困难补助等。因此,从国民收入中减去公司未分配利润、公司所得税及社会保险税(费),再加上政府给个人的转移支付,就可以得到个人收入。

个人收入的计算公式为

个人收入＝国民收入－企业未分配利润－企业所得税－社会保险税(费)＋政府对个人的转移支付

个人可支配收入(PDI)是指一个国家所有个人在一定时期内实际得到的由个人自由使用的收入。个人收入并不全部归个人支配,因为需要缴纳个人所得税,还要扣减一些非税支付,剩下的部分才构成个人可支配收入。个人可支配收入在宏观经济分析中是一个十分重要的概念和变量,因为它是决定家庭消费和储蓄的关键性变量。

个人可支配收入的计算公式为

个人可支配收入＝个人收入－个人所得税－非税支付

以上各种收入指标虽然在细节上各有不同,但当一国国内生产总值迅速增长时,其他各指标通常也会迅速增长;而且国内生产总值迅速减少时,其他指标也会迅速减少。所以,这些收入指标只是从不同侧面反映经济的波动与变化。

2004～2011年中国个人收入及个人可支配收入见表1-8。

表1-8　　　2004－2012年中国个人收入及个人可支配收入　　　单位:亿元

年份	国民收入	公司所得税	社会保险基金	个人收入	个人所得税	个人可支配收入
2004	102 797.24	3 957.33	5 780.3	93 059.61	1 737.06	91 322.55
2005	119 774.67	5 343.92	6 975.2	107 455.55	2 094.91	105 360.64
2006	145 521.37	7 039.60	8 643.2	129 838.57	2 453.71	127 384.86
2007	180 368.54	8 779.25	10 812.3	160 776.99	3 185.58	157 591.41
2008	217 126.68	11 175.63	13 696.1	192 254.95	3 722.31	188 532.64
2009	231 204.08	11 536.84	16 115.6	203 551.64	3 949.35	199 602.29
2010	270 095.32	12 843.54	18 822.8	238 428.98	4 837.27	233 591.71
2011	331 647.28	16 769.64	24 043.2	290 834.44	6 054.11	284 780.33
2012	392 047.58	19 654.53	30 738.8	341 654.25	5 820.28	335 833.97

(资料来源:据各年《中国统计年鉴》整理,统计资料中没有企业未分配利润、对个人转移支付和非税支付等项目,这里视为0。)

四、实际国内生产总值与名义国内生产总值

国内生产总值是一个市场价值概念,它既会受最终产品数量变化的影响,也会受价格水平变动的影响。为了区分国内生产总值的变化到底是由产量变化还是价格变动引起的,经济学家们提出了名义国内生产总值和实际国内生产总值两个概念。名义国内生产总值是用生产最终产品当年价格计算的国内生产总值。实际国内生产总值是用从前某一年作为基期价格计算出来的全部最终产品的市场价值。

名义国内生产总值与实际国内生产总值之比,称为国内生产总值折算指数

$$国内生产总值折算指数 = \frac{某年名义国内生产总值}{某年实际国内生产总值} \times 100\%$$

国内生产总值折算指数是重要的物价指数指标,反映一国某年的通货膨胀情况。但

是,由于我国长期以来都不是使用国内生产总值折算指数反映通货膨胀的物价指数的,所以,国内生产总值折算指数对于我国国民经济分析的意义并不大。除国内生产总值折算指数外,反映物价指数的还有消费价格指数(CPI)和零售价格指数(RPI)。消费价格指数,是反映不同时期的生活消费品价格和服务项目价格变动趋势和程度的物价指数。零售价格指数,是反映不同时期市场零售物价总水平变动趋势和程度的物价指数。消费价格指数从买方和生活费用的角度考察物价指数,符合通货膨胀特征,因此,我国长期使用消费价格指数作为反映通货膨胀的物价指数。

实际国内生产总值＝名义国内生产总值/消费价格指数

2004～2013年中国名义与实际国内生产总值见表1-9。

表1-9 2004～2013年中国名义与实际国内生产总值

年份	名义国内生产总值/亿元	消费价格指数/%	实际国内生产总值/亿元
2004	159 878.30	103.9	153 877.09
2005	197 789.13	101.8	194 291.88
2006	231 053.34	101.5	227 638.76
2007	275 624.62	104.8	263 000.59
2008	314 045.40	105.9	296 549.01
2009	365 303.69	99.3	367 878.84
2010	437 041.99	103.3	423 080.34
2011	473 104.00	105.4	448 865.28
2012	519 470.10	102.5	506 800.10
2013	568 845.21	102.6	554 430.03

五、潜在国内生产总值与国内生产总值缺口

潜在国内生产总值是指所有生产要素都充分使用时,所生产的国内生产总值,即充分就业时的国内生产总值。潜在国内生产总值一般不容易达到,现实国内生产总值与潜在国内生产总值经常存在着差距,这个差距就称为国内生产总值缺口。

失业率是指失业人口占劳动力人口的比重。当失业率为零时,即处于充分就业状态,这时国内生产总值缺口等于零,实现了潜在国内生产总值,即此时的现实国内生产总值等于潜在国内生产总值。如果失业率不为零,必须依据失业率与国内生产总值增长率的关系(即后续章节中将提到的奥肯定律,失业率与国内生产总值增长率之比,中国1993～1999年大约在1∶2.7,2000年以后在1∶2.3),来测算潜在国内生产总值。当失业率为正时,国内生产总值缺口为负值;当失业率为负时,国内生产总值缺口为正值。当经济萧条时,失业率较高,国内生产总值缺口严重;当经济繁荣时,特别是严重的通货膨胀发生的时候,失业率可能出现负值,这时,国内生产总值缺口为正值,表明生产要素超负荷运转。

六、绿色国内生产总值与国民净福利

国内生产总值是衡量经济总产出和一国经济福利的重要指标,但是,国内生产总值指

标本身存在许多不足之处。首先,国内生产总值仅仅核算进入市场交易的产品和劳务。像家务劳动、地下经济、黑市交易等并不在国内生产总值的统计范围之内。其次,国内生产总值并不反映经济增长的代价,比如环境污染、生态破坏等。再次,国内生产总值仅仅是一个数值,并不反映一国的产出结构、收入分配、技术进步等状况。最后,国内生产总值不能衡量人们的闲暇状况。

由于国内生产总值指标本身存在许多缺陷,经济学家一直致力于改进国内生产总值的核算方式。从20世纪开始,随着环境要素的恶化,他们试图将环境要素纳入国民经济核算体系,从而提出了绿色国内生产总值这一概念。所谓绿色国内生产总值,又称为生态国内生产总值,简称EDP,是指现行国内生产总值扣除环境成本之后的国内生产总值。主要包括:对自然环境的破坏所造成的直接损失;为减少环境污染所支付的经济开支;由于过度开采所产生的负面作用;由于环境污染而导致的社会负效应。

生态国内生产总值＝现行国内生产总值－环境污染损失－恢复生态费用－生态破坏成本

国民净福利是西方国家一些经济学家近年提出的一个衡量经济发展水平的综合性指标。国民净福利是对国内生产净值的一个修正。该概念认为,考察国民经济发展不能只依据最终产品的价值,同时也要考虑生产与环境、劳动与休闲之间的关系。因此,所谓国民净福利,是指现行国内生产净值扣除环境成本、增加休闲价值之后的国内生产净值。

国民净福利＝现行国内生产净值－环境污染损失＋改善环境投入＋休闲价值

第四节 国内生产总值分析

一、国内生产总值增长率分析

国内生产总值总量以及增长率可以反映一个国家的综合国力和发展规模,无论是进行地区、国际的空间比较,还是进行历史的动态比较,国内生产总值增长率都发挥着重要作用。其分析的计算公式主要有:

国民生产总值＝国内生产总值＋本国国民在国外生产的净收入－外国国民在本国生产的净收入

$$国内(民)生产总值的增长率 = \frac{报告期国内(民)生产总值 - 基期国内(民)生产总值}{基期国内(民)生产总值} \times 100\%$$

$$国内(民)生产总值的实际增长率 = \frac{报告期国内(民)生产总值/物价指数 - 基期国内(民)生产总值/物价指数}{基期国内(民)生产总值/物价指数} \times 100\%$$

国内(民)生产总值增长趋势主要通过一国或一个地区历史上各个时期的国内(民)生产总值增长率进行比较,并分析国内(民)生产总值增长周期变化和发展趋势。

国内(民)生产总值增长的国际比较,主要通过不同国家和地区之间国内(民)生产总值增长率进行比较,并分析国内(民)生产总值增长率的变化和发展趋势。

2004～2013年中国国内生产总值增长率见表1-10。

第一章 国民收入核算理论

表 1-10 2004~2013 年中国国内生产总值增长率

指标\年份	2013年	2012年	2011年	2010年	2009年	2008年	2007年	2006年	2005年	2004年
国民生产总值指数（上年=100）	107.4	108.1	108.7	110.2	108.3	110.1	114.6	113.3	110.8	110.5
国内生产总值指数（上年=100）	107.7	107.7	109.3	110.4	109.2	109.6	114.2	112.7	111.3	110.1
人均国内生产总值指数（上年=100）	107.1	107.1	108.8	109.9	108.7	109.6	113.6	112	110.7	109.4

二、国内生产总值人均分析

国内生产总值有助于我们了解一国的经济实力与市场规模，而人均国内生产总值则有助于我们了解一国的富裕程度与生活水平。

人均国内生产总值是用某一年的国内生产总值，除以当年的人口数量所得到的结果。其计算公式如下：

$$某年人均国内生产总值 = \frac{某年国内生产总值}{某年年末人口数量}$$

三、国内生产总值结构分析

国内生产总值结构包括产业结构、收入分配结构、支出结构等。

产业结构反映了一国第一、第二、第三产业之间的比例关系。国内生产总值构成也是国际通用的衡量一国富裕程度的重要指标，无论是进行地区间、国际的空间比较，还是进行历史的动态比较，国内生产总值构成指标都是十分重要的。产业结构分析主要有：

$$\frac{第一产业国内生产总值}{生产法国内生产总值}; \frac{第二产业国内生产总值}{生产法国内生产总值}; \frac{第三产业国内生产总值}{生产法国内生产总值}$$

一、二、三产业结构变化的历史比较，主要是通过一国各个历史时期产业结构统计资料的比较，发现产业结构变化的规律和发展趋势。

一、二、三产业结构变化的国际比较，主要是通过一国产业结构与世界其他国家产业结构统计资料的横向比较，找出发展的薄弱环节，发现变化趋势。

收入分配结构反映了初次分配各项目之间的关系是否合理，反映眼前利益与长远利益之间的关系。收入分配结构分析主要有：

$$\frac{劳动者报酬}{收入法国内生产净值}; \frac{营业盈余}{收入法国内生产净值}; \frac{生产税净额}{收入法国内生产净值}$$

支出结构反映了支出各项目之间的重大比例关系，可以分析研究国民经济运行状况是否健康、正常，重大比例关系是否协调。如投资与消费的比例关系，总消费中居民消费

与社会消费的比例关系,总投资中固定资产形成与库存增加的比例关系等。支出结构分析主要有:

$$\frac{总消费}{支出法国内生产总值}:\frac{总投资}{支出法国内生产总值}$$

$$\frac{消费总额}{支出法物质部门国内生产总值}:\frac{积累总额}{支出法物质部门国内生产总值}$$

$$\frac{居民消费}{总消费}:\frac{社会消费}{总消费}$$

$$\frac{固定资产形成}{总投资}:\frac{库存增加}{总投资}$$

四、国内生产总值效益分析

根据总产出、中间消耗和构成国内生产总值的增加值的定义不难看出,这几个指标间的比率,可以用来分析一个国家、一个地区、一个部门、一个行业的效益情况。中间消耗与增加值之比,反映了投入情况与新增价值的产出情况,中间消耗与增加值之比,基本反映投入情况与新增价值之比。效益分析主要有:

$$\frac{中间投入}{总产出}:\frac{收入法国内生产总值}{总产出}$$

$$\frac{国民收入}{国民生产总值}:\frac{折旧}{国民生产总值}:\frac{间接税}{国民生产总值}$$

五、国内生产总值平衡分析

生产法国内生产总值反映总产值,收入法国内生产总值反映总收入,支出法国内生产总值反映总支出,都不能反映社会总供给和社会总需求的关系。因此,要分析社会总供求的关系,一般通过间接的方法进行,主要有:

由于国内生产总值的增长受到总需求的拉动,总需求的拉动又分解为消费需求的拉动和投资需求的拉动,因此,可以通过国内生产总值的增长率增长幅度与总消费增长率增长幅度、总投资增长率增长幅度的比较进行分析。

$$增长幅度=\frac{报告期增长率-基期增长率}{基期增长率}\times 100\%$$

消费物价指数在 100 以下为萧条,在 100～103.5 为基本持平,在 103.5 以上为膨胀。

总供给与总需求平衡的历史趋势主要通过我国历史上各个时期的总供给与总需求平衡的统计数据进行比较,并分析总供给与总需求平衡周期变化和发展趋势。

总供给与总需求平衡的国际比较主要通过我国与世界各国总供给与总需求平衡的统计数据进行比较,并分析总供给与总需求平衡的发展趋势。

本章逻辑结构

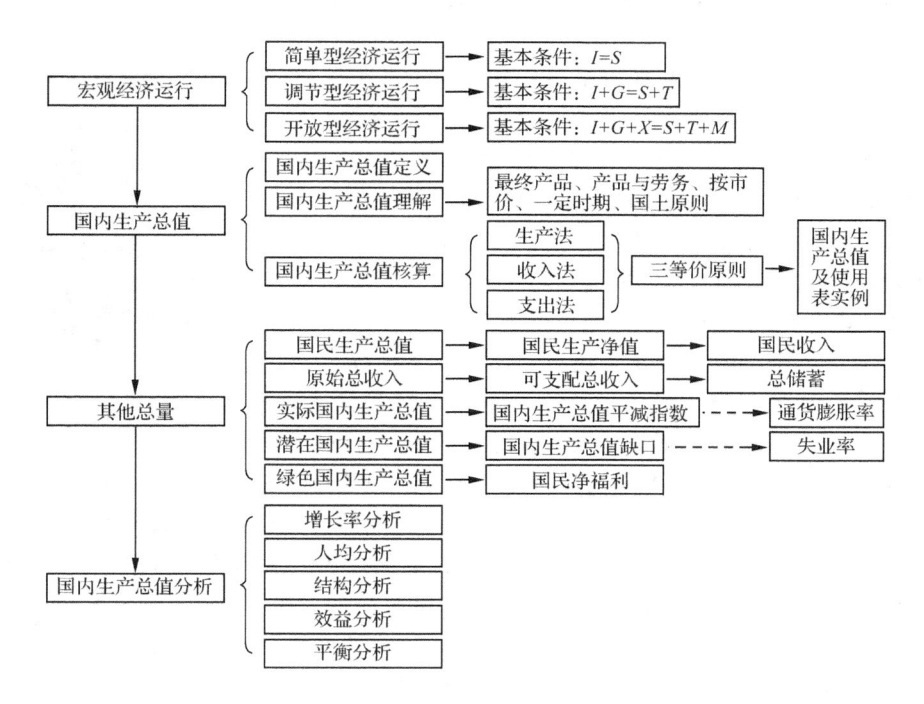

```
                  ┌─ 简单型经济运行 ──→ 基本条件：I=S
宏观经济运行 ─────┼─ 调节型经济运行 ──→ 基本条件：I+G=S+T
                  └─ 开放型经济运行 ──→ 基本条件：I+G+X=S+T+M

                  ┌─ 国内生产总值定义
                  ├─ 国内生产总值理解 ──→ 最终产品、产品与劳务、按市
国内生产总值 ─────┤                      价、一定时期、国土原则
                  │                      ┌─ 生产法 ─┐
                  └─ 国内生产总值核算 ───┤─ 收入法 ─├─→ 三等价原则 ──→ 国内生产总值及使用表实例
                                         └─ 支出法 ─┘

                  ┌─ 国民生产总值 ──→ 国民生产净值 ──→ 国民收入
                  ├─ 原始总收入 ────→ 可支配总收入 ──→ 总储蓄
其他总量 ─────────┼─ 实际国内生产总值 ──→ 国内生产总值平减指数 --→ 通货膨胀率
                  ├─ 潜在国内生产总值 ──→ 国内生产总值缺口 --→ 失业率
                  └─ 绿色国内生产总值 ──→ 国民净福利

                    ┌─ 增长率分析
                    ├─ 人均分析
国内生产总值分析 ───┼─ 结构分析
                    ├─ 效益分析
                    └─ 平衡分析
```

本章相关学者

威廉·配第（William Petty，1623～1687），英国古典政治经济学创始人，统计学家。一生著作颇丰，主要包括《赋税论》（1662，全名《关于税收与捐献的论文》）、《献给英明人士》（1664）、《政治算术》（1672）、《爱尔兰政治剖析》（1674）等。

威廉·配第在1676年出版的《政治算术》著作中，首次试图运用数字资料去计算广义教育成果的货币价值，并从其结果中得出制定经济政策的结论。配第把"技艺"看作一种特殊的，除了土地、物的资本和劳动以外的第四个生产要素。配第认为，教育和训练使人的劳动生产能力出现差别。他对比了海员和农民，认为由于海员所受到的训练，使得在货币价值比值上，令"一个海员实际上等于三个农民"。配第还从人的劳动使人力的货币价值生息这一假设出发，算出英国"有生命的资本"的货币价值。这是第一个力图确定一个国家"人力资本"量的尝试。

马克思为恩格斯的《反杜林论》一书撰写《批判史论述》一章时，把"配第创建的政治算术"看作"一般所说的统计"，配第作为统计学创始人的地位，就更加明确、更加肯定了。马克思是在批判杜林对"配第的十分圆满的、浑然一体的著作"《货币略论》"连书名都不提一下"的傲慢态度时，说了下面这段话的："杜林先生对配第的真正经济学的著作采取这样的态度，对于配第创造'政治算术'，即一般所说的统计，也采取同样的态度。

他对于配第所用方法的奇特,只是恶意地耸耸肩膀!如果我们想到,一百年以后甚至拉瓦锡在这一领域中还采用的奇异方法,如果我们想到,现在的统计同配第向它概要地提出的目的还相距很远,那么,在两百年以后这种自以为高明的骄傲,就只是表现出无法粉饰的愚蠢。"

斯通于1913年8月30日出生于伦敦。青年时代曾就读于剑桥大学,为了子承父业,他起初选择了法律专业,但两年后,他开始对经济学产生了浓厚的兴趣,遂改学经济学。在其改学经济学的最初两年,他受到了凯恩斯的指点和教诲,认真通读了《通论》,并经常参加由凯恩斯组织的政治经济学俱乐部。这为他日后从事经济学研究奠定了良好的基础。他于1935年、1948年和1957年先后获剑桥大学文学学士、文学硕士和理学博士学位。美国、法国、瑞士、比利时、挪威等国的有关高等学校先后多次授予他各种荣誉学位。

在凯恩斯领导下,斯通开始了建立国民经济核算体系的工作,研究有关英国的国民收入和支出以及如何筹措战费的问题。凯恩斯的著作《如何筹措战费》(1940),正是在这时期发表的。后来,他与凯恩斯合写了一篇《英国的国民收入和支出以及如何支付战争费用》的文章。在这一时期,他与詹姆士·米德一起研究了如何使理论上的国民收入和支出的平衡与实践相一致的问题,并于1941年编制出英国国民收入和支出核算的估计数据。凯恩斯认为,他们的估算完全可以并入当年英国政府的预算报告。1944年,斯通和米德合写了《国民收入和支出》一书。这本书不仅为斯通以后的研究奠定了基础,而且一问世就成了国民收入核算的标准教科书。直到1947年,斯通完成了一份联合国在日内瓦公布的《国民收入的测量和社会账户的编制》。当时,在欧洲社会核算的兴趣不断增长,人们认为国民账户对于评价各国的进展可以提供一种有效的框架,为此,斯通在剑桥设立了一个国民账户研究组。其中最为重要的结果是,欧洲经济合作组织分别于1950年和1952年公布了《简化的国民经济核算体系》和《标准化国民经济核算体系》。20世纪50年代初,斯通与西蒙·库兹涅茨等人曾被邀请作为印度国民收入委员会的顾问。同年7月,被联合国召往纽约,旨在建立一个标准的国民经济核算体系,为此联合国还专门成立了一个专家委员会,由斯通担任主席。不久,《国民经济核算体系及辅助表(1953年)》(SNA)就问世了。

1955年至1980年期间,斯通担任剑桥大学财务与会计教授。在此期间,他一方面从事于英国计量经济模型的建立工作,另一方面,还以各国国民经济核算的实践为基础,进一步修订了联合国国民经济核算体系及辅助表(称旧SNA)。成功地推出了联合国国民经济核算体系(1968)(System of National Accounts,通常简称为新SNA)。此后,他一直致力于研究改进社会和人口的统计分析方法,为联合国制订了社会和人口体系。(System of Social and Demographic Statistics,SSDS),并试图把国民经济核算与社会和人口统计体系结合起来。1976年他任剑桥大学冈维尔—开佑斯学院名誉研究员。1978年,由英皇授予爵士称号,被选为皇家经济学会主席。斯通于1980年退休后,虽然不再担任一些国际组织和学术机构的要职,但其学术活动和学术思想并未因此而消退,相反却得到了西方学术理论界的进一步认可和推崇。1984年,瑞典皇家学院向其颁发诺贝尔经济学奖就是一个最好的例证。

本章案例分析

北京人均GDP达八万,可支配收入只占40%——GDP与可支配收入

据北京市统计局2012年年初披露的数据显示,按常住人口计算,2011年北京全市人均GDP达80 394元,折合12 447美元。按世行划分标准,这一数据被认为已达到中上等国家水平,接近富裕国家。对此,北京市统计局副局长于秀琴表示,"世界银行是按GNI计算,我们是按GDP计算,国内外要素收入略有差别,但可用来大致参考富裕程度。"

对此有不少网友调侃,北京市人均GDP达80 394元,已经接近富裕国家水平,为什么我们可支配收入还是很少,还是要为是坐公交还是地铁划算而纠结?

业内人士表示,人均GDP与人均可支配收入不是一个概念,从GDP到人均可支配收入,中间要经过一系列环节。北京市人均GDP近富裕国家水平,并不意味着居民生活质量和福利的提高。应该理性地看待人均GDP近富裕国家水平,经济发展归根结底还是要提高居民的生活水平和福利。

有数据显示,去年北京城镇居民人均可支配收入32 903元,仅为人均GDP的约40%;农村居民人均纯收入仅为14 736元。

中欧国际工商学院经济学教授王建铆表示,GDP可以分成四项,第一项是劳动者报酬,也就是全体劳动者的全部税前收入,包括工资、社保及其他福利,也包括个人所得税。第二项是生产税净额,即政府在生产过程中收取的税收,主要是增值税。第三项是固定资产折旧,即在生产过程中消耗的资本。第四项是营业盈余,主要是企业的税前利润,包括企业所得税。王建铆教授称,北京的人均可支配收入相当于人均GDP的40%是偏低的,特别是考虑到中国很低的社会保障水平,这一比例比一些富裕国家至少要低10个百分点。

此外,税收增速高于GDP增速也是居民感受不到人均GDP接近富裕国家水平的一个重要原因。对此,王建铆教授表示,从1997年到2011年,我国每一年政府税收的增速都要高于GDP的增速。其中和生产税净额有关的税种的增速略高于GDP的增速,企业所得税、个人所得税等的增速明显超过GDP的增速。

本章思考与练习

一、选择题

1. 国民生产总值(GNP)包括(   )。

A. 本国国民在本国和外国生产的最终产品的市场价值

B. 外国国民在本国和外国生产的最终产品的市场价值

C. 本国国民和外国国民在本国生产的最终产品的市场价值

D. 本国国民和外国国民在外国生产的最终产品的市场价值

2. 国内生产总值是下面哪一项的市场价值（　　）。
   A. 一年内一个经济中的所有交易
   B. 一年内一个经济中交换的所有商品和劳务
   C. 一年内一个经济中交换的所有最终商品和劳务
   D. 一年内一个经济中生产的所有最终商品和劳务

3. 国内生产总值是指（　　）。
   A. 一国的所有国民在一特定时期内的总收入
   B. 一国居民在一特定时期内生产的所有商品和服务的货币价值总和扣去折旧部分
   C. 一国居民在一特定时期内生产的所有商品和服务的货币价值总和
   D. 一国居民在一特定时期内销售的所有商品和服务的货币价值总和

4. 表示一国国民在一定时期内生产的所有最终产品和劳务的市场价值的总量指标是（　　）。
   A. 国民生产总值　　　　　　　　B. 国内生产总值
   C. 名义国民生产总值　　　　　　D. 实际国民生产总值

5. 表示一个国家领土范围内居民在一定时期内生产的所有最终产品和劳务的市场价值的总量指标是（　　）。
   A. 国民生产总值　　　　　　　　B. 国内生产总值
   C. 名义国民生产总值　　　　　　D. 实际国民生产总值

6. 在宏观经济学创立过程中起到决定性作用的一部著作是（　　）。
   A. 亚当·斯密的《国富论》　　　B. 马歇尔的《经济学原理》
   C. 凯恩斯的《通论》　　　　　　D. 萨缪尔森的《经济学》

7. 宏观经济学的中心理论是（　　）。
   A. 价格决定理论　　　　　　　　B. 工资决定理论
   C. 国民收入决定理论　　　　　　D. 汇率决定理论

8. 现代宏观经济学的创立者是（　　）。
   A. 亚当·斯密　　B. 大卫·李嘉图　　C. 马歇尔　　D. 凯恩斯

二、计算题

某地区耐用品支出50亿元，厂房支出100亿元，地方政府支出80亿元，工资及补贴220亿元，资本折旧20亿元，非公司利润50亿元，非耐用品支出100亿元，居民住房支出30亿元，进口100亿元，租金收入10亿元，企业税20亿元，国家政府支出100亿元，住房租金5亿元，其他劳务30亿元，公司利润140亿元，设备购置50亿元，出口8亿元，企业存货净变动-50亿元，净利息10亿元，误差调整（自行计算），请依据上述资料分别计算支出法国内生产总值、收入法国内生产总值。

三、名称解释

国内生产总值、国民生产总值、国内生产净值、国民收入、国内生产总值增长率、人均国内生产总值、名义国内生产总值、国民净福利。

四、简答题

1. 微观经济、宏观经济、国民经济有何区别与联系？
2. 宏观经济运行基本条件如何？
3. 怎样理解国内生产总值？
4. 怎样理解国内生产总值的三种计算方法？
5. 国内生产总值及使用表有哪些特点？
6. 国内生产总值与国民生产总值有何区别与联系？
7. 国内生产总值、国内生产净值、国民收入有何区别与联系？
8. 名义国内生产总值、实际国内生产总值、潜在国内生产总值有何区别与联系？
9. 如何进行国内生产总值分析？

本章社会实践要求

主题：分析论证我国 2004～2011 年国内生产总值增长变化情况，并进行宏观经济分析。

要求：1. 运用国内生产总值的有关知识，计算有关总量和相对量数据；
 2. 分析统计数据，说明宏观经济的基本状况。

建议：1. 查阅《中国统计年鉴》，收集 2004～2011 年宏观经济数据；
 2. 编制国内生产总值及使用表；
 3. 计算并分析我国宏观经济状况；
 4. 编写分析报告。

第二章

国民收入决定理论

> **导 学**
>
> 本章通过学习消费函数和储蓄函数,了解消费函数和储蓄函数的关系;掌握边际消费倾向递减规律;掌握投资函数及其与消费函数的关系;理解资本边际效率递减规律和流动性偏好规律;掌握总支出函数及均衡国内生产总值;重点掌握乘数理论及其运用;理解 IS 模型、LM 模型、IS-LM 模型的原理及其经济意义;掌握总供求均衡及其经济意义。

第一节 均衡国民收入

一、均衡国民收入的概念

要阐述国民收入决定理论,就离不开凯恩斯定律。凯恩斯定律是指不论需求量为多少,经济社会均能以不变价格提供相应的供给量。换言之,社会的总需求变动时,只会引起产量和收入的变动,使得供求相等,而不会引起价格变动。这里所说的总需求是经济社会对产品和劳务的需求总量,通常用人们购买产品和劳务的总支出来表示。因此,总需求也称为总支出。

凯恩斯在写作《就业、利息和货币通论》时,所面对的正是 1929~1933 年的大萧条,工厂大量倒闭,工人大批失业,资源大量闲置,整个社会的总需求十分低迷。在这种情况下,社会总需求增加,企业首先考虑的就是调整产量,而不是改变价格。于是总需求的增加,只会使得闲置的资源得到利用,产出增加,而不会使资源的价格上升,从而产品成本和价格大体上能保持不变。需求扩张时,价格保持不变的另一个重要的原因在于凯恩斯定律所分析的是短期的经济问题,在短期内价格因具有黏性而不会轻易变动。简单地讲,凯恩斯定律就是一句话:需求决定供给。也就是说,经济社会的产出(国民收入)由其总需求的大小来决定。这种和总需求相等的国民收入就是均衡国民收入。

根据国民收入的支出法核算公式可知,总需求由四个部分组成:消费、投资、政府购买和净出口。为了简化分析,我们先不考虑政府和净出口,只考虑两部门经济的情况。两部门经济中,不存在政府,自然也就没有税收。进一步假定,没有折旧和未分配利润。那么,必然有:$GDP=ND=NI=PI=DPI$。

两部门经济中,总需求由两个部分组成:一部分是企业的投资需求,用 i 表示;另一部分就是私人的消费需求,用 c 表示。用 E 表示总支出,用 y 表示总收入,那么,两部门中均衡国民收入可以表示为:$y=E=c+i$。与国民收入核算中实际发生的消费和投资不同,这里的 c 和 i 分别表示家庭的计划消费和企业的计划存货投资。国民收入核算中实际发生的投资既包括企业的计划投资,也包括企业的非意愿存货投资。一般来说,一个企业要正常生产经营,就必须保有一定量的存货,如为了保证生产连续而购进的原材料、为保证平稳销售而持有的产成品存货等。在经济学中,这种为保证平稳生产和销售而自愿安排的存货称为计划存货投资或意愿存货投资。由于需求不足、销路不畅而导致的存货增加,称为非计划存货投资或非意愿存货投资。企业的非意愿存货投资增加时,企业就会减少产量。若企业产出小于总需求,企业存货就会减少,于是企业就会增加生产。当企业产出正好等于总需求时,企业的产出就会稳定下来,因而,此时的产出水平就叫作均衡产出或均衡收入。

经济学家们常用 45°线来表示均衡国民收入等于总需求的内涵。如图 2-1 所示,总支出是 100 亿元,均衡国民收入就是 100 亿元,图中的 B 点就是均衡点。若收入大于 100 亿元,非意愿存货就会增加($IU>0$),企业就要削减产量。若收入小于 100 亿元,企业就会扩大产量。经济总是会自动趋向 100 亿元的产出水平。要增加均衡国民收入,就必须增加总需求。

需要特别强调,均衡国民收入的概念是建立在凯恩斯定律基础上的。若经济社会的资源已经全部投入生产,则凯恩斯定律不成立,总需求的增加不仅不会增加国民收入,反而会导致通货膨胀。

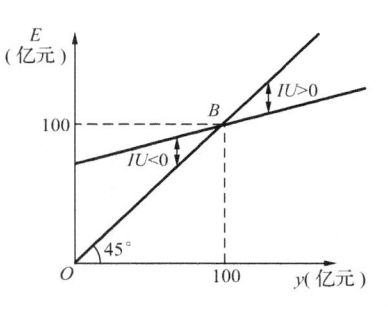

图 2-1 均衡国民收入

根据上面的假设,两部门经济中,国民收入(y)正好等于个人可支配收入,个人可支配收入无非有两个去向:消费(c)和储蓄(s),用公式表示为:$y=c+s$。根据均衡国民收入的概念,必然有 $y=c+s=c+i=E$。由此等式可得 $i=s$。该式表示,均衡国民收入的条件是计划投资等于计划储蓄。

二、消费函数和储蓄函数

根据上面的分析,在两部门经济中,均衡国民收入取决于总需求,即消费需求和投资需求之和。要分析均衡国民收入是如何决定的,就必须搞清楚消费和投资是如何决定的。

为了简化分析,先不考虑计划投资,假设计划投资是一个常量,那么国民收入的决定问题也就是消费的决定问题。

在宏观经济学中,消费指一个国家或地区一定时期内居民为了满足需要而花费在最终产品和劳务上的总支出。在现实生活中,影响各个家庭消费支出的因素有很多,如家庭收入水平、商品价格水平、利率水平、社会收入分配状况、消费者偏好、家庭财产状况、消费信贷状况、社会保障制度、风俗习惯、消费者年龄构成等。

以上诸多因素中,对消费具有重要影响的有五个:第一,可支配收入。可支配收入是居民户提供生产要素所得到的收入,加上政府转移支付再减去个人所得税。居民户的可支配收入只能用于消费品与劳务支出及储蓄。随着居民户可支配收入的增加,用于消费品与劳务支出也在增加。第二,预期的收入。预期的收入是居民户对未来收入的预期。在其他条件不变的情况下,居民户预期的未来收入越高,现期的消费支出也就越多。第三,生命阶段。生命阶段是人们一生中不同的生存阶段。青年阶段,可支配收入中较大部分用于消费品与劳务支出。老年阶段,可支配收入中较小部分用于消费品与劳务的支出。第四,节约的程度。每个人和每个家庭节约的程度差别很大,在其他条件不变的情况下,不节约的家庭,消费支出占可支配收入的比率更大。第五,利率。利率水平越高,消费支出水平越低。高利率由于使消费信贷代价更高、更能吸引人们储蓄而抑制了消费。在这五个因素中,最重要的是可支配收入的水平。

影响消费的因素诸多,要逐一分析十分困难。因此,经济学家们在分析消费问题时,往往选择对消费最具决定性的因素进行分析。凯恩斯认为,在对消费有影响的诸多因素中收入是最重要的。根据凯恩斯的理论,在其他条件不变的情况下,消费会随着收入增加而增加,但是消费的增加不及收入的增加。消费与收入之间的这种依存关系就是消费函数。如果以 c 代表消费,y 代表收入,则消费函数可写为: $c=c(y)$。需要特别说明的是,消费函数中的收入,是指人们的可支配收入。

根据凯恩斯消费函数的性质,可以画出如图 2-2 中所示的消费曲线。图中消费曲线向右上方倾斜,反映消费随收入增加而增加。曲线从左下角至右上角变得越来越平坦,反映消费的增加速度没有收入的增加速度快。

凯恩斯的消费函数,又称为消费倾向。消费倾向又分为平均消费倾向和边际消费倾向。平均消费倾向(APC)是指消费在收入中所占的比例,用公式表示为: $APC=c/y$。如果一个社会收入为 10 万亿元,消费支出为 8 万亿元,那么平均消费倾向就是 0.8。

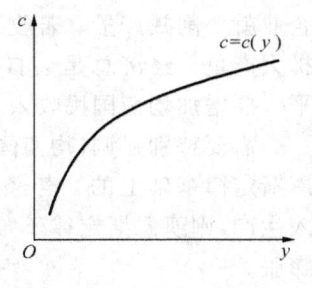

图 2-2 消费曲线

边际消费倾向(MPC)是指增加的消费在增加的收入中所占的比例。如果用 Δc 代表增加的消费,用 Δy 代表增加的收入,则: $MPC=\Delta c/\Delta y$。由于增加的消费只是增加的收入中的一部分,所以,边际消费倾向总是在 0 到 1 之间。

凯恩斯认为人们的消费虽然随收入的增加而增加,但在所增加的收入中用于增加消费的部分越来越少。换一句话说,就是当人们的收入增加时,边际消费倾向是趋向递减的。这种现象在经济学中被称为边际消费倾向递减规律。例如,当收入从 100 元增加到

200元时,收入增加100元,而消费只增加80元,边际消费倾向为0.8;当收入从200元增加到300元时,收入增加100元,而消费只增加60元,虽然绝对量扩大了,但边际消费倾向下降为0.6。凯恩斯还认为,边际消费倾向递减是由人类天生具有谨慎、远虑、贪婪、计算、改善、独立、企业、自豪等特性所决定的。需要注意的是,由于边际消费倾向递减,平均消费倾向也是递减的。

人们的全部消费实际上可以分为两部分,一部分是不取决于收入的自发消费,另一部分是随收入变动而变动的引致消费。自发消费是由人的生存需求决定的最基本的生活消费,如维持生存的衣、食、住、行等。无论收入多少,这部分消费都是必不可少的。在经济分析中,假设自发消费是一个固定的量。引致消费是指收入所引起的消费,这部分消费的多少取决于收入与边际消费倾向。

如果消费和收入之间存在线性关系,边际消费倾向就是一个常数,这样就可以将消费函数写为:$c=\alpha+\beta y$。式中,α表示自发消费,β表示边际消费倾向,y表示可支配收入,βy表示引致消费。此时,消费曲线是一条向右上方倾斜的直线,如图2-3所示。2002~2011年中国可支配收入与总消费的关系见表2-1。

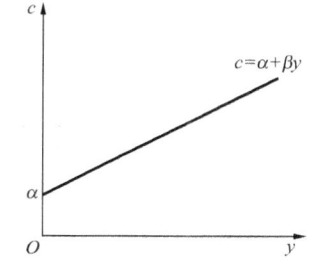

图2-3 线性消费曲线

表2-1　　　　　2002~2011年中国可支配收入与总消费的关系　　　　　单位:亿元

年份	可支配收入	总消费	消费函数	平均消费倾向	边际消费倾向
2002	120 170.40	71 816.50			
2003	136 421.20	77 685.50			
2004	161 348.80	87 552.60			
2005	185 572.40	99 357.50			
2006	218 141.80	113 103.90	$y=0.172x+0.381$ $R_2=0.956$	$APC=C/Y$ $=0.506\ 9$	$MPC=\Delta C/\Delta Y$ $=0.458\ 1$
2007	269 243.20	132 232.90			
2008	319 027.50	153 423.00			
2009	342 482.50	169 274.80			
2010	402 513.70	194 115.00			
2011	470 145.40	232 111.50			

(资料来源:据2002~2012年《中国统计年鉴》中资金流量表数据整理,并运用EXCEL计算出消费函数)

储蓄是一个与消费紧密相连的概念,是指一个国家或地区一定时期内居民收入中未被用于消费的部分,或个人可支配收入扣去消费后的余额。影响储蓄的因素很多,根据储蓄的定义可知,凡是影响消费的因素,也会影响储蓄。

凯恩斯认为,在影响储蓄的诸因素中,收入是最重要的。储蓄函数正是储蓄与收入之间的依存关系。在其他条件不变的情况下,储蓄随收入的变动而同方向变动,即收入增加,储蓄增加;收入减少,储蓄减少。如果以s代表储蓄,则储蓄函数就是:$s=s(y)$。

根据储蓄函数的性质,可以画出如图2-4中所示的储蓄曲线。图中储蓄曲线向右上方倾斜,反映储蓄随收入增加而增加。曲线从左下角至右上角变得越来越陡峭,反映储蓄的增加速度比收入的增加速度快。

若消费函数是线性的,即 $c=\alpha+\beta y$,那么储蓄函数也是线性的,且 $s=-\alpha+(1-\beta)y$。这样便可得到一条线性的储蓄曲线,如图 2-5 所示。

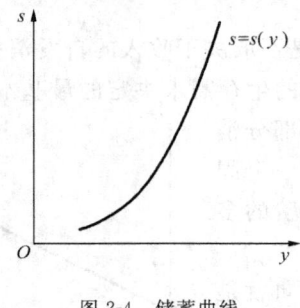

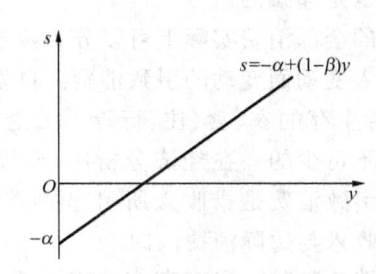

图 2-4 储蓄曲线　　　　　　　　　图 2-5 线性储蓄曲线

储蓄函数又称为储蓄倾向,分为平均储蓄倾向(APS)和边际储蓄倾向(MPS)。平均储蓄倾向是指储蓄在收入中所占的比例,其公式为:$APS=s/y$。如果收入 100 元中,80 元用于消费,其余 20 元用于储蓄,那么平均储蓄倾向就等于 0.2。

边际储蓄倾向是指增加的储蓄在增加的收入中所占的比例,其公式为:$MPS=\Delta s/\Delta y$。如果收入由 100 元增加到 120 元,消费由 80 元增加到 94 元,那么边际储蓄倾向就等于 0.3。

根据消费和储蓄的定义,收入是储蓄和消费之和。增加的收入也无非用来增加消费和增加储蓄。用公式表示为:$y=c+s$、$\Delta y=\Delta c+\Delta s$。2002~2011 年可支配收入与总储蓄的关系见表 2-2。

表 2-2　　　　　2002~2011 年可支配收入与总储蓄的关系　　　　　单位:亿元

年份	可支配收入	总储蓄	储蓄函数	平均储蓄倾向	边际储蓄倾向
2002	120 170.40	48 353.90			
2003	136 421.20	58 735.70			
2004	161 348.80	73 796.20			
2005	185 572.40	86 214.90			
2006	218 141.80	105 037.90	$y=0.213x+0.120$	$APS=S/Y$	$MPS=\Delta S/\Delta Y$
2007	269 243.20	137 010.30	$R_2=0.977$	$=0.493\ 1$	$=0.541\ 9$
2008	319 027.50	165 604.50			
2009	342 482.50	173 207.70			
2010	402 513.70	208 398.70			
2011	470 145.40	238 033.90			

(资料来源:2002~2012 年《中国统计年鉴》中资金流量表数据整理,并运用 EXCEL 计算出储蓄函数)

根据上面两个等式,可以得出:$APC+APS=1$,$MPC+MPS=1$。即平均消费倾向和平均储蓄倾向之和恒等于1。边际消费倾向和边际储蓄倾向之和也恒等于1。根据边际消费倾向递减规律,边际储蓄倾向就一定是递增的。同理,由于平均消费倾向递减,平均储蓄倾向也是递增的。

三、两部门经济的均衡国民收入

两部门经济中,均衡国民收入 $y=c+i$。为简化分析,假设消费函数是线性的,即 $c=\alpha+\beta y$,同时假定投资是一个常量。这样,只要把均衡国民收入等式和消费函数结合起来,就可以求出均衡国民收入的数值。把消费函数代入国民收入等式:$y=\alpha+\beta y+i$。求解得

$$y=\frac{\alpha+i}{1-\beta},0<\beta<1$$

假设消费函数 $c=1\,000+0.8y$,自发的计划投资为600亿元。那么,均衡国民收入就是

$$y=\frac{1\,000+600}{1-0.8}=8\,000(亿元)$$

均衡国民收入的决定也可以用图形来表示。如图2-6所示,消费曲线加上投资曲线和45°线相交决定均衡国民收入。

图中,在消费曲线(c)上加投资曲线(i),得到总支出曲线($c+i$)。因为,投资是一个常量,数值是600,所以,总支出曲线($c+i$)和消费曲线(c)相平行,两者之间的垂直距离是600。总支出曲线($c+i$)和45°线相交于 E 点,对应的均衡国民收入是8 000亿元。

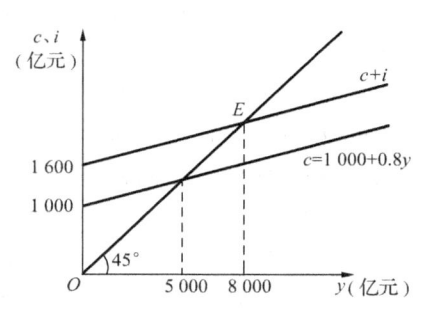

图 2-6 消费函数决定均衡国民收入

均衡国民收入也可以通过计划投资等于计划储蓄这一条件来求得。

计划投资等于计划储蓄,即 $i=s$;根据储蓄的定义,有 $s=y-c$;因为 $c=\alpha+\beta y$,所以 $s=-\alpha+(1-\beta)y$;将上式代入 $i=s$,可得:$i=-\alpha+(1-\beta)y$。

求解得

$$y=\frac{\alpha+i}{1-\beta},0<\beta<1$$

这种用计划投资等于计划储蓄的条件来决定均衡国民收入的方法,也可以用图形来表示。如图2-7所示,储蓄曲线(s)和投资曲线(i)相交决定均衡国民收入。

以上两种决定均衡国民收入的方法,本质上是一样的,求出的均衡国民收入也是一样的。因为储蓄函数本身就是从消费函数中派生出来的。

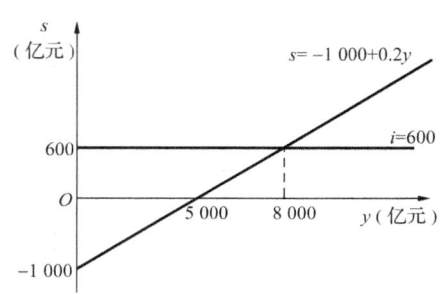

图 2-7 储蓄函数决定均衡国民收入

四、三部门经济的均衡国民收入

在两部门经济中引入政府部门,便构成了三部门经济。三部门经济中,总需求由三部分组成:消费、投资和政府购买。总收入也由三个部分组成:消费、储蓄和税收。这里的税收是净税收,是从总税额中减去政府转移支付(t_r)后的余额。因此,三部门经济中的均衡国民收入是计划消费、投资和政府购买之和,也是同计划消费、储蓄和税收之和相等的国民收入。用公式表示为

$$AE=c+i+g=c+s+t=y \qquad ①$$

由①式可得

$$i+g=s+t \qquad ②$$

②式就是三部门经济宏观均衡的条件。

三部门经济的均衡国民收入既可以用①式来求解,也可以用②式来求解。由于②式是由①式推导出来的,所以两种方法实质上是一回事。接下来,我们就用①式来求解三部门经济的均衡国民收入,②式的求解方法留给大家作为练习。

由①式,可知:$y=c+i+g$

为分析简便,假设投资 i 和政府购买 g 都是常量,同时假设消费函数是线性的,即 $c=\alpha+\beta y_d$。

三部门经济中,政府要收税,同时,政府也会对居民进行转移支付。因此,居民家庭的可支配收入 y_d 不再等于国民收入,而等于国民收入扣减净税收之后的余额。税收有两种情况,一种是定量税,即税收不随收入变动而变动,用 t 表示;另一种是比率税,即税收随收入增加而增加,用 ty 表示,此处的 t 表示税率。那么,定量税的情形下,可支配收入 $y_d=y-t+t_r$;比率税的情形下,$y_d=y-ty+t_r=(1-t)y+t_r$。

先分析定量税情形下的均衡国民收入,此时,$y=\alpha+\beta(y-t+t_r)+i+g$,求解可得

$$y=\frac{\alpha+i+g-\beta t+\beta t_r}{1-\beta}$$

假定消费函数 $c=1\,000+0.8y_d$,定量税 $t=600$,转移支付 $t_r=200$,投资 $i=1\,000$,政府购买 $g=2\,000$。那么:

$$y=\frac{1\,000+1\,000+2\,000-0.8\times 600+0.8\times 200}{1-0.8}=\frac{3\,680}{0.2}=18\,400$$

接下来分析比率税的情形,此时,$y=\alpha+\beta(y-ty+t_r)+i+g$。求解可得

$$y=\frac{\alpha+i+g+\beta t_r}{1-\beta(1-t)}$$

假定消费函数 $c=1\,000+0.8y_d$,税率 $t=0.25$,转移支付 $t_r=200$,投资 $i=1\,000$,政府购买 $g=2\,000$,那么:

$$y=\frac{1\,000+1\,000+2\,000+0.8\times 200}{1-0.8\times(1-0.25)}=\frac{4\,160}{0.4}=10\,400$$

五、四部门经济的均衡国民收入

在三部门经济中引入净出口,便构成了四部门经济,也称开放经济。在四部门经济

中,一国总需求由四部分组成:消费、投资、政府购买和净出口。用 x 表示出口,m 表示进口,那么净出口为 $x-m$。用 nx 表示净出口,则相应地均衡国民收入为

$$y=c+i+g+nx$$

为简化分析,假设出口 x 是一个常量,因为出口是由国外的购买力和购买需求决定的,与本国收入高低没有直接关系。假设 $m=m_0+\gamma y$,m_0 是一个常量,与本国收入高低无关,表示必须进口的商品和劳务,如原油、粮食进口等;γy 表示引致进口,它随本国收入增加而增加,如出口旅游、购买外国的高档商品等,于是有 $nx=x-(m_0+\gamma y)$。同时假设,投资 i、政府购买 g、转移支付 t_r、税收 t 都是常量,消费函数是线性的,即 $c=\alpha+\beta y_d$。

根据以上假设,可得四部门经济均衡国民收入为

$$y=\alpha+\beta(y-t+t_r)+i+g+x-(m_0+\gamma y)$$

求解得

$$y=\frac{\alpha+i+g-\beta t+\beta t_r+x-m_0}{1-\beta+\gamma}$$

如果,税收是比率税,四部门经济的均衡国民收入为

$$y=\alpha+\beta(y-ty+t_r)+i+g+x-(m_0+\gamma y)$$

求解可得

$$y=\frac{\alpha+i+g+\beta t_r+x-m_0}{1-\beta(1-t)+\gamma}$$

第二节 乘数原理

一、两部门经济中的乘数

均衡国民收入是由总需求决定的。在两部门经济中,总需求由两部分组成:消费需求和投资需求,用公式表示为 $AE=c+i$。

假设投资是一个常量,由于消费 $c=\alpha+\beta y$,可得

$$AE=\alpha+\beta y+i$$

即

$$AE=(\alpha+i)+\beta y$$

式中,$\alpha+i$ 表示自发总需求。自发总需求是自发消费和自发投资之和,它不随收入的变动而变动。βy 表示引致总需求,引致总需求随着收入的变动而变动。

令 $AD_0=(\alpha+i)$,那么两部门经济的均衡国民收入为 $y=\frac{AD_0}{1-\beta}$。如果自发总需求增加,那么均衡国民收入也会增加。假设自发总需求增加量为 ΔAD_0,那么均衡国民收入的增加量为 $\Delta y=\frac{\Delta AD_0}{1-\beta}$。均衡国民收入的增加量与自发总需求的增加量之比为 $\frac{\Delta y}{\Delta AD_0}=\frac{1}{1-\beta}$,就是说,自发总需求的增加会引起均衡国民收入增加 $\frac{1}{1-\beta}$ 倍。因为 $0<\beta<1$,所以 $\frac{1}{1-\beta}>1$。这表明,自发总需求增加会导致均衡国民收入倍数增加。这个倍数,在宏观经

济学中被称为乘数,通常用 k 表示。如果自发总需求的增加是由投资需求增加引起的,那么这个倍数也称为投资乘数。换言之,投资乘数是指国民收入变化和引起这种变化的投资支出变化的比率。

由上述分析可知,两部门经济中乘数公式为

$$k = \frac{1}{1-\beta}$$

上式表明:乘数的大小取决于边际消费倾向。边际消费倾向越大,乘数越大;边际消费倾向越小,乘数越小。边际消费倾向越大,增加的收入中就有更多的部分用于消费,从而使总需求增加更多。从乘数的公式中还可以看出,因为边际消费倾向是小于1的,所以乘数一定是大于1的。

自发总需求的增加之所以会导致均衡国民收入成倍增加,是因为国民经济各部门之间存在着连锁关系。某一部门自发总需求的增加,不仅会使本部门的收入增加,而且会在其他部门引起连锁反应,从而使这些部门的收入与支出也增加,最终使国民收入的增加数倍于最初自发总需求的增加。

我们来看一个有关投资乘数的例子。假定雇用失业者来建筑价值1 000美元的汽车间,那么建筑汽车间的木匠和木材生产者会得到1 000美元的收入。如果他们的边际消费倾向是0.8,他们就会存200美元,花掉剩下的800美元用于购买各种消费品。假设他们购买了面包,这样生产面包的工厂就获得了800美元的收入。这些收入就变成了面包厂老板和工人的收入,如果面包厂的老板和工人的消费倾向也是0.8,他们就会存20%即160美元,而将其余的80%即640美元去购买他们需要的产品,如蔬菜。这又会使得种植蔬菜的菜农的收入增加640美元……如此连锁循环下去,整个社会增加的总收入是:

$1\,000 + 1\,000 \times 80\% + 1\,000 \times 80\% \times 80\% + 1\,000 \times 80\% \times 80\% \times 80\% + \cdots$

通过数学上的极限求和,我们可以计算出其结果是5 000美元。即在最初需求的带动下,最终社会的总收入增加了5 000美元,是最初需求增加量的5倍,这就是乘数效应的结果。

乘数效应发生作用是有一定前提条件的。最重要的条件就是经济社会中存在大量闲置的资源。如果社会中没有闲置资源,或者说闲置资源很少时,因为没有更多的资源可以投入生产,自发总需求的增加就不会导致国民收入的成倍增加,反而会引起价格上涨,即通货膨胀。

还需要注意,自发总需求增加会导致国民收入成倍增加,自发总需求减少也会导致国民收入成倍减少。因此,乘数的作用是双重的,是一把"双刃剑"。

二、三部门经济中的乘数

三部门经济中,总需求由消费、投资和政府购买三部分组成。同时,政府会收税,会对居民进行转移支付。所有这些因素都会导致总需求发生变动,进而通过乘数作用,引起均衡国民收入成倍变化。三部门经济中的乘数有政府购买乘数、投资乘数、税收乘数、转移支付乘数和平衡预算乘数等。

根据本章第一节的分析,在定量税的情形下,三部门经济中的均衡国民收入为

$$y=\frac{a+i+g-\beta t+\beta t_r}{1-\beta}$$

根据均衡国民收入的公式,便可以求出定量税情形下三部门经济中的各种乘数。

假设其他变量不变,政府购买增加,那么,均衡国民收入也会增加。并且

$$\Delta y=\frac{a+i+g'-\beta t+\beta t_r}{1-\beta}-\frac{a+i+g-\beta t+\beta t_r}{1-\beta}=\frac{g'-g}{1-\beta}=\frac{\Delta g}{1-\beta}$$

变形可得

$$\frac{\Delta y}{\Delta g}=\frac{1}{1-\beta}$$

上式说明,政府购买增加,会引起均衡国民收入增加 $\frac{1}{1-\beta}$ 倍,这个倍数就是政府购买乘数。严格地说,政府购买乘数是指国民收入变动与引起这种变动的政府购买支出变动的比率,常用 k_g 表示。通过上面的计算,可知 $k_g=\frac{1}{1-\beta}$。

同理可知,其他变量不变,投资变动时,有

$$\Delta y=\frac{a+i'+g-\beta t+\beta t_r}{1-\beta}-\frac{a+i+g-\beta t+\beta t_r}{1-\beta}=\frac{i'-i}{1-\beta}=\frac{\Delta i}{1-\beta}$$

变形可得

$$\frac{\Delta y}{\Delta i}=\frac{1}{1-\beta}=k_i$$

上式即为三部门经济中,定量税情形下的投资乘数。

其他变量不变,税收变动时,有

$$\Delta y=\frac{a+i+g-\beta t'+\beta t_r}{1-\beta}-\frac{a+i+g-\beta t+\beta t_r}{1-\beta}=\frac{-\beta t'+\beta t}{1-\beta}=\frac{-\beta\Delta t}{1-\beta}$$

变形可得

$$\frac{\Delta y}{\Delta t}=\frac{-\beta}{1-\beta}=k_t$$

上式即为三部门经济中,定量税情形下的税收乘数。从上式可看出,税收乘数是负数,表示税收与均衡国民收入成反方向变化。税收增加,意味着居民和企业的可支配收入减少,从而消费和投资下降,总需求减少。反之,税收减少,则总需求增加。

比较税收乘数、政府购买乘数和投资乘数,会发现税收乘数的绝对值小于政府购买乘数和投资乘数的绝对值。原因在于,政府购买和投资会直接影响总需求,而税收只能通过变动居民可支配收入间接影响总需求。如果政府购买增加 100 亿元,总需求第一轮就会增加 100 亿元,然后通过连锁反应,引起国民收入成倍增加。如果政府减税 100 亿元,那么居民的可支配收入就会增加 100 亿元,由于边际消费倾向的影响,增加的 100 亿元可支配收入中只有一部分用于增加消费,若边际消费倾向是 0.8,第一轮消费只会增加 80 亿元,然后再通过乘数作用引起国民收入成倍增加。虽然增加政府购买和减税的数额都是 100 亿元,但是总需求第一轮的增加却并不相同,增加政府购买要比减税多 20 亿元。正是总需求第一轮增加量的差额,导致了乘数大小的不同。

其他变量不变,转移支付变动时,有

$$\Delta y = \frac{a+i+g-\beta t+\beta t_r'}{1-\beta} - \frac{a+i+g-\beta t+\beta t_r}{1-\beta} = \frac{\beta t_r' - \beta t_r}{1-\beta} = \frac{\beta \Delta t_r}{1-\beta}$$

变形可得

$$\frac{\Delta y}{\Delta t_r} = \frac{\beta}{1-\beta} = k_{t_r}$$

上式即为三部门经济中，定量税情形下的转移支付乘数。从上式可看出，转移支付乘数是正值，表示转移支付与均衡国民收入同方向变动。转移支付增加，意味着居民的可支配收入增加，从而消费增加，总需求增加。反之，转移支付减少，则总需求减少。

转移支付乘数的绝对值和税收乘数的绝对值相等，原因在于转移支付和税收一样，都是通过变动居民可支配收入间接影响总需求。

其他变量不变，假设税收和政府购买以相同的数额同方向变动，即 $\Delta t = \Delta g$，此时，政府预算的变动是平衡的。那么：

$$\Delta y = \frac{a+i+g'-\beta t'+\beta t_r}{1-\beta} - \frac{a+i+g-\beta t+\beta t_r}{1-\beta} = \frac{(g'-g)-(\beta t'-\beta t)}{1-\beta}$$

$$= \frac{\Delta g - \beta \Delta t}{1-\beta} = \frac{(1-\beta)\Delta g}{1-\beta} = \frac{(1-\beta)\Delta t}{1-\beta}$$

变形可得：

$$\frac{\Delta y}{\Delta g} = \frac{\Delta y}{\Delta t} = \frac{1-\beta}{1-\beta} = 1$$

上式即为三部门经济中，定量税情形下的平衡预算乘数，是政府收入和支出同时以相等的数量增加或减少时国民收入变动与政府支出变动的比率。平衡预算乘数常用 k_b 表示，其数值等于 1。

三、四部门经济中的乘数

和三部门经济中各种乘数的推导相似，利用四部门经济均衡国民收入的公式，便可推导出四部门经济中的各种乘数。为简化分析，以定量税为例。

定量税情形下，四部门经济的均衡国民收入为

$$y = \frac{a+i+g-\beta t+\beta t_r+x-m_0}{1-\beta+\gamma}$$

由上式可得

$$k_i = \frac{1}{1-\beta+\gamma}$$

$$k_g = \frac{1}{1-\beta+\gamma}$$

$$k_t = \frac{-\beta}{1-\beta+\gamma}$$

$$k_{t_r} = \frac{\beta}{1-\beta+\gamma}$$

$$k_x = \frac{1}{1-\beta+\gamma}$$

k_x 是对外贸易乘数，指收入变动与引起这种变动的出口变动之间的比率。简言之，

它表示出口每变化一单位会引起国民收入变化多少。

由于边际进口倾向 $\gamma>0$，所以 $\frac{1}{1-\beta+\gamma}<\frac{1}{1-\beta}$。这表明，四部门经济中的各种乘数比三部门经济中对应的乘数要小。原因在于，虽然在开放经济中，乘数作用依然存在，总需求的增加同样会引起国民收入一轮一轮地连续增加。但是在每一轮增加的收入中，都有一部分可能用来购买国外的商品和劳务，形成了对外国产品的需求，因而国内的总需求相应减少。

四、现实经济运行中的乘数作用

在 20 世纪 80 年代末，美国消费支出是国内生产总值的 60%，国内生产总值的边际消费倾向约为 0.6。进口量在国内生产总值中将近 15%，边际进口倾向约为 0.15。这时的乘数为

$$k=\frac{1}{1-0.6+0.15}\approx 1.82$$

那么，在经济衰退与复苏时期，乘数的数值会有什么变化呢？表 2-3 反映的是美国不同时期的乘数。

表 2-3　　　　　　　　　美国不同时期的乘数　　　　　　　　单位：10 亿美元

年份	自发支出变动	引致支出变动	实际国内生产总值变动	乘数
1960～1987	1 121.9	1 032.4	2 154.3	1.92
1974～1975	−99.8	65.5	−34.3	0.34
1981～1982	−117.1	34.3	−82.8	0.71
1982～1983	50.3	62.8	113.1	2.25
1983～1987	383.3	157.2	540.5	1.41

（资料来源：《1988 年总统经济报告》，第 250～251 页）

表中的第一行表明 1960～1987 年，乘数的平均值为 1.92。表中的乘数是用实际国内生产总值变动量除以自发支出变动量得出的。自发支出变动量包括投资、政府购买和出口变动量之和，引致支出变动量为消费减进口的变动量。

第二行与第三行是两个衰退年份的乘数。1974～1975 年的衰退是由于石油价格急剧上升引起投资减少。1981～1982 年的衰退是由于高利率和悲观的利润预期引起投资减少。在这两个衰退时期，尽管自发支出减少了，但引致支出增加了。结果，实际国内生产总值的减少小于自发支出的减少。在这两个衰退时期中，乘数都小于 1。

第四行和第五行是两个复苏时期。这两个时期的乘数大于衰退时期。

衰退时期乘数小而复苏时期乘数大的原因，在于边际消费倾向在两个不同时期的自动变化。在复苏开始时，人们收入增加，对未来充满乐观情绪，敢于花钱，从而边际消费倾向增加，乘数就变大。当经济周期处于衰退时期，人们收入减少，对未来收入的预期是悲观的，不敢大笔花钱，边际消费倾向会减小，乘数变小。可见，现实经济中的乘数作用是复杂的，要仔细分析各种可能的因素对乘数的影响。

第三节　IS-LM 模型

一、投资函数

在第二节中,为了简化分析,一直假定投资是一个常量,即投资不会随着经济运行状态的变化而变动。显然,这一假定并不符合经济运行的实际情况。现实经济运行中,投资会受多种因素的影响,时而增加,时而减少。

投资是为了获利,这就要求投资的收益必须大于投资的成本。现代企业的投资大多是通过借入资金来实现的,因此,不考虑其他因素时,投资的成本就是借入资金的利息。由于利息取决于借入资金的数量和利率的高低,因而,经济学家们常用利率来衡量投资的成本。如果使用自有资金投资,利率则是投资的机会成本。需要说明的是,这里所说的利率是实际利率,实际利率大致上等于名义利率减去通货膨胀率。

投资的收益要比其成本复杂一些。首先,大多数情况下,投资的收益并不是一次性的,而是将来连续多年多次获取的。其次,投资的收益大多是不确定的。人们往往通过估算的方式来确定未来收益的多寡。投资收益是未来的预期值,而投资成本却是现在支付的实际额。估算投资收益时,最好用一个贴现率把它折成现值,这样才便于比较成本和收益的大小。正因如此,凯恩斯提出了资本边际效率的概念。资本的边际效率(MEC)是一种贴现率,这种贴现率正好使一项资本物品的使用期内各预期收益的贴现值之和等于这项资本物品的供给价格或重置成本。资本的边际效率涉及财务管理课程的专业知识,这里不做详细介绍。简单地说,资本的边际效率就是指人们计划一项投资时预期可赚得的利润率,只不过这个利润率是按复利方法计算的。经济学家们就用资本的边际效率来衡量投资的收益。

为获取更多利润,就要增加投资。投资增加,意味着资本设备的需求增加,如果资本设备的生产供应不上,资本设备就会涨价,投资成本增加。另一方面,投资增加必然导致产品供给增加,如果产品需求没有迅速扩张,产品的价格就会下降,投资的预期收益就会减少。两方面的综合作用,会导致投资的预期利润率随着投资的增加而下降,换言之,资本的边际效率是递减的。

就单一投资项目而言,投资是否可行,取决于其资本的边际效率是否大于市场利率。若资本的边际效率大于市场利率,这项投资就是有利可图的;反之,这项投资就是亏损的。随着投资的增加,资本的边际效率是递减的。因此,一个社会的投资总量取决于市场利率的高低。市场利率上升,投资就会减少;市场利率降低,投资就会增加,参见图 2-8。

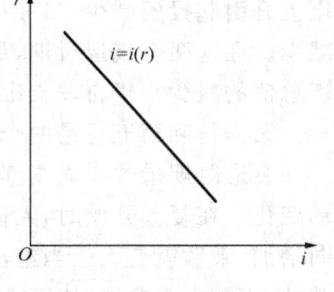

图 2-8　投资曲线

除了上面所说的市场利率和资本的边际效率之外,影响投资的因素还包括预期的通货膨胀和折旧等。预期的通货膨胀率越高,实际利率就越小,投资的成本就越低,投资的积极性就越高。折旧是资本设备的损耗,资本设备存量越多,这些存量的年代越长,资本的折旧量也就越大,更新这些资本的重置投资也就越大。

投资受多种因素的影响,经济学家们认为其中最重要的因素是利率,通常意义上的投资函数就是指投资与利率的反方向变化关系,记作 $i=i(r)$。投资一般被分为两个部分,一是用于购买新的厂房、设备的净投资;二是用于重新购置厂房、设备的重置投资。重置投资取决于折旧,与利率无关。因此,常见的投资函数形式如下:

$$i=i(r)=e-dr$$

式中　e——自主投资,是利率为零时的投资量,大致等于重置投资;

　　　dr——引致投资;

　　　"$-$"——引致投资与利率反方向变化;

　　　d——投资系数,指利率每降低一个百分点投资会增加多少。

2002～2011 年实际利率与总投资的关系见表 2-4。

表 2-4　　　　　　　　2002～2011 年实际利率与总投资的关系　　　　　　　　单位:亿元/%

年份	总投资	名义利率	实际利率	投资函数
2002	45 565.00	1.98	2.78	
2003	55 963.00	2.20	1.00	
2004	69 168.40	2.20	−1.70	
2005	77 856.90	2.52	0.72	
2006	92 954.10	2.52	1.02	$y=-0.078x+1.606$
2007	110 743.30	3.00	−1.80	$R_2=0.147$
2008	138 325.20	3.60	−2.30	(由于实际利率波动较大,R_2 接近 0,回归可信度差)
2009	164 463.20	2.25	2.95	
2010	193 603.90	2.50	−0.80	
2011	228 344.30	3.50	−1.90	

(资料来源:据 2002～2012 年《中国统计年鉴》整理,并运用 EXCEL 计算出投资函数)

二、IS 曲线

本章第一节介绍了两部门经济均衡的条件:计划投资等于计划储蓄,即 $i=s$。我们已经知道了简单储蓄函数和简单投资函数的形式分别如下:

$$s=-\alpha+(1-\beta)y$$
$$i=e-dr$$

把储蓄函数和投资函数代入等式 $i=s$,得

$$-\alpha+(1-\beta)y=e-dr$$

变形可得

$$y=\frac{\alpha+e}{1-\beta}-\frac{dr}{1-\beta}$$

或

$$r=\frac{\alpha+e}{d}-\frac{1-\beta}{d}y$$

上面两个等式是根据两部门经济均衡条件（$i=s$）得出来的，因而都被称为 IS 方程。四个参数 α、e、β、d 都是大于零的正数，分别是自发消费、自主投资、边际消费倾向和投资系数。因为 $0<\beta<1$，所以，IS 方程表明 y 和 r 之间是反方向变化的。把 IS 方程描述在坐标系中，便可得到一条向右下方倾斜的曲线，如图 2-9 所示。

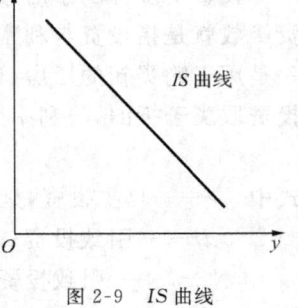

这条曲线是根据 IS 方程做出的，曲线上任何一点都表示 $i=s$ 条件下，一定的利率和收入的组合，因而该曲线被称为 IS 曲线。其含义是，在产品市场均衡（总需求等于总供给）的前提下，均衡国民收入和市场利率之间是反方向变化的。其背后的经济原理在于，在产品市场均衡的条件下，市场利率的上升会引起投资减少，投资减少又会通过乘数作用引起均衡国民收入大幅下降。反之，利率下降会引起投资增加，再通过乘数作用，导致均衡国民收入大幅上升。

图 2-9 IS 曲线

如果是三部门经济，则均衡条件是：$y=c+i+g$。将消费函数和投资函数分别代入等式，得

$$y=\alpha+\beta(y-t+t_r)+e-dr+g$$

变形可得

$$y=\frac{\alpha+e+g-\beta t+\beta t_r}{1-\beta}-\frac{dr}{1-\beta}$$

或

$$r=\frac{\alpha+e+g-\beta t+\beta t_r}{d}-\frac{(1-\beta)y}{d}$$

上面两个等式就是三部门经济中的 IS 方程。方程显示，三部门经济中，均衡国民收入与市场利率也是反方向变化的。根据三部门 IS 方程便可做出三部门经济的 IS 曲线，这条曲线也是向右下方倾斜的，其经济原理和两部门经济的 IS 方程是一致的。

同理可求出四部门经济的 IS 方程。将消费函数、投资函数、净出口函数代入四部门经济均衡条件：$y=c+i+g+nx$，可得

$$y=\alpha+\beta(y-t+t_r)+e-dr+g+(x-m_0-\gamma y)$$

变形可得

$$y=\frac{\alpha+e+g-\beta t+\beta t_r+x-m_0}{1-\beta+\gamma}-\frac{dr}{1-\beta+\gamma}$$

或

$$r=\frac{\alpha+e+g-\beta t+\beta t_r+x-m_0}{d}-\frac{(1-\beta+\gamma)y}{d}$$

上面两个等式就是四部门经济中的 IS 方程，它们和两部门、三部门的 IS 方程一样，都表示产品市场均衡条件下，均衡收入 y 与市场利率 r 之间的反方向变化关系。

由上述 IS 方程可知，自发支出（如 α、e、g、t、t_r、x、m_0）的增加，会导致 IS 曲线整体向右移动；反之，自发支出下降，IS 曲线整体就会左移。边际消费倾向 β、边际进口倾向 γ 的变化，则会导致 IS 曲线的斜率发生变化。

特别强调，IS 方程和 IS 曲线都是在一定的假设条件下得出来的。如果这些条件发生了变化，得出的 IS 方程和 IS 曲线也会变化。因此，IS 方程和 IS 曲线都是对宏观经济运行中部分变量关系的描述，不可生搬硬套地用来解释现实宏观经济的运行状况。

三、货币需求和货币供给

我们不能拿股票去饭店吃饭,也不能用债券去买衣服。但是用货币就可以,因为货币是法定的支付手段,任何交易者都接受。货币所具有的这种使用上的灵活性,又被称为流动性。人们需要货币正是出于对流动性的考虑,因此货币需求又称为"流动性偏好"。根据凯恩斯的货币理论,人们对货币的需求有三个具体的动机,即交易动机、谨慎动机和投机动机。

交易动机,是指人们和企业需要货币是为了正常的交易活动。凯恩斯认为,收入越高,交易动机越大。

谨慎动机又称预防动机,是指为预防意外支出而持有一部分货币的动机。凯恩斯认为,这种动机也和收入正相关。用 L_1 表示这两种动机的货币需求,则有:

$$L_1 = L_1(y) = ky$$

投机动机,是指人们为了抓住有利的购买有价证券的机会而持有一部分货币的动机。当有价证券价格高时,人们会等待其价格下跌后买入。因而此时,投机需求就大。当有价证券价格低时,人们会争相购买,价格上涨后卖出获利。由于有价证券价格取决于利率,并和利率呈反向变化关系,因此,投机需求也取决于利率,并与利率反方向变化。

当利率极高时,人们认为利率不大可能再上升,证券的价格也就不大可能再下降,因此人们会将手中所有的货币都换成有价证券,此时的投机需求就下降至零。反之,如果利率极低,比如说接近零,人们就会认为利率不大可能再下降,证券的价格也就不可能再上升而只会下跌,因而人们会将手中所有的有价证券都换成货币,不管有多少货币都愿意持有在手中,而不去购买有价证券。此时,人们的投机需求趋向无限大,这种情况就是"凯恩斯流动陷阱"或"流动偏好陷阱"。

用 L_2 表示投机动机的货币需求,则有:

$$L_2 = L_2(r) = -hr$$

式中,负号表示货币需求与利率反方向变化;h 是货币投机需求的利率系数,反映利率每上升一个百分点,投机需求会下降多少。

若把三种动机引起的货币需求加总起来,就得到了货币需求总量:

$$L = L_1 + L_2 = ky - hr$$

上面所说的货币需求,是实际货币需求(Actual Demand for Money),即消除了价格因素的货币需求。事实上,货币需求不仅与收入和利率相关,还与价格水平相关。在其他条件不变的情况下,价格水平越高,人们就需要越多的货币去支付其正常开销。因此,货币需求与价格水平成正比。

综上所述,货币需求函数可表示如下:

$$L = (ky - hr)P$$

或者

$$\frac{L}{P} = ky - hr$$

式中，$\dfrac{L}{P}$ 表示实际货币需求。根据货币需求函数便可做出货币需求曲线，如图 2-10 所示。

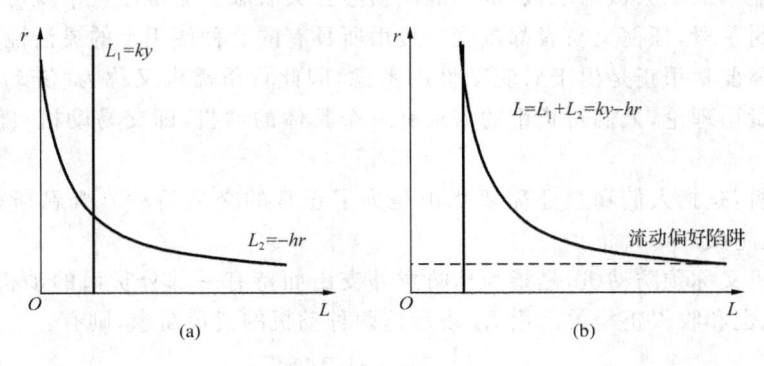

图 2-10 货币需求曲线

图 2-10(a) 中，L_1 表示交易动机和谨慎动机引起的货币需求，与收入正相关，与利率无关，因而是一条垂直线。L_2 表示投机动机引起的货币需求，与利率负相关，是一条向右下方倾斜的曲线。货币需求是三种动机所引起的需求总量，因而 L 由 L_1 和 L_2 加总而来，如图 2-10(b) 所示。利率极低时，存在流动偏好陷阱，所以货币需求曲线右下端趋向于平行，表示此时的货币需求无限大。

在其他条件不变的情况下，收入水平的增加会导致 L 向右移动，收入水平的下降会导致 L 向左移动。

介绍过了货币需求，接下来看货币供给。货币供给是一个国家在某一时点上所保持的不属于政府和银行的所有的硬币、纸币和银行存款的总和。货币供给量是由国家货币当局(中央银行)决定的，与利率无关，在经济模型中一般把它当作常量。因此，货币供给曲线是一条垂直线，如图 2-11 所示。中央银行控制的是名义货币供给量 M，名义货币供给量 M 除以价格水平 P 便得到实际货币供给量 $\dfrac{M}{P}$。一般用 m 表示实际货币供给量，因此 $m = \dfrac{M}{P}$。如果中央银行增加货币供给，那么货币供给曲线就会向右移动；反之，中央银行减少货币供给，货币供给曲线就会向左移动。

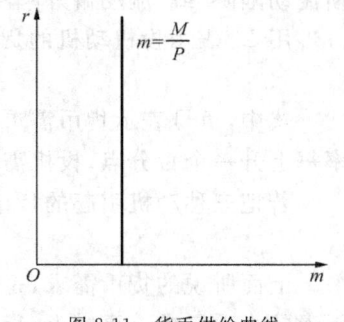

图 2-11 货币供给曲线

把货币需求曲线和货币供给曲线放在一起，便可以解释货币供求和市场利率之间的变化情况。图 2-12(a) 中两条曲线的交点意味着货币市场上供求均衡的状态，交点 E 所对应的利率就是货币市场的均衡利率。如果收入增加，货币需求就会增加，货币需求曲线右移。此时，若货币供给没有变化，则均衡利率就会上升，如图 2-12(b) 所示。如果货币需求不变，中央银行增加了货币供给量，那么货币供给曲线右移，均衡利率就会下降，如图 2-12(c) 所示。需要强调的是，因为存在流动偏好陷阱，所以当货币供给增加到一定数量时，利率不会再下降。

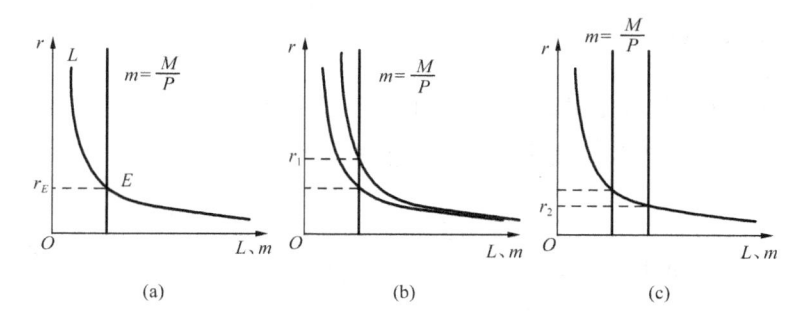

图 2-12　货币供求的均衡

四、LM 曲线

当货币需求等于货币供给时,货币市场达到供求均衡状态。用公式表示为 $L=M$。将货币需求函数代入等式,有 $M=(ky-hr)P$。

变形可得

$$y=\frac{hr}{k}+\frac{M}{kP} \text{ 或 } r=\frac{ky}{h}-\frac{M}{hP}$$

由于 $k>0$、$h>0$,所以,上面两个等式表明均衡收入 y 和利率 r 呈同方向变化关系。这两个等式是在 $L=M$ 的条件下得到的,因此都被称为 LM 方程,其图形被称为 LM 曲线,如图 2-13 所示。

当利率极低时,货币需求进入凯恩斯陷阱,此时货币的投机需求无限大,阻止了利率的进一步下降,因而利率就维持在这一极低的水平。对应的,LM 曲线上有一段水平的区域,被称为凯恩斯区域或萧条区域。当利率极高时,货币的投机需求下降至零,此时的货币需求完全是交易需求。对应的,LM 曲线上有一段垂直区域,被称为古典区域。古典区域和凯恩斯区域中间的部分,称为中间区域,如图 2-14 所示。

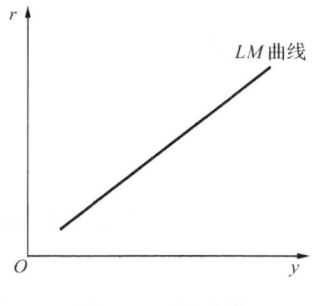

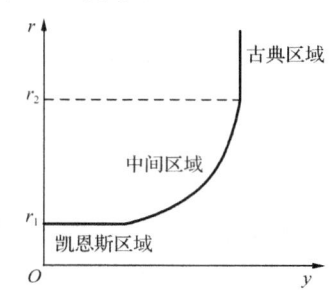

图 2-13　LM 曲线　　　　图 2-14　LM 曲线上的不同区域

由 LM 方程可知,在其他条件不变的情况下,名义货币供给量 M 和价格水平 P 的变化,会引起 LM 曲线左右移动。M 增加(或 P 下降),LM 曲线向右平移;M 减少(或 P 上升),LM 曲线向左平移。

五、IS-LM 模型

IS 曲线和 LM 曲线都是描述 y 和 r 之间相互关系的曲线，而且，IS 曲线上 y 和 r 是反方向变化关系，LM 曲线上 y 和 r 是同方向变化关系，因此，把它们放在同一个坐标系内，两条曲线必然相交，如图 2-15 所示。由于 IS 曲线表示产品市场上供求均衡，LM 曲线表示货币市场上供求均衡，因此，两条曲线的交点 E 表示产品市场和货币市场同时实现了供求均衡。交点对应的收入 y_E 是两个市场同时均衡时的收入，交点对应的利率 r_E 是两个市场同时均衡时的利率。

在 E 点之外都不能实现两个市场同时均衡。可分为两种情况：

(1) 在 E 点之外，以 A、B、C、D 为代表的 IS 曲线和 LM 曲线上的各点，其含义分别为 A 点：$I=S,L<M$；B 点：$I<S,L=M$；C 点：$I=S,L>M$；D 点：$I>S,L=M$。

(2) 在 E 点之外，且不在 IS 曲线和 LM 曲线上的各点分四个区域说明，Ⅰ区：$I<S,L<M$；Ⅱ区：$I<S,L>M$；Ⅲ区：$I>S,L>M$；Ⅳ区：$I>S,L<M$。经济处于非均衡状态时，必然要向均衡状态运动，最终取得 $I=S,L=M$，即均衡点 E。

图 2-15 中的均衡收入和均衡利率，也可以通过数学方式求解。把 IS 方程和 LM 方程联立起来，就可以得到一个二元一次方程组。在这个方程组中，变量只有 y 和 r，解出方程组，便可以得到均衡收入和均衡利率。

IS-LM 模型分析了消费函数、投资函数、货币需求函数以及货币供给如何影响收入水平与利率。这一模型不仅精练地概括了总需求分析，而且可以用来分析财政政策和货币政策。因此，这一模型被称为凯恩斯主义宏观经济学的核心。

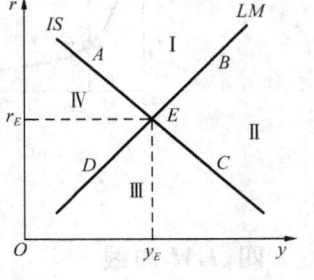

图 2-15　IS-LM 模型

第四节　AD-AS 模型

一、总需求曲线

总需求是经济社会对产品和劳务的需求总量，通常情况下由消费需求、投资需求、政府需求和国外需求四部分构成。若不考虑国外需求，总需求衡量的是家庭部门、企业部门和政府部门的总支出。影响总需求的因素有很多，如价格水平、收入水平、政府支出、货币供给、税收、预期等。

根据凯恩斯定律，总需求决定总产出、总收入。只要弄清楚了总需求，也就弄清楚了总产出、总收入。经济学家们很关心价格水平和国民收入之间的关系，自然也就关注价格水平和总需求之间的关系。总需求函数所表示的正是总需求和价格水平之间的关系。一般而言，当物价水平上升时，总需求就会减少；反之，物价水平下降，总需求就会增加。物价水平变动会通过以下几个途径影响总需求。

首先,价格水平变动会影响利率变化,进而影响总需求。物价水平上升,商品和劳务变得更贵,人们购买商品和劳务所需要的现金就变多。如果货币供给没有相应增加,利率就会上升。利率上升引起投资减少,投资减少导致总需求下降。反之,物价水平下降,人们所需要的现金就变少。如果货币供给量不变,利率就会下降。利率下降引起投资增加,进而导致总需求上升。这就是所谓的利率效应,又称凯恩斯效应、时际替代效应或跨期替代效应。可以用下列关系式表示:物价水平↑→实际货币量↓→利率↑→投资↓→总需求↓,或:物价水平↓→实际货币量↑→利率↓→投资↑→总需求↑。

其次,价格水平变动会影响人们财富的实际价值,进而影响总需求。物价水平上升,人们手中所持有的货币以及以货币衡量的具有固定价值的资产的实际价值就会降低,人们因此而变得相对贫穷,于是他们的消费支出就会相应减少。物价水平下降,人们的货币类资产的实际价值就会上升,人们变得更加富有,消费支出就会相应增加。这就是所谓的实际余额效应,又称庇古效应或实际资产效应。可以用下列关系式表示:物价水平↑→实际财产↓→消费↓→总需求↓,或:物价水平↓→实际财产↑→消费↑→总需求↑。

再次,物价水平变化还会引起进出口的变化,进而影响总需求。国内的价格水平上升,对外国人来说,中国的东西就变贵了,于是他们就会少买中国的商品,出口下降。与此同时,我国物价水平上升意味着国外的产品变得更便宜,于是国人就会多买外国的产品,进口增加。出口减少和进口增加,都会使得总需求减少。反之,国内的物价水平下降,出口就会增加。同时,国内物价水平下降,进口也会减少。出口增加和进口减少,因而总需求增加。这就是所谓的国际替代效应,又称为汇率效应或净出口效应。可以用下列关系式表示:物价↑→进口↑、出口↓→净出口↓→总需求↓,或:物价↓→进口↓、出口↑→净出口↑→总需求↑。

此外,物价水平变动还会引起人们的税负变动,进而影响总需求。现在我国实行的是超额累进的所得税税率,当物价水平上升时,人们的名义收入会增加,使得他们进入更高的纳税档次,从而使他们的税负增加,实际可支配收入下降,进而他们的消费支出就会减少。

总需求函数可以通过 IS-LM 模型推导出来。为简化分析,这里以两部门模型为例。在两部门模型中,IS 方程为 $r=\dfrac{\alpha+e}{d}-\dfrac{1-\beta}{d}y$,LM 方程为 $r=\dfrac{ky}{h}-\dfrac{M}{hP}$。联立方程,利用代入消元法消去 r,可得

$$\frac{ky}{h}-\frac{M}{hp}=\frac{(\alpha+e)}{d}-\frac{(1-\beta)}{d}y$$

变形得

$$y=\frac{h(\alpha+e)}{[dk+h(1-\beta)]}+\frac{Md}{[dk+h(1-\beta)]P}$$

令 $a=\dfrac{h(\alpha+e)}{[dk+h(1-\beta)]}$,$b=\dfrac{d}{[dk+h(1-\beta)]}$,则

$$y=a+\frac{bM}{P}$$

上式即为总需求函数。式中，a、b都是参数，M是名义货币供给量，由货币当局控制，是外生变量，因而，y唯一取决于价格水平P，并且与P反方向变动。同理还可以推导出三部门、四部门的总需求函数。

需要强调的是，由于总需求函数是根据 IS-LM 模型推导出来的，因此，总需求函数反映的是产品市场和货币市场同时均衡时，国民收入和价格水平之间的反方向变动关系。IS-LM 模型是总需求函数的理论基础。

总需求函数的图形即为总需求曲线，它是一条向右下方倾斜的曲线，表示总需求和物价水平之间的反方向变动关系，如图 2-16 所示。除价格水平外，所有对总需求有影响的因素，都会导致总需求曲线发生移动。如扩张性的财政政策和扩张性的货币政策会使得总需求曲线向右移动，反之，紧缩性的财政政策和紧缩性的货币政策则会使总需求曲线向左移动。

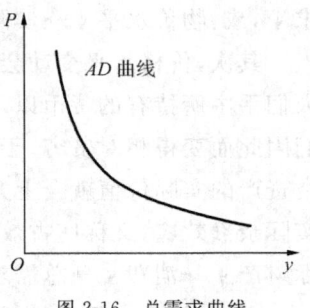

图 2-16　总需求曲线

二、总供给曲线

总供给是经济社会所提供的总产量（或国民收入），即经济社会投入的基本资源所生产的产量。总供给函数是指总产量和一般价格水平之间的关系，在以价格水平为纵坐标，总产量为横坐标的坐标系中，总供给函数表现为总供给曲线。

经济社会的总产量由其所拥有的生产要素的数量以及技术水平和制度等因素决定。由于总需求和总供给分析在宏观经济学中属于短期分析，而制度和技术水平的变化属于长期分析之内，因此，在总供给分析中常假定制度和技术水平不变。这样，总供给就取决于生产要素（最重要的是劳动和资本）的投入数量。宏观经济学中，用宏观生产函数来描述总供给与劳动和资本投入量之间的关系。常见的宏观生产函数形式如下

$$y = f(N, K)$$

式中，y为总产出，N为全社会的劳动投入量（或就业量），K为全社会的资本存量。因为资本的形成需要时间，所以资本存量在短期内是不变的。这样，总供给就取决于劳动投入量，即就业量。就业量由劳动市场的供求状况决定。不同的宏观经济理论对劳动市场有不同的假设，因而形成了不同的总供给曲线。

古典宏观经济理论假设市场机制是完美的，货币工资具有弹性，能迅速调整，劳动市场始终处于供求均衡的状态。当劳动市场出现供过于求的状态时，货币工资就会立即下降，引起实际工资下降，劳动需求量增加，劳动市场回到供求相等的均衡状态。反之，若出现供不应求，货币工资就会上升，引起实际工资上升，劳动需求量下降，劳动市场回到均衡状态。这样，经济社会的就业量始终等于充分就业量，对应的，总产量始终维持在充分就业产量水平。因此，古典总供给曲线是一条垂直于横轴的直线，如图 2-17 所示。

与古典总供给曲线不同，凯恩斯主义总供给曲线是一条水平线，如图 2-18 所示。凯恩斯所分析的主要是 1929～1933 年的大萧条状态，社会失业严峻。凯恩斯认为，货币工资具有"刚性"。当经济陷入萧条时，对劳动的需求就会减少，但是，由于货币工资不能下

降,因此造成大量失业。这样,若总需求增加导致对劳动的需求增加时,货币工资就不会发生变化。当总需求扩张至 y_f 时,社会实现充分就业。若总需求继续增加,不但不会增加产量,反而会引起价格上涨。

图 2-17 古典总供给曲线

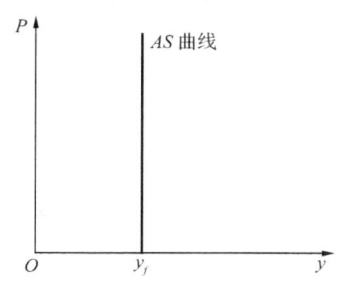

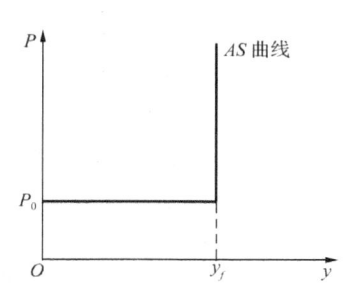

图 2-18 凯恩斯主义总供给曲线

无论古典总供给曲线,还是凯恩斯总供给曲线,与现实都不相符。在经济分析中,通常把这两种总供给曲线当作两种极端情形。现实状况是,货币工资只能缓慢调整。这种缓慢调整的特性,称为货币工资的黏性。货币工资之所以具有黏性,主要是因为现实经济社会中很多合同都是长期的。长期合同的存在,决定了要素价格不能迅速调整。另外,整个社会的所有合同的周期又是相互交错的,不可能同时到期,要素价格是可以缓慢变动的。因此,常规总供给曲线是一条向右上方倾斜的曲线,如图 2-19 所示。

图中,从左至右,AS 曲线越来越陡峭,其经济含义是,随着产出的增加,经济系统中的闲置资源越来越少,于是资源价格就越涨越快。特别是当接近 AS 曲线的最右端时,AS 曲线几乎变为垂直,表示资源已经全部投入生产,供给已不能再增加。

以上对总供给曲线的分析都是短期分析,长期总供给与短期总供给有所不同。在长期中引起短期总供给曲线向右上方倾斜的原因都不存在。因此,长期总供给曲线是一条垂线。长期总供给也就是充分就业的总供给,即充分就业 GDP 或潜在 GDP。潜在 GDP 取决于制度、资源与技术进步。随着潜在 GDP 的变动,长期总供给曲线也会移动。正常情况下,长期总供给曲线随经济增长而向右平行移动,如果发生自然灾害或战争,生产能力被破坏,长期总供给曲线也会向左移动。在图 2-20 中,由于制度、资源与技术进步决定的潜在 GDP 为 y_0,长期总供给曲线为 LAS_0。随着经济增长,长期总供给曲线向右移动到 LAS_1,潜在 GDP 增加为 y_1。如果发生了不利于经济生产能力的冲击,则长期总供给曲线向左移动到 LAS_2,潜在 GDP 减少为 y_2。

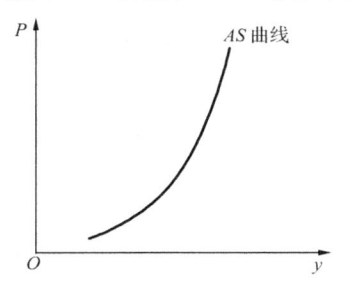

图 2-19 常规总供给曲线

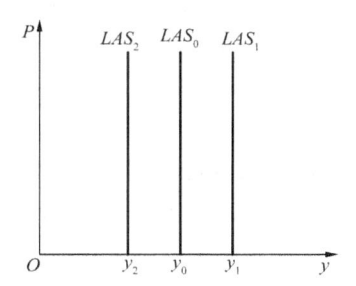

图 2-20 长期总供给曲线

三、总供求均衡

将总需求曲线和总供给曲线结合在一起,就可以得到总需求-总供给模型,运用模型便可以对现实经济状况加以解释和分析。

在图 2-21 中,总需求曲线 AD 与短期总供给曲线 AS 相交于 E 点,决定了均衡的国内生产总值为 y_0,均衡的物价水平为 P_0。这时总需求与总供给相等,实现了宏观经济的均衡。

但是,均衡的国内生产总值并不一定等于充分就业的国内生产总值。总需求与短期总供给决定的均衡的国内生产总值可能大于、小于或等于充分就业的国内生产总值,如图 2-22 所示。

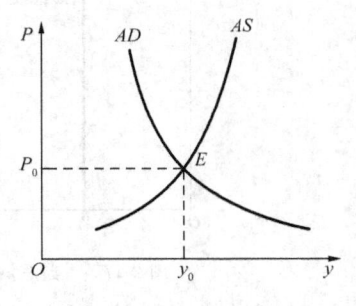

图 2-21 *AD-AS* 模型

在图 2-22(a)中,总需求曲线与短期总供给曲线以及长期总供给曲线正好相交于一点。这时均衡的国内生产总值正好等于充分就业的国内生产总值 y_f,经济中实现了充分就业均衡。

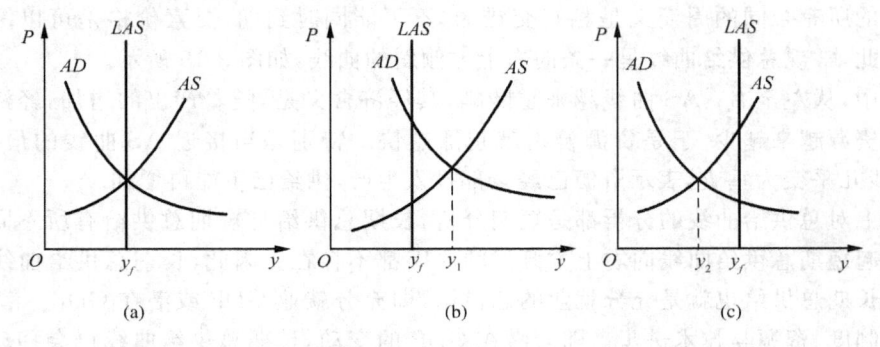

图 2-22 短期均衡的不同情况

在图 2-22(b)中,总需求曲线与短期总供给曲线相交时,长期总供给曲线在交点的左边。这时均衡的国内生产总值为 y_1,大于充分就业的国内生产总值 y_f。这种均衡称为大于充分就业的均衡。这表明,资源短缺使资源价格上升,最终会使物价上升,因此,存在通货膨胀的压力。

在图 2-22(c)中,总需求曲线与短期总供给曲线相交时,长期总供给曲线在交点的右边。这时均衡的国内生产总值为 y_2,小于充分就业的国内生产总值 y_f。这表明,资源没有得到充分利用,经济中存在失业。

在上述三种均衡中,只有图 2-22(a)表示的充分就业均衡是理想的,其他两种均衡无论是通货膨胀还是失业都不理想。宏观经济学正是要从总需求和总供给的角度说明引起后两种均衡的原因,并实现第一种充分就业均衡。

第二章 国民收入决定理论

本章逻辑结构

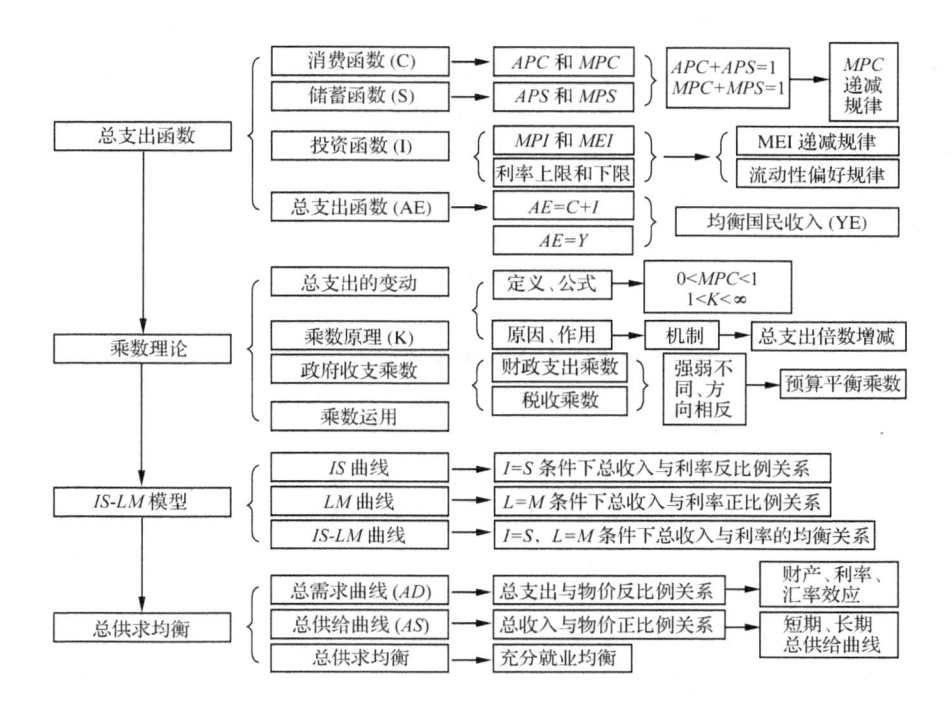

```
                  ┌─ 消费函数(C) ──→ APC 和 MPC ──┐  APC+APS=1    ┌─ MPC
                  │                              ├─ MPC+MPS=1 ──→│  递减
                  │  储蓄函数(S) ──→ APS 和 MPS ──┘               └─ 规律
   总支出函数 ────┤
                  │                  ┌─ MPI 和 MEI        ┌─ MEI 递减规律
                  │  投资函数(I) ────┤                    ├─
                  │                  └─ 利率上限和下限 ───┴─ 流动性偏好规律
                  │
                  └─ 总支出函数(AE) ─┬─ AE=C+I
                                    └─ AE=Y   ───→ 均衡国民收入(YE)

                  ┌─ 总支出的变动 ── 定义、公式 ── 0<MPC<1
                  │                                1<K<∞
   乘数理论 ─────┤ 乘数原理(K) ─── 原因、作用 ── 机制 ──→ 总支出倍数增减
                  │ 政府收支乘数 ─┬─ 财政支出乘数  强弱不
                  │               └─ 税收乘数      同、方 ──→ 预算平衡乘数
                  └─ 乘数运用                      向相反

                  ┌─ IS 曲线 ──→ I=S 条件下总收入与利率反比例关系
   IS-LM 模型 ───┤ LM 曲线 ──→ L=M 条件下总收入与利率正比例关系
                  └─ IS-LM 曲线 → I=S，L=M 条件下总收入与利率的均衡关系

                  ┌─ 总需求曲线(AD) ── 总支出与物价反比例关系 ─ 财产、利率、汇率效应
   总供求均衡 ───┤ 总供给曲线(AS) ── 总收入与物价正比例关系 ─ 短期、长期总供给曲线
                  └─ 总供求均衡 ──── 充分就业均衡
```

本章相关学者

约翰·梅纳德·凯恩斯(John Maynard Keynes，1883～1946)，现代西方经济学最有影响的经济学家之一，他创立的宏观经济学与弗洛伊德所创的精神分析法和爱因斯坦发现的相对论一起并称为20世纪人类知识界的三大革命。

凯恩斯最卓越的成就是他在宏观经济学上的贡献。一反自18世纪亚当·斯密以来尊重市场机制、反对人为干预的经济学思想，凯恩斯主张政府应积极扮演经济舵手的角色，通过财政与货币政策来对抗经济衰退乃至经济萧条。凯恩斯的思想不仅是书本里的学说，也成为20世纪二三十年代世界性经济萧条时的有效对策，并构筑起二十世纪五六十年代许多资本主义社会繁荣期的政策思维。在事业上，凯恩斯担任公职，出任英格兰银行董事，并且是数个慈善信托的顾问；他自己也做投资，而且是个成功的投资家，因此凯恩斯可谓是理论与应用兼具的经济学家典范。在生活上，凯恩斯雅好风流，他赞助艺术也做收藏，并且嗜品美酒，尤其是香槟。凯恩斯十分善于言辞，雄辩滔滔；其文笔也很出色，由后世著名的经济学家保罗·克鲁格曼曾被《财星》杂志誉为"自凯恩斯以来文章写得最好的经济学家"可以看出。

凯恩斯主义经济学或凯恩斯主义是在凯恩斯的著作《就业、利息和货币通论》的思想基础上提出的经济理论，该理论主张国家采用扩张性的经济政策，通过增加需求促进经济增长。

凯恩斯的经济理论认为，宏观的经济趋向会制约个人的特定行为。18世纪晚期以来的"政治经济学"或者"经济学"在不断发展生产从而增加经济产出，而凯恩斯则认为对商品总需求的减少是经济衰退的主要原因。由此出发，他认为维持整体经济活动数据平衡的措施可以在宏观上平衡供给和需求。因此，凯恩斯和其他建立在凯恩斯理论基础上的经济学理论被称为宏观经济学，以与注重研究个人行为的微观经济学相区别。

凯恩斯经济理论的主要结论是经济中不存在生产和就业向完全就业方向发展的强大的自动机制。这与新古典主义经济学所谓的萨伊法则相对，后者认为价格和利息率的自动调整会趋向于创造完全就业。试图将宏观经济学和微观经济学联系起来的努力成了凯恩斯《通论》以后经济学研究中最富有成果的领域，一方面微观经济学家试图寻找他思想的宏观表达，另一方面，例如货币主义和凯恩斯主义经济学家试图为凯恩斯经济理论找到扎实的微观基础。二战以后，这一趋势发展成为新古典主义综合学派。

凯恩斯可谓经济学界最具影响的人物之一。凯恩斯一生对经济学做出了极大的贡献，一度被誉为资本主义的"救星""战后繁荣之父"等。凯恩斯出生于萨伊法则被奉为神灵的时代，认同借助于市场供求力量自动地达到充分就业的状态就能维持资本主义的观点，因此他一直致力于研究货币理论。他发表于1936年的主要作品《就业、利息和货币通论》引起了经济学的革命。这部作品对人们对经济学和政权在社会生活中作用的看法产生了深远的影响。凯恩斯发展了关于生产和就业水平的一般理论。其具有革命性的理论主要是：关于存在非自愿失业条件下的均衡，在有效需求处于一定水平上的时候，失业是可能的。与古典经济学派相反，他认为单纯的价格机制无法解决失业问题。他引入不稳定性和预期性，建立了流动性偏好倾向基础上的货币理论，同时，投资边际效应概念的引入推翻了萨伊定律和存款与投资之间的因果关系。

约翰·希克斯（John Hicks，1904～1989）。1904年4月8日，英格兰的瓦尔维克郡的土地上又新增了一名小小的婴孩，他的父母给他起名约翰。13～17岁时的约翰在利明顿的格雷弗莱尔斯中学学习。17岁时，希克斯获取奖学金进入牛津大学克利夫顿学院和巴里奥学院学习数学。1923年，他以优异的成绩通过了数学学位考试后，转入对"哲学、政治学和经济学"的学习，1925年获硕士学位。

经济学在牛津大学非常具有"社会性"，比较联系社会的实际。这门学科启发了希克斯对劳动问题的研究兴趣。1925～1926年，他曾在G.D.H.科尔指导下研究劳动经济学。1926～1935年，希克斯到伦敦经济学院任助教，后来又任讲师，其间于1932年获得伦敦大学博士学位。1935年夏天，希克斯离开伦敦经济学院来到剑桥大学冈维尔和凯厄斯学院任研究员和大学讲师，直到1938年。这一时期，他在剑桥大学的主要成果是写了《价值与资本》一书。1939年初，《价值与资本》出版后，希克斯又到了曼彻斯特大学，成为首任斯坦利·杰文斯政治经济学讲座教授。1946～1952年，希克斯任牛津大学纳菲尔德学院的高级研究员，并参加了该学院的组建工作。这一时期，他主要出版了《经济周期》（1950）、《需求理论的修正》（1956）两本书。

在宏观经济学微观化的理论研究中,从萨缪尔森开始,许多学者做出了贡献。约翰·希克斯是这一领域的先驱。希克斯在《通论》出版后不久发表的两篇书评,特别是他在1939年出版的专著《价值与资本》,开了宏观经济学微观化研究的先河。希克斯成为宏观经济学微观化的最早开拓者,并不是偶然。首先他对微观经济理论有深刻的理解。在《价值与资本》中,他对微观理论的诸方面做了精湛的阐释。他提出了无差异曲线的新方法和替代效应的概念,使一般均衡论获得了重要的发展。可以说,微观经济学,只是到了希克斯手中,才有了更为成熟的理论体系和方法。对宏观经济学微观化的微观理论准备来说,至此,才有了一个较好的基础和较高的起点。其次,他对瑞典学派所擅长的一般均衡的宏观动态分析方法亦有研究。最后,他对凯恩斯理论持独立的立场,亦有助于他尽可能客观地评价其理论。希克斯1936年应约发表了关于《通论》的第一篇书评《凯恩斯先生的就业理论》,并于1937年发表了第二篇书评《凯恩斯先生与"古典学派"——一个受启发的解释》。

希克斯在第二篇书评中,提出了著名的 IS-LM 分析,即运用一般均衡思想对《通论》的部分内容作了重新表述,这个表述长期以来一直是宏观经济学教科书中的标准内容。希克斯作此分析的目的是比较凯恩斯理论与新古典理论的异同。他在讨论前做了一些假定。这里 LL 曲线(即后来的 LM 曲线)和 IS 曲线分别表达了均衡的货币供求和投资等于储蓄情况下收入与利率的对应关系。两条曲线的交点分别对应均衡的利率和收入水平。在 IS-LM 曲线图中,LL 曲线的左边几乎是水平的,这是由于有流动陷阱,利率不能进一步下降造成的。在曲线的斜段,货币供给增加,利率会下降,这又与新古典理论相一致。因此,可以说,LL 曲线成功地把流动陷阱学说融入新古典理论,使之成为新古典理论的一个特例。"凯恩斯承认 IS-LM 分析是他的观点或他的观点的核心的相当好的表述",但希克斯则认为这只是对凯恩斯部分理论的概括,并不能代表他的全部观点。因为他始终觉得流动陷阱学说夸大了市场机制的局限性,忽视了自身的微观基础。

本章案例分析

假日经济有多大作用?——消费函数理论

在五一、十一、春节的长假期间,外出旅游的人数增加,商店也人头攒动。于是,人们把拉动经济的希望寄托在假日带动消费上,并称之为假日经济。其实假日经济尽管很火也不过几十亿元而已,而且假日之后还会冷清。把经济振兴的希望寄托于假日不过是南柯一梦。

应该说假日的确刺激了人们一时的消费,但是影响消费最重要的因素还是收入水平。如果收入水平不提高,就很难增加消费。或者说,刺激消费的方法是增加收入,而不是放假。现在经济中的消费不足不在于高收入者没时间消费,而在于低收入者没钱去消费。特别应该强调的是,农村人口占我国人口的绝大部分,是消费的主力军。自从改革开放以来,农民解决了温饱问题,但由于各种原因,农民收入增加缓慢。许多人强调启动农村消费市场,但总是启而不动。其原因就在于农民收入增长缓慢。不从根本上解决低收入者,尤其是农民的收入增加问题,刺激消费无从谈起。

对于中高收入者而言,假日经济也起不到刺激消费的作用。宏观经济学告诉我们,消费函数是稳定的,即人们收入中消费的比例,从整个社会来看是稳定的。假日经济消费并没有增加总消费,只是改变了消费的方式和时间而已。假日出去旅游的人以旅游这种形式的消费支出增加了,很可能要减少其他消费,例如,少买几件时尚服装,少去几次饭店,或推迟购车计划。商店更多遇到的情况是,节假日人头攒动,销售额猛增,但节假日过后冷冷清清,平均起来并没有什么增加。假日期间消费增加仅仅是消费方式不同和季节性变化,对整体经济并没有什么影响。在国外,圣诞节也是消费高峰,有些地方圣诞节的购物要占一年购物的 1/3 左右。但绝没有什么圣诞节经济之说,也没有人希望由圣诞节去拉动经济。

在宏观经济中,消费函数的稳定性有两条含义。一是消费函数的稳定性是经济稳定的重要因素。就发达国家的情况而言,消费支出在总需求中占 2/3 左右。这就使经济能基本保持稳定,即使发生衰退也有底线,因为无论如何衰退,人们都要保持稳定的消费。二是消费函数的稳定性使得刺激消费来带动经济增长较为困难。在总需求中,波动最大的是投资。因此,使经济走出衰退或实现繁荣的关键不是刺激消费而是刺激投资。

破窗经济的启示——乘数理论

一个流氓打破了一家商店的玻璃窗子。店主无奈只有再买一块,假如,为此花了 200 美元。玻璃店的老板把这 200 美元中的 80%,即 160 美元用于其他支出。得到这笔支出的人收入增加 160 美元,又把其中的 80% 支出……如此循环下去最后整个经济中的收入增加了 1 000 美元。流氓打破玻璃不仅无过,反而有"功",因为刺激了经济发展。这就是所谓的破窗经济。

破窗经济说明最初投资增加(店主买玻璃)会引起经济中相关部门收入与支出增加的连锁反应,从而使最后国民收入的增加大于最初投资的增加,这种过程被称为乘数效应。最后国民收入的增加量与最初投资增加量的比称为乘数。由于国民经济各部门之间相互关联,某一部门投资的增加一定会引起其他部门收入与支出的增加,所以,乘数必定大于 1。乘数的大小取决于得到收入的部门支出多少,即边际支出倾向的大小(如果支出用于消费也可以用边际消费倾向的概念)。边际支出倾向是增加的支出在增加的收入中所占的比例(边际消费倾向是增加的消费在增加的收入中所占的比例)。例如,增加的收入为 200 美元,增加的支出为 160 美元,则边际支出倾向为 0.8(如果支出的 160 美元为消费,则边际消费倾向为 0.8)。乘数是 1 减边际支出倾向(或边际消费倾向)的倒数。在上例中,当边际支出倾向为 0.8 时,乘数为 5,所以,最初投资增加 200 美元,最后使国民收入增加了 1 000 美元。

破窗经济的例子所揭示的是现实中存在的乘数原理。但要注意两点:一是乘数原理的作用是有条件的,只有经济中资源没有得到充分利用时,乘数才起作用,最初投资的增加才能起到使国民收入数倍增加的作用。衰退时期,政府采用扩张性财政政策增加政府支出正是利用乘数的作用。但如果经济已实现了充分就业,最初投资的增加就不会引起这种乘数效应,只会引起通货膨胀。二是乘数也是一把"双刃剑",投资增加会引起国民收入成倍增加,投资减少也会引起国民收入成倍减少。所以,乘数效应会加剧经济波动。

尽管破窗经济形象地说明了乘数原理，但我们并不是要把打破窗户作为最初的投资刺激，因为这毕竟是一种浪费行为。我们要以有经济效益的投资引起乘数效应，不能用浪费刺激经济。"流氓破坏有功"是谬论。我们也不能把自然灾害看作是刺激经济的好事。灾害毕竟要使经济蒙受损失，何况经济中可以刺激投资的好事还是很多的。经济学家用破窗经济的例子无非是要形象地说明乘数原理，如果把它理解为"破坏有功"，那就歪曲其本意了。

本章思考与练习

一、选择题

1. 宏观经济理论中（　　）。
A. 储蓄是收入的函数，而投资是利率的函数
B. 利率由投资水平决定
C. 储蓄和投资都是收入的函数
D. 投资取决于收入，而储蓄取决于利率
E. 储蓄和投资都是利率的函数

2. 宏观经济模型认为（　　）。
A. 储蓄是利率的函数，储蓄同利率成同方向变化
B. 投资是利率的函数，投资同利率成反方向变化
C. 均衡利率会使消费者的储蓄全部自动转变成生产者的投资
D. 储蓄和投资相等时的利率是均衡利率
E. 储蓄和投资相等意味着总供求的均衡和实现充分就业

3. 边际消费倾向与边际储蓄倾向之和（　　）。
A. 大于1的正数　　　B. 小于2的正数　　　C. 零　　　D. 等于1
E. 以上结论都不正确

4. 平均消费倾向与平均储蓄倾向之和（　　）。
A. 大于1的正数　　　B. 小于1的正数　　　C. 零　　　D. 等于1
E. 以上结果都不正确

5. 根据消费函数，引起消费增加的因素是（　　）。
A. 价格水平下降　　　B. 收入增加　　　C. 储蓄增加　　D. 利率提高
E. 以上说法均不正确

6. 消费函数的斜率取决于（　　）。
A. 边际消费倾向　　　　　　　　　　B. 与可支配收入无关的消费的总量
C. 平均消费倾向　　　　　　　　　　D. 由于收入变化而引起的投资总量
E. 以上说法均不正确

7. 如果与可支配收入无关的消费为300亿元,投资为400亿元,平均储蓄倾向为0.1,那么,在两部门经济的情况中,均衡收入水平为(   )。

　　A. 770亿元左右　　　B. 4 300亿元　　　C. 3 400亿元　　　D. 7 000亿元

　　E. 4 000亿元

8. 在以下几种情况中,投资乘数最大的是(   )。

　　A. 边际消费倾向为0.6　　　　　　　B. 边际储蓄倾向为0.1

　　C. 边际消费倾向为0.4　　　　　　　D. 边际储蓄倾向为0.3

　　E. 边际消费倾向为0.75

9. 如果投资暂时增加150亿元,边际消费倾向为0.8,那么收入水平将增加(   )。

　　A. 190亿元并保持在这一水平　　　B. 750亿元之后又回到最初水平

　　C. 750亿元并保持在这一水平　　　D. 150亿元,最后又回到原有水平

　　E. 以上结果均不正确

10. 投资乘数等于(   )。

　　A. 收入变化除以投资变化　　　　　B. 投资变化除以收入变化

　　C. 边际储蓄倾向的倒数　　　　　　D. $(1-MPS)$的倒数

　　E. 以上说法均不准确

11. 政府支出乘数(   )。

　　A. 等于投资乘数　　　　　　　　　B. 等于投资乘数的相反数

　　C. 比投资乘数小1　　　　　　　　D. 等于转移支付乘数

　　E. 以上说法均不准确

12. 如果边际储蓄倾向为0.2,则税收乘数值为(   )。

　　A. 5　　　　　B. 0.25　　　　　C. −4　　　　　D. 2　　　　　E. −1

二、计算题

1. 在三部门经济中,已知消费函数为 $C=100+0.9YD$,YD 为可支配收入,投资 $I=300$ 亿元,政府购买 $G=160$ 亿元,税收 $TA=0.2Y$。试求:(1)均衡的国民收入水平;(2)政府购买乘数;(3)政府购买增加到300亿元时,新的均衡国民收入。

2. 以下等式描绘一个经济(C、I、G 等以10亿美元为计量单位,i 以百分率计量,5%的利率意味着 $i=5$)。$C=0.8(1-t)Y$,$t=0.25$,$I=900-50i$,$G=800$,$L=0.25Y-62.5i$,试求:

(1)描述 IS 曲线的是什么方程?

(2)描述 LM 曲线的是什么方程?

(3)什么是均衡的收入与均衡的利率水平?

三、名称解释

　　均衡国民收入、消费函数、储蓄函数、平均消费倾向、平均储蓄倾向、边际消费倾向、边际储蓄倾向、投资函数、投资乘数、政府支出乘数、税收乘数、IS 曲线、LM 曲线、IS-LM 曲线、总需求函数、总供给函数

四、简答题

1. 消费函数与储蓄函数的关系如何?
2. 投资函数与消费函数的关系如何?
3. 总支出函数由什么决定?
4. 什么是乘数?乘数的作用是什么?客观基础怎样?
5. 如何用乘数理论解析财政政策的作用?
6. 怎样理解 IS-LM 模型?
7. 如何用 IS-LM 模型解释宏观经济状况?
8. 总需求函数与总支出函数有什么区别与联系?
9. 总需求曲线分析的经济意义有哪些?
10. 短期总供给与长期总供给有什么区别?

本章社会实践要求

主题:分析论证我国 2002～2011 年可支配总收入等统计数据,进行宏观经济均衡分析

要求:1. 运用宏观经济均衡的有关知识,计算有关总量数据,并通过 Excel 建立回归方程;
  2. 分析统计数据,说明宏观经济均衡的基本状况。

建议:1. 查阅《中国统计年鉴》,收集 2002～2011 年宏观经济数据;
  2. 通过 EXCEL 建立回归方程;
  3. 计算并分析我国宏观经济均衡状况;
  4. 编写分析报告。

第三章

宏观经济政策

导学

本章通过学习凯恩斯革命与需求管理,掌握财政政策概念、目标和内容;理解财政政策工具的运用和政策效果;了解 IS-LM 曲线对财政政策分析的意义;掌握货币政策概念、目标和内容;理解货币政策工具的运用和政策效果;了解 IS-LM 曲线对货币政策分析的意义;掌握财政政策和货币政策的配合运用及其效果。

第一节 凯恩斯革命与需求管理

一、凯恩斯革命

在凯恩斯经济学诞生之前,占据经济学正统地位的是新古典经济学。新古典经济学认为,供给会创造自己的需求,经济活动能够创造出足够需求以购买所有的商品和劳务。从全社会来看,不可能出现生产过剩的经济危机和大量的失业。即使出现供求失衡,也是暂时的、局部的现象。

1929~1933 年,西方国家爆发了规模空前的经济危机,产品滞销,企业倒闭,工人失业,信用崩溃,资本主义经济陷入了长期萧条状态。而传统经济学却无法解释这一生产过剩导致经济危机的现象。经济学关于资本主义社会可以借助市场机制自动调节,达到充分就业的传统说教彻底破产,恰逢其时,凯恩斯于 1936 年发表了《就业、利息和货币通论》(简称《通论》)一书。

《通论》的出现引起了西方经济学界的极大震动,凯恩斯抨击"供给自动创造需求"的萨伊定理和新古典经济学的一些观点,对资本主义经济进行总量分析,提出了有效需求决定就业量的理论。他主张用扩大总需求的方法来扩大就业并带动经济总量的增长。这种与以往经济学家们不同的观点和主张被称为是一场革命,即"凯恩斯革命"。

凯恩斯革命的核心内容是，在理论上以有效需求原理否定社会总供求由市场调节自动平衡的理论；在政策主张上反对自由放任，提倡国家干预经济；在分析方法上采用总量分析，代替个量分析，从而创立了现代宏观经济学。

凯恩斯的有效需求原理，建立在三大心理规律的基础之上。

（一）边际消费倾向递减规律

边际消费倾向递减规律强调，随着收入的增加，消费也会增加，但在增加的收入量中，用于消费的部分所占的比重越来越少，用于储蓄的部分所占的比重越来越大。也就是说，消费量的增加总是小于收入的增加，且在收入增量中的比例呈递减趋势，不论是个人、家庭还是社会，均是如此，按照这个规律，必然会引起消费品需求的不足。

（二）资本边际效率递减规律

资本边际效率递减规律强调，在其他条件不变的情况下，投资越多，生产越多，资本的预期收益势必递减，预期利润率就降低，当预期利润率降低到利息率以下时，资本家就停止投资。所以，资本边际效率会随着投资的增加呈递减趋势。

（三）流动偏好心理规律

流动偏好心理规律强调，在货币供给一定时，由于人们愿意以货币的形式保持自己的财富和收入，从而对货币产生过大的需求，并使利息率保持在较高的水平，进而阻碍了投资的增长。

上述三大规律说明了造成消费需求和投资需求不足的原因，这些原因也必然造成有效需求不足。有效需求总是不足，就会产生失业和经济危机。要克服经济危机、消除失业，国家必须加强对经济生活的调节和干预。

二、需求管理及其目标

凯恩斯把国家调节和干预称为需求管理，它是指通过调节总需求来达到一定政策目标的宏观经济政策。在总需求小于总供给时，经济生活中就会出现由于需求不足而产生的失业，这时就要运用扩张性的政策工具来刺激总需求；在总需求大于总供给时，经济生活中就会出现由于需求过度而发生的通货膨胀，这时就要运用紧缩性的政策工具来抑制总需求。需求管理的手段包括财政政策与货币政策。

在凯恩斯主义出现之前，财政政策的目的是为政府的各项开支筹集资金，以实现财政收支平衡，它所影响的主要是收入分配，以及资源在私人和公共部门之间的配置。在凯恩斯主义出现之后，财政政策被用作重要的需求管理工具，以实现既定的政策目标。它包含了三个方面的选择：(1)开支政策。即开支多少，以及用于哪些方面的开支。(2)征税政策。即征收多少税，以及采用何种手段征税。(3)赤字政策。即确定赤字的规模大小和分配办法。

凯恩斯主义的货币政策是通过对货币供给量的调节来调节利率，再通过利率的变动来影响总需求。其货币政策的机制是：货币量→利率→总需求。在总需求小于总供给时，可以通过增加货币供给量，引起利率下降，进而导致投资等增加，以扩张总需求；反之，总需求大于总供给时，可以通过减少货币供给量，引起利率上升，进而导致投资等下降，以紧缩总需求。在这种货币政策中，政策的直接目标是调节利率，利率的变动是通过货币量的调节实现的。调节利率的目的是调节总需求，因此总需求变动是货币政策的最终目标。

需求管理，又称宏观经济，它有四大主要目标：充分就业、物价稳定、经济增长以及国际收支平衡。

（一）充分就业

充分就业是宏观经济政策的首要目标，其广泛的含义是指一切生产要素都有机会以自己愿意的报酬参加生产的状态。但通常就指劳动这一要素的充分就业。充分就业并不是人人都有工作，而是指在现行工资水平之下，所有愿意接受工作的人，都获得了就业机会。此时，仍然存在一定的失业。但所有的失业均属于摩擦性失业和自愿性失业。现在，经济学家们普遍认为，充分就业并不是百分之百就业，经济社会存在 $4\%\sim6\%$ 的失业率是正常的。这种正常的失业率也被称为自然失业率。

（二）物价稳定

物价稳定是宏观经济政策的第二个目标，是指物价总水平的稳定。通常用价格指数来衡量一般价格水平的变化。物价稳定不是指每种商品的价格固定不变，也不是指价格总水平固定不变，而是指价格指数的相对稳定。物价稳定要避免或减少通货膨胀，但并不是通货膨胀率为零。在任何一个经济社会中，由于各种经济和非经济因素的影响，物价不可能保持在一个固定不变的水平上。一般来说，只要通货膨胀率较低，比如在 $1\%\sim3\%$，而且在一定时期内能维持在大致相等的水平上，就实现了物价稳定。稳定物价不仅要抑制通货膨胀，还要避免通货紧缩，以维持币值的相对稳定，因此，有学者又常把这一目标称为"稳定币值"。

（三）经济增长

经济增长是宏观经济政策的第三个目标。经济增长是指在一个特定时期内经济社会所生产的人均产量或人均收入的持续增长。经济增长会增加社会福利，但并不是增长率越高越好。一方面经济增长要受到各种资源条件的限制，不可能无限地增长，尤其是对于经济已相当发达的国家来说更是如此。另一方面，经济增长也要付出代价，如生态破坏、环境污染，进而引起各种社会问题等。因此，经济增长就是实现与本国具体情况相符的适度增长。

（四）国际收支平衡

国际收支平衡是宏观经济政策的第四个目标。当一国国际收入等于国际支出时，称为国际收支平衡。一国国际收支的状况主要取决于该国进出口贸易和资本流入流出状况。一国的国际收支状况不仅反映了这个国家的对外经济交往情况，还反映出该国经济的稳定程度。当一国国际收支处于失衡状态时，必然会对国内经济形成冲击，从而影响该国国内就业水平、价格水平及经济增长。因此，政府必须采取适当的措施，以使该国的国内经济和国际经济得到健康的发展。

从长期来看，这四个宏观经济目标之间是相互促进的。经济增长是充分就业、物价稳定和国际收支平衡的物质基础；物价稳定又是经济持续稳定增长的前提；国际收支平衡有利于国内物价的稳定，有利于利用国际资源扩大本国的生产能力，加速本国经济的增长；充分就业本身就意味着资源的充分利用，这当然会促进本国经济的增长。

但是，在短期中，迄今为止从各国宏观经济政策实践来看，这几个目标之间并不总是一致的，而是相互之间存在着矛盾。经济政策之间的矛盾给制定宏观经济政策带来了一定的困难，但宏观经济政策是为了全面实现这四个宏观经济目标，而不仅仅是要达到其中某一两个目标，这样，就需要综合考虑各种因素来对各种政策目标进行协调。

三、需求管理理论的借鉴意义

1997年以来,我国经济开始出现社会需求不足,市场消费疲软,产品库存积压,企业亏损严重,物价指数持续负增长的低迷状态。与此同时,职工下岗失业情况加剧,居民消费支出不足。加之东南亚金融危机的影响以及国内发生百年不遇的洪涝灾害,在人民币不贬值的承诺下,我国的外贸出口受到较大影响,更加重了市场疲软状况。面对消费疲软,社会需求不足的经济形势,我国政府有效地实施了积极的财政政策和稳健的货币政策,以拉动社会总需求,在一定程度上取得了积极效果。

我国近几年的宏观调控实践证明,只有努力加强和完善宏观调控,建立一套行之有效的具有中国特色的宏观调控体系,才能克服市场经济自身存在的某些缺陷,促进经济总量平衡和结构优化,保持国民经济持续快速健康发展。在借鉴和运用西方宏观调控理论时,必须做到三个方面的结合:

（一）必须同我国具体经济环境相结合

任何一种政策要达到预期的目的,必须符合实际情况。在宏观经济管理中,要保证所选用的宏观经济政策是恰当的,其前提是必须对当时的经济形势有清醒正确的认识。

（二）必须同我国不发达的市场经济相结合

我国的市场经济和西方的市场经济存在许多相同之处,但是由于我国建立社会主义市场经济体制只有十多年的时间,市场经济发育还不成熟,同西方发达的、有几百年历史的市场经济相比还存在很大的差距。而宏观调控的财政政策和货币政策只有在完善的市场机制中才能有效地发挥作用。因此,我们不能盲目地借用发达的市场经济宏观调控理论来指导不发达的市场经济实践。

（三）必须同我国改革实践相结合

尽管从1978年以来我国的经济改革取得了巨大成就,但传统体制的深层次矛盾并没有解决,改革仍处于关键时期,机遇与挑战并存。因此,宏观调控的政策必须与改革进程相适应,相互促进。

总之,需求管理理论是资本主义国家调控资本主义市场经济的理论概述,我们必须采取正确的态度,既要看到它的一些理论反映了市场调节的基本规律,具有很强的实用性,对于我们建设有中国特色的宏观调控体系具有重要参考价值。同时,又要看到,西方资本主义市场经济以私有制为基础,这与我国以公有制为基础的社会主义市场经济体制是有根本区别的。在学习借鉴西方宏观经济理论时看清这两个方面,是我们应采取的正确态度。

第二节　财政政策

一、财政构成

财政政策是政府变动税收和支出以影响总需求进而影响就业和国民收入的政策。因此,要理解财政政策,就要先弄清楚财政的构成。财政由政府收入和政府支出两个方面构成。

(一)政府收入

政府收入有很多来源,如税收、公共部门或国企利润、国有资产拍卖等,但主要有两个部分:税收和公债。

税收是政府收入最主要的来源。根据课税对象的不同,税收可以分为:财产税、所得税和流转税三类。财产税是指对纳税人的动产和不动产课征的税收。许多国家对财产的赠予或继承征税,有些国家还对纳税人的净财产(资产减去负债)征税,称之为个人财产税。所得税是对个人和公司赚取的所得课征的税收。流转税是对流通中的商品和劳务的交易额课征的税收。增值税是其中主要的税种之一。

根据收入中被扣除的比例,税收可分为累退税、比例税和累进税。累退税是指税率随征税客体总量增加而递减的一种税,比例税是税率不随征税客体总量变动而变动的一种税,即按一个统一的税率比例从收入中征收,多适用于流转税和财产税。累进税是税率随征税客体总量增加而增加的一种税。西方国家的所得税大部分属于累进税。这三种类型的税通过税率的变动反映了赋税的负担轻重和税收总量的关系,因此,税率的高低以及变动的方向对经济活动,如个人收入和消费、企业投资、社会总需求等都会产生极大的影响。

公债是相对于私债而言的,它与私债最大的区别就在于公债的债务人是拥有政治权利的政府。公债是以国家(或政府)信用为基础的,是政府以其信用向公众筹集财政资金的特殊形式。

我国2004~2013年各项财政收入见表3-1。从表中可以看到财政收入的增长速度波动较大。

表 3-1　　　　　　　　我国 2004—2013 年各项财政收入　　　　　　　单位:亿元

指标	2013 年	2012 年	2011 年	2010 年	2009 年	2008 年	2007 年	2006 年	2005 年	2004 年
财政收入	129 142.9	117 253.52	103 874.43	83 101.51	68 518.3	61 330.35	51 321.78	38 760.2	31 649.29	26 396.47
税收收入	110 530.70	100 614.28	89 738.39	73 210.79	59 521.59	54 223.79	45 621.97	34 804.35	28 778.54	24 165.68
增值税	28 810.13	26 415.51	24 266.63	21 093.48	18 481.22	17 996.94	15 470.23	12 784.81	10 792.11	9 017.94
营业税	17 233.02	15 747.64	13 679.00	11 157.91	9 013.98	7 626.39	6 582.17	5 128.71	4 232.46	3 581.97
消费税	8 231.32	7 875.58	6 936.21	6 071.55	4 761.22	2 568.27	2 206.83	1 885.69	1633.81	1 501.90
关税	2 630.61	2 783.93	2 559.12	2 027.83	1 483.81	1 769.95	1 432.57	1 141.78	1066.17	1 043.77
个人所得税	6 531.53	5 820.28	6 054.11	4 837.27	3 949.35	3 722.31	3 185.58	2 453.71	2 094.91	1737.06
企业所得税	22 427.20	19 654.53	16 769.64	12 843.54	11 536.84	11 175.63	8 779.25	7 039.60	5 343.92	3 957.33
非税收入	16 639.24	14 136.04	9 890.72	8 996.71	7 106.56	5 699.81				
专项收入	3 232.63	3 056.41	2 040.74	1 636.99	1 554.1	1 241.85				
行政事业收费	4 579.54	4 039.38	2 996.39	2 317.04	2 134.86	1 897.35				

(资料来源:据 2014 年《中国统计年鉴》整理)

(二)政府支出

政府支出是各级政府部门支出的总和。它由许多具体的支出项目构成,主要分为政府购买和转移支付两大类。

1. 政府购买

政府购买是政府对商品和劳务的购买，比如国防支出、机关办公费用、政府雇员工资、公共工程支出等。政府购买是一种实质性的支出，直接形成了社会总需求和实际购买力。它的大小是决定国民收入水平的主要因素之一，直接关系到社会总需求的规模。当社会总支出水平过低、有效需求不足、存在严重的失业时，政府可以通过增加购买支出，增加整个社会的总需求水平，以减少失业。相反，当社会总支出水平过高、有效需求过旺、存在通货膨胀时，政府应该采取减少政府购买性支出的政策，降低社会的总体有效需求，以抑制通货膨胀。

2. 转移支付

转移支付是指政府的社会福利等支出，如卫生保健支出、收入保障支出、退伍军人福利、失业救济和各种补贴等方面。转移支付的增减对整个社会总支出同样具有重要的调节作用。需要强调的是转移支付并不直接形成总需求，而是通过影响人们的可支配收入，间接地影响人们的支出水平。一般来说，当有效需求不足、经济社会失业增加时，政府可以通过增加转移支付、提高社会福利水平，使公众手中的可支配收入增加，从而提高人们的消费水平，增加整个社会的有效需求，减少失业。当社会总支出水平过高、有效需求过旺、存在通货膨胀时，政府则应该减少转移支付，降低社会福利水平，使人们的可支配收入减少，降低公众的消费水平，从而使社会的有效需求降低，抑制通货膨胀。

我国2004～2013年财政主要支出见表3-2。

表3-2　　　　　　　　　　我国2004～2013年财政主要支出　　　　　　　　　单位：亿元

年份 指标	2013年	2012年	2011年	2010年	2009年	2008年	2007年	2006年	2005年	2004年
财政支出	139 744.26	125 952.97	109 247.79	89 874.16	76 299.93	62 592.66	49 781.35	40 422.73	33 930.28	28 486.89
公共服务支出	14 139.04	12 700.46	10 987.78	9 337.16	9 164.21	9 795.92	8 514.24	5 639.05	4 835.43	4 059.91
国防支出	7 409.06	6 691.92	6 027.91	5 333.37	4 951.1	4 178.76	3 554.91	2 979.38	2 474.96	2 200.01
教育支出	21 876.54	21 242.1	16 497.33	12 550.02	10 437.54	9 010.21	7 122.32	7 425.98	6 104.18	5 143.65
科技支出	5 063.35	4 452.63	4 797	4 196.7	3 276.8	2 611	2 135.7			
文体传媒支出		2 268.35	1 893.36	1 542.7	1 393.07	1 095.74	898.64			
医疗卫生支出	8 208.73	7245.11	6 429.51	4 804.18	3 994.19	2 757.04	1 989.96			
社会保障支出	14 417.23	12 585.52	11 109.4	9 130.62	7 606.68	6 804.29	5 447.16	4 361.78	3 698.86	3 116.08
环境保护支出	3 383.29	2 963.46	2 640.98	2 441.98	1 934.04	1 451.36	995.82			
城乡社区支出	11 067.1	9 079.12	7 620.55	5 987.38	5 107.66	4 206.14	3 244.69			
农林水支出	13 227.91	11 973.88	9 937.55	8 129.58	6 720.41	4 544.01	3 404.7			
交通运输支出	9 272.36	8 196.16	7 497.8	5 488.47	4 647.59	2 354	1 915.38	581.25	444.15	368.21
其他支出		2 482.38	2 911.24	2 700.38	3 203.25	2 940.79	2 951.56			
基本建设支出								4 390.38	4 041.34	3 437.5
增拨流动资金								16.58	18.17	12.44
三项费用								1 744.56	1 494.59	1 243.94
地质勘查费								141.82	132.7	115.45
政策补助								1 387.52	998.47	795.8

（资料来源：据2004～2014年《中国统计年鉴》整理）

（三）财政赤字和盈余

在一个财政年度之内，若政府收入和政府支出正好相等，则称政府财政预算是平衡的。若政府收入大于政府支出，就会出现财政盈余，它是政府收入超过政府支出的差额。若政府收入小于政府支出，就会发生财政赤字，它是政府支出超过政府收入的差额。

二、财政预算思想的发展

财政预算思想的发展，大体经历了平衡预算思想和功能财政思想两个阶段。

（一）平衡预算思想

20世纪30年代以前，西方国家奉行的财政思想基本上还是亚当·斯密在其1776年出版的《国富论》中提出的原则：一个谨慎行事的政府应该厉行节约，量入为出，每年预算都要保持平衡。这就是所谓的年度平衡预算思想。

根据年度平衡预算思想，政府应该力保财政收支平衡，避免出现连续的赤字或盈余。20世纪30年代的"大萧条"和"凯恩斯革命"，使人们意识到在经济衰退时期机械地保持预算平衡既无必要同时也会加深衰退。在衰退时税收会由于收入的减少而减少，要保持年度预算平衡，就必然减少政府支出或提高税率，结果加深了衰退。在经济繁荣、通货膨胀严重时，由于税收随收入的增加而增加，为了减少盈余，保持年度预算平衡，政府必然增加支出或降低税率，结果造成更严重的通货膨胀。因此，年度预算平衡的思想受到众多经济学家的质疑。这样，年度平衡预算思想发展为保持每一个经济周期的预算平衡思想，这就是周期平衡预算。在萧条时期政府采取扩张性政策，可以允许赤字的存在；在繁荣时期政府采取紧缩性政策，可以有预算盈余，但要以繁荣时期的预算盈余弥补衰退时期的预算赤字，使每个经济周期政府的盈余和赤字相抵，实现整个经济周期的预算平衡。周期平衡预算的思想从理论上讲十分完美，但具体实行起来却非常困难，因为在一个经济周期内很难准确地估计出繁荣、衰退的时间和程度，并且两者更难相等，因此，周期平衡预算很难实现。

（二）功能财政思想

1962年美国肯尼迪政府总统经济顾问委员会提出一个新的思想，认为每年度的预算平衡甚至周期的预算平衡都是不必要的。财政政策目标应该是提供足够的有效需求，在抑制通货膨胀的同时实现充分就业。因此，不能机械地用财政预算收支平衡的观点对待预算盈余和预算赤字，而应从反经济周期的需要出发来合理地利用预算盈余和预算赤字。当有大量失业存在时，政府有责任不惜一切代价实行扩张性财政政策，增加政府支出和减少税收，实现充分就业。即使原来存在预算赤字，政府也应果断地执行扩张性的财政政策。当经济存在通货膨胀压力时，政府要采取紧缩性财政政策，即减少支出、增加税收，即使原先存在预算盈余，也要实施紧缩性的财政政策。这种新的财政思想，称为功能财政思想。

功能财政思想的中心就是：政府为了实现充分就业和物价稳定，应根据经济形势的变化采取相应的政策措施，需要有赤字就有赤字，需要存在盈余就存在盈余，而不应单纯为实现财政的收支平衡而影响政府制定和执行正确的财政政策。

功能财政思想否定了原来的预算思想，主张预算的目标是实现无通货膨胀的充分就业,而不是仅仅追求政府的收支平衡。因此,该思想同单纯强调政府收支平衡的思想相比是一大进步。但是,功能财政的实施也存在相当大的困难。一方面,经济形势的波动常常难以预测,对经济形势的估计也不会十分准确;另一方面,政府的决策需要一定的时间,并且效果也具有某种滞后性,因此导致这种政策难以奏效。例如,为消除失业采取了减税和增加政府支出等扩张性财政政策后,由于政策的滞后性,经济形势可能已转入了繁荣,但扩张性财政政策仍在实施,结果会导致更加严重的通货膨胀。

三、财政政策的特点

(一)自动稳定器

自动稳定器也称为内在稳定器,是经济中一种自动的作用机制,它可以自动地减少由于自发总需求变动而引起的国民收入波动,使经济发展较为平稳。自动稳定器主要是指那些对国民收入水平的变化自动起到缓冲作用的财政调节工具,如政府税收等。它的功能表现在:当经济繁荣时自动抑制通货膨胀,在经济萧条时自动减轻萧条,而不需要政府采取任何措施。自动稳定器是通过以下几项制度发挥其作用的。

1. 税收

在经济萧条时期,国民收入水平下降,个人收入减少,在税率不变的条件下,政府税收会自动减少,而人们的可支配收入也会因此自动地少减少一些,虽然萧条时期的消费和需求有一些下降,但会下降得少一些,从而起到抑制经济萧条的作用。反之,在通货膨胀时期,人们收入会增加,税收会因个人收入的增加而自动增加,使得个人可支配收入由于税收的增加少增加一些,从而使消费和总需求自动增加得少一些,从而使得通货膨胀有所收敛。

2. 转移支付

在经济出现衰退、萧条时期,由于失业人数增加,政府转移支付会自动增加,使得人们的可支配收入会增加一些,这就可以抑制经济萧条使人们收入下降而使个人消费和总需求下降的情况,起到抑制经济萧条的作用。反之,当经济过热产生通货膨胀时,由于失业率降低,政府的转移支付会因此自动减少,从而自动抑制可支配收入的增加,使消费和总支出减少,起到抑制通货膨胀的作用。

3. 农产品价格维持制度

经济萧条时期,农产品价格也将下降,政府依照农产品价格维持制度,按支持价格收购农产品,使农民收入和消费维持在一定水平上,不会因国民收入水平的降低而减少太多,也起到刺激消费和总需求的作用。当经济繁荣时,由于国民收入水平提高使整体价格水平上升,农产品价格也因此上升,这时政府减少对农产品的收购并售出库存的农产品,平抑农产品价格,无形中抑制了农民收入的增加,从而降低了消费和总需求水平,起到抑制通货膨胀的作用。

(二)斟酌使用的财政政策

自动稳定器是对经济波动的第一道防线,对于轻微的经济波动效果较为显著,而对于较为剧烈的经济波动则显得无能为力。当经济出现较为剧烈的波动时,政府应当审时度势,主动采取一些财政措施,变动支出水平或税收,以稳定总需求水平,使之接近物价稳定的充分就业水平。这就是斟酌使用的财政政策,它是功能财政思想在财政政策实践中的体现。

斟酌使用的财政政策要求按照"逆经济风向行事"的原则,交替使用扩张性和紧缩性财政政策。当经济出现衰退时,政府采取增加支出、减税、降低税率等措施,来刺激需求。当经济开始繁荣时,政府采取减少开支、增税等措施,以刺激供给、抑制需求。

四、赤字与公债

遵循功能财政的思想,二战之后,许多国家先后实行了政府干预经济的积极财政政策。政府出于政治上的考虑,大部分是实行消除失业的扩张性财政政策,结果造成财政赤字的上升和国家债务的累积。

财政赤字的弥补主要有三个途径:出售国有资产、货币融资和债务融资。

(一)出售国有资产

出售国有资产的方式一般较少运用,因为资产的变现本身需要一个过程,难以应付年度间临时出现的预算赤字。

(二)货币融资

货币融资,是指政府通过增加货币发行量的形式来弥补财政赤字。具体可分为直接方式和间接方式两种。直接方式是指政府直接向中央银行借款,由此直接引起货币供应量增加。间接方式是指政府向社会公众出售国债,然后由中央银行在公开市场上收购国债,引起货币供应量增加。

(三)债务融资

债务融资,是指政府通过发行公债来弥补财政赤字,把赤字债务化的方式。

从公债发行的主体看,有中央(联邦)政府公债和地方各级政府公债,通常将中央政府发行的内债称为国债,它是指本国公民持有的政府债券。公债一般分为短期公债、中期公债、长期公债三种形式。短期公债一般指偿还期在1年或1年以内的公债,最常见的形式是国库券,主要是为了弥补当年财政赤字或解决临时资金周转不灵的问题,利息一般较低,主要进入短期资本市场(货币市场)。中期公债是指偿还期限在1~5年的公债,主要目的是为了弥补财政赤字或筹措经济建设资金。长期公债则是指偿还期限在5年以上的公债,但一般按预先确定的利率逐年支付利息,主要是为了筹措经济建设资金。

政府发行公债,一方面能增加政府的财政收入,弥补财政赤字,筹措经济建设资金,影响财政收支,属于政府的财政政策。另一方面,又能对包括货币市场和资本市场在内的金融市场产生扩张和收缩的作用。公债的发行在金融市场上会影响货币的供求,促使利率发生变动,进而影响消费和投资,调节社会总需求水平,对经济产生扩张和收缩的效应。因此,从这一点上来看,公债既具有财政政策的功能,又有一定的货币政策作用。

五、财政政策的效果

财政政策的效果受多种因素的影响,其中最显著的当数挤出效应。所谓挤出效应,是指政府支出增加所引起的私人消费或投资降低的效果。当政府支出增加时,总需求增加,物价上涨,货币需求增加,利率上升,进而导致投资减少,消费随之减少。挤出效应越大,财政政策效应就越小;挤出效应越小,财政政策效应就越大。

挤出效应的大小,可以通过 IS-LM 模型来表示。

在 LM 曲线不变时,IS 曲线越平坦,斜率越小,挤出效应越大,政策效应越小;反之,IS 曲线越陡峭,斜率越大,挤出效应越小,政策效应越大。

在 IS 曲线不变时,LM 曲线越平坦,斜率越小,挤出效应越小,政策效应越大;反之,LM 曲线越陡峭,斜率越大,挤出效应越大,政策效应越小。

IS-LM 曲线斜率对财政政策的影响如图 3-1 所示。在图 3-1 中,比较图 3-1(a)和图 3-1(b),图 3-1(a)的 IS 曲线较陡峭,图 3-1(b)的 IS 曲线较平坦,在利率上升数值相同的情况下,图 3-1(b)比图 3-1(a)可支配总收入或国内生产总值增加更多。同样,比较图 3-1(c)和图 3-1(d),图 3-1(c)的 LM 曲线较陡峭,图 3-1(d)的 LM 曲线较平坦,图 3-1(c)比图 3-1(d)的利率上升数值更大,可支配总收入或国内生产总值增加更多。

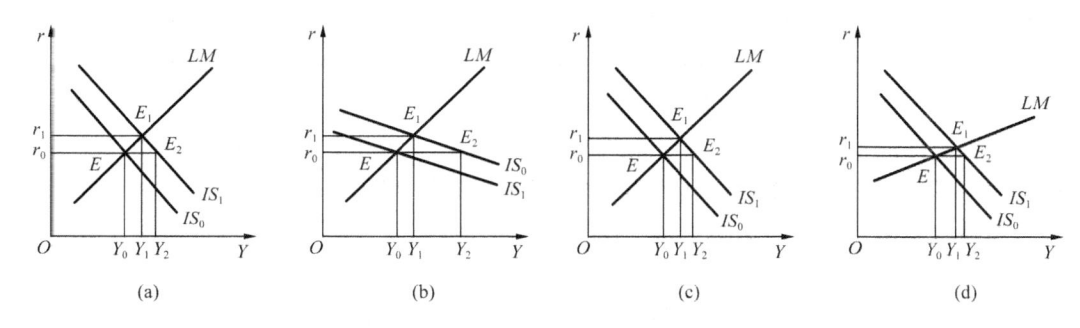

图 3-1 IS-LM 曲线斜率对财政政策的影响

在 LM 曲线不变时,IS 曲线之所以影响财政政策效应,是与投资的利率系数以及乘数相关的。在两部门宏观经济模型中,IS 曲线方程为 $r=\dfrac{\alpha+e}{d}-\dfrac{1-\beta}{d}y$,其斜率为 $-\dfrac{1-\beta}{d}$。在 β 既定的前提下,d 越大,IS 曲线的斜率越小,即 IS 曲线越平缓。由 $i=e-dr$ 可知,d 越大,利率 r 变动一定幅度将引起投资 i 较大幅度的变动。此时,若政府采取扩张性的财政政策使国民收入 y 增加,则货币需求上升,由于货币供给不变,利率 r 上升,进而必将使私人投资 i 减少较多,挤出效应较大,国民收入 y 增加的幅度较小。因此,IS 曲线越平缓,实行扩张性财政政策时"挤出效应"就越大,被挤出的私人投资 i 就越多,国民收入 y 增加得越少,即财政政策效果越小。反之,IS 曲线越陡峭,说明 d 越小。由 $i=e-dr$ 可知,d 越小,投资需求对利率的弹性越小,政府支出增加产生的"挤出效应"较小,因而国民收入 y 增加得较多,财政政策效果较大。在 d 既定的前提下,β 越大,IS 曲线斜率就越小,IS 曲线越平坦。由于投资乘数 $k_i=\dfrac{1}{1-\beta}$,β 越大,乘数也越大。这样,一定投资量和总需求的变动所引起的国民收入的变动就越大,"挤出效应"也越大,财政政策效果就越小。反之,β 越小,乘数越小,IS 曲线斜率就越大,IS 曲线越陡峭,"挤出效应"越小,财政政策效果越大。

在 IS 曲线不变时,LM 曲线之所以影响财政政策效应,是与货币需求的收入系数和利率系数相关的。LM 曲线方程为 $r=\dfrac{k}{h}y-\dfrac{m}{k}$,其斜率为 $\dfrac{k}{h}$。在 h 既定的前提下,k 越大,则 LM 曲线的斜率就越大,LM 曲线越平坦。由货币需求函数 $L=ky-hr$ 可知,k 是货币需求的收入系数。k 越大,国民收入 y 提高所引起的货币需求 L 增加得也就越多,这样,在货币供给量 m 不变的情况下,货币需求 L 增加得越多,利率 r 上升得越高;利率 r 上升得越高,私人投资 i 减少得越多,国民收入 y 增加得就少,财政政策的效果就小。在 k 既定的前提下,h 越小,LM 曲线的斜率越大,LM 曲线越平坦。由货币需求函数 $L=ky-hr$ 可知,h 是货币需求的利率系数。货币需求的利率弹性 h 较小,货币需求 L 对利率 r 变化的反应就不那么敏感,意味着要想货币需求 L 增加,需要利率 r 较多地上升;而利率 r 上升得越多,对私人投资挤占得就越多,挤出效应越大,导致了财政政策效果越小。

除挤出效应外,时滞和不确定性等因素也会影响财政政策的效果。时滞是指政策从制定到获得主要的或全部的效果所必须经历的一段时间。判断总需求的变化,实施财政政策,以及乘数作用的发挥,都需要时间。经济系统本身也具有一定的自我恢复机制,如果在经济萧条持续一段时间后,才发现总需求萎缩,然后经过一定的决策过程,再实施扩张的财政政策,经济体系可能已经出现了复苏,到这些刺激政策发挥作用时,经济就可能变得过热。这样,财政政策反而会加剧经济波动。不确定性主要包括乘数大小的不确定性和随机干扰的不确定性。由于不能准确判断乘数的大小,在采取财政政策时,就不知道需要增加多大的总支出才能达到预期效果。财政政策的制定和执行总需要一定的环境,而环境总会受到一些难以预料的扰动因素影响,从而削弱财政政策的效果。

第三节 货币政策

一、货币层次的划分和货币乘数

货币政策是政府货币当局即中央银行通过银行体系变动货币供给量来调节总需求的政策。当总需求低迷,经济陷入衰退时,就要增加货币供给量,以降低利率,刺激投资和消费,扩张总需求。反之,若总需求过旺,就要减少货币供给量,以提升利率,抑制投资和消费,抑制总需求。

要全面理解货币政策,就要清楚货币供应量的相关知识。说起货币供应量,首先涉及货币层次的划分。一般情况下货币可分为以下几个层次:

M_1 = 现金 + 活期存款
M_2 = M_1 + 储蓄存款 + 定期存款
M_3 = M_2 + 各种非银行金融机构的存款
M_4 = M_3 + 金融机构以外的所有短期金融工具

以上只是一般情况,具体到每个国家又不完全相同。
我国 2004~2013 年货币分类列表 3-3。

表 3-3　　　　　　　　　　我国 2004～2013 年货币分类

年份 指标	2013 年	2012 年	2011 年	2010 年	2009 年	2008 年	2007 年	2006 年	2005 年	2004 年
M_2 供应量/亿元	1 106 525	974 159.46	851 590.9	72 5851.8	606 225.01	475 166.6	403 442.21	345 603.59	298 755.7	254 107
M_1 供应量/亿元	337 291.05	308 672.99	289 847.7	266 621.5	220 001.51	166 217.13	152 560.08	126 035.13	107 278.8	95 969.7
M_0 供应量/亿元	58 574.44	54 659.81	50 748.46	44 628.17	38 245.97	34 218.96	30 375.23	27 072.62	24 031.7	21 468.3
M_2 增长率/%	13.6	13.8	13.6	19.7	27.7	17.8	16.7	17	17.6	14.7
M_1 增长率/%	9.3	6.5	7.9	21.2	32.4	9.1	21.1	17.5	11.8	13.6
M_0 增长率/%	7.1	7.7	13.8	16.7	11.8	12.7	12.2	12.7	11.9	8.7

(资料来源：据 2005～2014 年《中国统计年鉴》整理)

货币政策的中介目标就是货币供应量，其实质是研究哪一层次的货币供应量作为中介目标较为合适的问题。事实上，不同国家在不同时期，多种口径的货币供应量都曾充当过中介目标，一些国家甚至同时将多种货币供应量作为货币政策的中介目标。

我国 1995 年的货币分类如下。

M_0 ＝流通中的现金

M_1 ＝M_0 ＋企业单位活期存款＋机关团体部队存款＋农村存款

M_2 ＝M_1 ＋企业单位定期存款＋自筹基建存款＋个人储蓄存款＋其他存款

其中：M_0 为货币净投放。

在现代经济中，现金是中央银行的基础货币，是货币的净投放，但是流通中的货币并不能由货币净投放全部反映出来。

M_1 为狭义货币。这一层次的货币应该能反映流通中的货币，其重要性首先被货币政策当局重视，但是由于金融创新，不同形式金融资产之间的替代性越来越强，狭义货币与经济活动的联系也不够明确稳定，因此，作为货币中介目标也不合适。

M_2 为广义货币。在目前的金融统计中，广义货币是一个较为全面的货币供应量指标。因此，可以作为货币中介目标。我国近年来一般用广义货币作为货币中介目标。

货币政策传导机制是指货币政策的作用过程。货币政策发生作用的过程是：首先通过货币政策工具，作用于货币中介目标，调节货币供给量的增减，引起货币需求与供给的变化，市场利率发生变动，引起投资和消费发生变化，最终导致总产出的变动。

货币政策传导机制要发生作用，关键在于各种货币政策工具能否变动货币供给量，以及变动多少。对这个问题的解释，涉及存款货币创造和货币乘数。为了说明货币供给和货币乘数，我们需要先了解几个概念：活期存款、存款准备金、法定准备率和法定准备金。

活期存款是指不用事先通知银行就可以随时提取的银行存款。为了满足储户随时提取的需要，银行需要保留一部分存款。这种经常保留的供支付存款提取用的一定金额，就是存款准备金。为了保证储户提款顺利，同时保障银行系统的安全，中央银行都会对存款准备金占存款的最低比例作出规定。这种由中央银行规定的存款准备金占存款的最低比例，就是法定准备率。商业银行按照法定准备率提留的并交存中央银行的准备金，就是法定准备金。

接下来，我们看看，在这种部分准备的制度之下，存款货币是被如何创造出来的。

假定法定存款准备率为20%，某人将1 000元现金存入A银行，A银行按法定准备率保留200元法定准备金存入自己在中央银行的账户，其余800元全部贷放出去。

得到这800元贷款的客户乙将全部贷款存入与自己有业务往来的B银行，B银行得到了800元的存款，在留足160元的法定准备金并将其存入自己在中央银行的账户以后，将剩余的640元再贷放出去。

得到这640元的客户丙又将全部贷款存入与其有业务往来的C银行，C银行留下其中的128元作为法定准备金而把其余512元再贷放出去。如此反复，以至无穷，各商业银行的存款总额究竟是多少呢？可以按以下公式计算

$$1\,000 + 1\,000 \times 0.8 + 1\,000 \times 0.8^2 + 1\,000 \times 0.8^3 + 1\,000 \times 0.8^4 + \cdots$$
$$= 1\,000(1 + 0.8 + 0.8^2 + 0.8^3 + 0.8^4 + \cdots)$$
$$= \frac{1\,000}{1 - 0.8}$$
$$= 5\,000(元)$$

贷款总和为：

$$800 + 640 + 512 + \cdots$$
$$= 1\,000(0.8 + 0.8^2 + 0.8^3 + 0.8^4 + \cdots)$$
$$= 4\,000(元)$$

从上面的例子中可以看出，当人们把手中持有的现金存入银行时，就使活期存款总额即货币供给量扩大为新增原始货币供给量的 $\frac{1}{r_d}$ 倍，这个倍数被称为货币创造乘数。货币创造乘数等于法定准备率的倒数，它表示增加1元存款所创造出的货币的倍数。

上面的例子没有考虑到人们提现的情况，也没有考虑到商业银行存在超额储备的情况。现实生活中，人们总需要一些现金进行交易。商业银行为了应对市场波动，也会保留一部分超额储备（超过法定准备金的那部分准备金）。假设提现率为 r_c，超额准备率为 r_e，那么货币乘数就变为如下形式

$$k_m = \frac{1}{r_d + r_e + r_c}$$

上面的例子还告诉我们，商业银行的准备金是存款货币扩张的基础。事实上，非银行部门所持有的通货，如果存入银行，就会导致银行的准备金增加。因此，把公众持有的通货与商业银行的准备金总额统称为基础货币。由于基础货币会派生出货币，因此是一种

高能量的货币或者说活动力强大的货币,又被称为高能货币或强力货币。

若用 C_u 表示流通中的现金,R_d 表示法定准备金,R_e 表示超额准备金,H 表示高能货币,则:$H = C_u + R_d + R_e$,这是商业银行借以扩张货币供给的基础。另外,因为货币总供给是通货(C_u)与活期存款(D)之和,即严格意义上的货币供给 M_1,即:$M = C_u + D$,则

$$\frac{M}{H} = \frac{C_u + D}{C_u + R_d + R_e}$$

把上式等号右边的分子与分母同除以活期存款(D),则

$$\frac{M}{H} = \frac{\frac{C_u}{D} + 1}{\frac{C_u}{D} + \frac{R_d}{D} + \frac{R_e}{D}}$$

式中 $\frac{C_u}{D}$——漏现率 r_c;

$\frac{R_d}{D}$——法定准备率 r_d;

$\frac{R_e}{D}$——超额准备率 r_e。

所以,上式又可表示为

$$\frac{M}{H} = \frac{r_c + 1}{r_d + r_e + r_c}$$

$\frac{M}{H}$ 就是货币创造乘数。上式表明,货币创造乘数与法定准备率、中央银行贴现率、市场借款利率、漏现率有关。这就是说,货币供给是基础货币供给、法定准备率、中央银行贴现率、市场借款利率、漏现率的函数,这些因素都可以归结到准备金对货币供给变动的影响上来,因为准备金是银行创造货币的基础。中央银行正是通过控制准备金的供给来调节整个经济体系的货币供给的。

二、货币政策工具

货币政策中介目标的实现,都必须运用货币政策工具来实施,最主要的货币政策工具有三个。

(一)法定准备率

法定准备率是最基本的货币政策工具。中央银行可以通过对货币创造乘数的影响来改变法定准备率,进而调节货币供给量,从而可以改变银行创造货币的多少。假定商业银行的准备率正好达到法定的要求,这时,中央银行降低准备率就会使商业银行产生超额准备金,这部分超额准备金可以作为贷款放出,从而又通过银行创造货币的机制增加货币供给量,降低利息率。相反,则银行创造货币的多少与法定准备率成反比。法定准备率高,货币供应量小,法定准备率低,货币供应量大。表 3-4 是我国中央银行历年法定准备率。

表 3-4　　　　　　　　　我国中央银行历年法定准备率

次数	时间	调整前/%	调整后/%	次数	时间	调整前/%	调整后/%
40	2011年4月21日	(大型金融机构)20.00	20.50	26	2008年6月7日	16.50	17.50
		(中小金融机构)16.50	17.00	25	2008年5月20日	16	16.50
39	2011年3月18日	(大型金融机构)19.50	20.00	24	2008年4月25日	15.50	16
		(中小金融机构)16.00	16.50	23	2008年3月18日	15	15.50
38	2011年2月24日	(大型金融机构)19.00	19.50	22	2008年1月25日	14.50	15
		(中小金融机构)15.50	16.00	21	2007年12月25日	13.50	14.50
37	2011年1月20日	(大型金融机构)18.50	19.00	20	2007年11月26日	13	13.50
		(中小金融机构)15.00	15.50	19	2007年10月25日	12.50	13
36	2010年12月20日	(大型金融机构)18.00	18.50	18	2007年9月25日	12	12.50
		(中小金融机构)14.00	14.50	17	2007年8月15日	11.50	12
35	2010年11月29日	(大型金融机构)17.50	18.00	16	2007年6月5日	11	11.50
		(中小金融机构)14.00	14.50	15	2007年5月15日	10.50	11
34	2010年11月16日	(大型金融机构)17.00	17.50	14	2007年4月16日	10	10.50
		(中小金融机构)13.50	14.00	13	2007年2月25日	9.50	10
33	2010年5月10日	(大型金融机构)16.50	17.00	12	2007年1月15日	9	9.50
		(中小金融机构)13.50	不调整	11	2006年11月15日	8.50	9
32	2010年2月25日	(大型金融机构)16.00	16.50	10	2006年8月15日	8	8.50
		(中小金融机构)13.50	不调整	9	2006年7月5日	7.50	8
31	2010年1月18日	(大型金融机构)15.50	16.00	8	2004年4月25日	7	7.50
		(中小金融机构)13.50	不调整	7	2003年9月21日	6	7
30	2008年12月25日	(大型金融机构)16.00	15.50	6	1999年11月21日	8	6
		(中小金融机构)14.00	13.50	5	1998年3月21日	13	8
29	2008年12月5日	(大型金融机构)17.00	16.00	4	1988年9月	12	13
		(中小金融机构)16.00	14.00	3	1987年	10	12
28	2008年10月15日	(大型金融机构)17.50	17.00	2	1985年		10
		(中小金融机构)16.50	16.00	1	1984年		企业存款20, 农村存款25, 储蓄存款40
27	2008年9月25日	(大型金融机构)17.50	17.50				
		(中小金融机构)17.50	16.50				

(二) 再贴现率

再贴现率是指商业银行向中央银行借款时的利息率。中央银行改变再贴现率,可以改变商业银行向中央银行借款的数量,从而改变货币供应量。中央银行降低再贴现率,可以使商业银行得到更多的资金,这样可以增加贷款,贷款的增加又可以通过创造货币机制增加流通中的货币供给量,降低利息率。相反,则再贴现率与货币供应量成反比。再贴现率增高,货币供应量增多,再贴现率降低,货币供应量减少。表 3-5 是我国中央银行历年再贴现率。

表 3-5　　　　　　　　　我国中央银行历年再贴现率　　　　　　　单位:%

调整时间	法定准备金	超额准备金	对金融机构贷款				再贴现率
			一年	六个月	三个月	二十天	
1996.05.01	8.82	8.82	10.98	10.17	10.08	9	**
1996.08.23	8.28	7.92	10.62	10.17	9.72	9	**
1997.10.23	7.56	7.02	9.36	9.09	8.82	8.55	**
1998.03.21	5.22		7.92	7.02	6.84	6.39	6.03
1998.07.01	3.51		5.67	5.58	5.49	5.22	4.32
1998.12.07	3.24		5.13	5.04	4.86	4.59	3.96
1999.06.10	2.07		3.78	3.69	3.51	3.24	2.16
2001.09.11							2.97
2002.02.21	1.89		3.24	3.15	2.97	2.7	2.97
2003.12.21		1.62					
2004.03.25			3.87	3.78	3.6	3.33	3.24
2005.03.17		0.99					
2008.01.01			4.68	4.59	4.41	4.14	4.32
2008.11.27	1.62	0.72	3.6	3.51	3.33	3.06	2.97
2008.12.23			3.33	3.24	3.06	2.79	1.8
2010.12.26			3.85	3.75	3.55	3.25	2.25

(三)公开市场业务

公开市场业务是指中央银行在证券市场买进或卖出政府债券,导致货币供应量的增减和利率的变化。公开市场业务所指的债券主要有:国库券、公债和其他政府债券等。买进政府债券,货币投放市场,从而增加货币供给量。卖出政府债券,收回货币,从而减少货币供给量。公开市场业务是一种灵活而有效的调节货币量的工具。买卖政府债券与货币供应量增减成正比。

除了上述三个主要工具外,中央银行还采用其他工具,如直接信用控制、间接信用指导等。

直接信用控制是指以行政命令或其他方式,直接对金融机构尤其是商业银行的信用活动进行控制,其手段包括规定利率最高限额、信用配额管理、流动性比率管理和直接干预等。

间接信用指导是指中央银行通过道义劝告、窗口指导等办法间接影响存款货币银行的信用创造。道义劝告是指中央银行利用其声望和地位,对存款货币银行及其他金融机构发出通告或指示,或与各金融机构负责人面谈,劝告其遵守政府政策并自动采取贯彻政府政策的相应措施。窗口指导是指中央银行根据产业行情、物价趋势和金融市场动向等经济运行中出现的新情况和新问题,对存款货币银行提出信贷的增减建议。若存款货币银行不接受,中央银行将采取必要的措施,如可以减少其贷款的额度,甚至采取停止提供信用等制裁措施。窗口指导虽然没有法律约束力,但影响力往往比较大。

三、货币政策的效果

货币政策的效果,是指变动货币供给量对总需求的影响。若增加货币供给量能使国民收入有较大增加,货币政策的效果就大;反之,若增加货币供给量,国民收入增加较少,货币政策的效果就小。货币政策效果的大小,取决于 IS 曲线和 LM 曲线的斜率。

在 LM 曲线不变时,IS 曲线越平坦,斜率越小,货币政策的效果越大;反之,IS 曲线越陡峭,斜率越大,货币政策的效果越小。

IS 曲线越平缓,由 $r=\dfrac{\alpha+e}{d}-\dfrac{1-\beta}{d}y$ 可知,d 值越大或 β 值越大。d 值越大,利率 r 稍有变动将引起投资 i 较大幅度的变动。β 值越大,投资乘数越大,投资变动将引起国民收入 y 大幅度的变动。当货币供给量的增加导致利率 r 下降时,投资 i 将增加许多,国民收入 y 将有较大幅度的提高,货币政策的效果就大。

IS 曲线越陡峭,则说明 d 值越小或 β 值越小。d 值越小,利率 r 变动较大幅度将引起投资 i 较小幅度的变动。β 值越小,投资乘数越小,投资变动将引起国民收入 y 的变动幅度也小。当货币供给量 m 增加使 LM 曲线向右移动而导致利率 r 下降时,投资 i 不会增加许多,国民收入 y 增加就较少,即货币政策的效果越小。

LM 曲线斜率对货币政策的影响主要是:在 IS 曲线斜率不变时,LM 曲线越平坦,斜率越小,货币政策的效果越小;反之,LM 曲线越陡峭,斜率越大,货币政策的效果越大。

LM 曲线越陡峭,由 $r=\dfrac{k}{h}y-\dfrac{m}{k}$ 和 $L=L_1+L_2=ky-hr$ 可知,h 值越小或 k 值越大。由于 k 的大小取决于社会的商业习惯和制度等因素,在短期内是不变的,因此 LM 曲线的斜率变化主要是由 h 的变动引起的。LM 曲线越陡峭,就意味着 h 值越小。这种情况下,货币供给量 m 只要稍有增加就会使利率 r 下降许多,因而货币供给量 m 变动对利率 r 变动的作用较大,使得增加货币供给量的货币政策将对投资 i 和国民收入 y 有较大的影响。

LM 曲线越平坦,可知货币需求的利率弹性 h 值越大,表示货币需求 L 受利率 r 的影响大,利率 r 稍有变动会使货币需求 L 变动很多,m 变动很大时,r 只要稍微变动即可应对,因而货币供给量 m 变动对利率 r 变动影响较小,货币政策对投资 i 和国民收入 y 的影响较小,即货币政策的效果较小。

IS-LM 曲线斜率对货币政策的影响如图 3-2 所示。在图中,比较图 3-2(a)和图 3-2(b),图 3-2(a)的 IS 曲线较陡峭,图 3-2(b)的 IS 曲线较平坦,图 3-2(a)比图 3-2(b)的利率上升数值较大,可支配总收入或国内生产总值增加较多。同样,比较图 3-2(c)和图 3-2(d),图 3-2(c)的 LM 曲线较陡峭,图 3-2(d)的 LM 曲线较平坦,在利率上升数值相同的条件下,图 3-2(d)比图 3-2(c)的可支配总收入或国内生产总值增加较多。

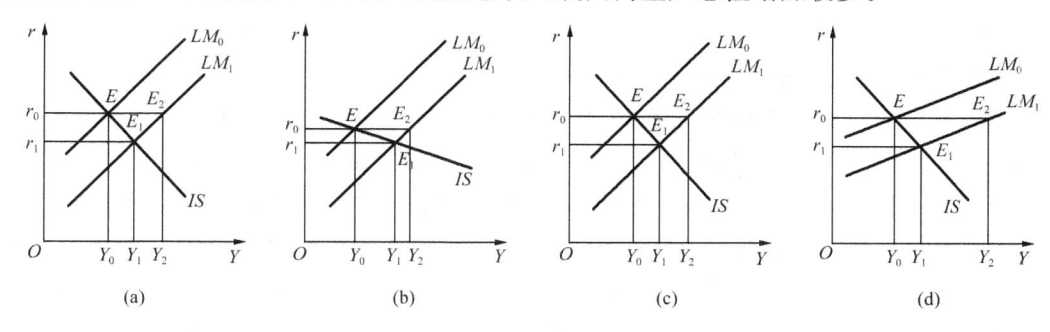

图 3-2 IS-LM 曲线斜率对货币政策的影响

货币政策的效果还受其他因素的影响,比如经济周期的阶段、货币流通速度、外部时滞以及国际资本流动等。

一般而言,在通货膨胀时期实行紧缩的货币政策效果比较显著,在经济衰退时期,实行扩张的货币政策效果就不明显。因为通货膨胀是由于需求过旺,紧缩性的货币政策,能够直接抑制总需求,缓解通货膨胀。而萧条时期,厂商悲观,即使央行放松银根,投资者也不愿增加贷款,银行不肯轻易借贷,尤其是遇到流动性陷阱时,货币政策效果很有限。

此外,增加或减少货币供给要影响利率的话,必须以货币流通速度不变为前提。然而,在通货膨胀时期,消费者会尽快消费,货币流通速度加快;而衰退时期,货币流通速度则下降。因而,货币政策的效果会大打折扣。

货币供给增加,导致利率下降,引起投资增加,扩大生产规模需要有足够的时间。在这个过程中,经济情况可能已经自行恢复。这样,扩张性的货币政策,就会加剧通货膨胀。

在开放的经济中,若一国实行从紧的货币政策,利率提高,国外资金进入,若汇率浮动则本币升值、出口减少、进口增加,本国总需求下降;若汇率固定,央行为保证本币不升值,必然抛出本币,按照固定利率收购外币,于是本国货币供给增加。

第四节 财政政策与货币政策的协调

一、财政政策与货币政策的局限性

财政收入政策的局限性主要表现为:为防止通货膨胀而增加财政收入,以压制社会总需求,抑制物价上涨。但是,如果对企业利润增加课税,企业为了保持原有利润,会抬高商品价格;如果对商品增加课税,税收就要加在商品价格上。因此,通过税收负担的转移过程,增税必然会引起物价上涨,从而限制了税收政策抑制物价上涨的作用。如果对个人所得增加税收,将直接降低个人可支配收入以及个人消费水平,会引起国民的反感,实施起来有一定难度。

财政支出政策的局限性主要表现为：在经济膨胀时期，要减少对商品的购买，将直接影响企业的收益，因此会遇到极大阻力；政府要削减转移支付，将直接减少人们的收入，甚至影响居民的基本生活，因此会遭到公众的反对。在经济萧条时期，政府转移支付的增加，虽然提供了增加消费与投资、扩大总需求的可能性，但如果人们将这笔收入用于储蓄而非商品购买时，这种可能性就不能成为现实。

货币政策的局限性主要表现为：在经济衰退时期，尽管中央银行采取扩张性货币政策，如降低存款准备率和再贴现率等，以促进商业银行扩大放款。但是，商业银行往往为了安全起见不肯冒风险；厂商因为市场前景暗淡，预期利润率低，从而不愿为增加投资而向银行借款。在通货膨胀时期，尽管中央银行采取措施提高利率，但企业会认为此时有利可图，从而置较高利率于不顾，一味增加借款。由于保险公司等吸收了大量储蓄存款，从而部分抵消了紧缩性货币政策的作用，因此中央银行难以控制投资总额，使货币政策预期目标打了折扣。

二、财政政策与货币政策协调的必要性

财政政策与货币政策的差异性决定了协调的必要性。财政政策与货币政策的差异性决定了单独使用某一政策措施都存在着种种局限和矛盾，从而不能有效实现预期政策目标，因此两者有必要有机协调，配合使用。表 3-6 反映了财政政策与货币政策的差异性。

表 3-6　　　　　　　　财政政策与货币政策的差异性

影响因素	财政政策		货币政策		
	政府支出	税收	公开市场业务	法定准备率	再贴现率
作用强度	较猛烈	较缓慢	较缓慢	较猛烈	较缓慢
决策速度	较慢	较慢	较快	较慢	较快
阻力	较大	较大	较小	较小	较小
作用对象	总需求	总需求	货币供给量	货币供给量	货币供给量

从表中可以看到，从政策的强度看，财政政策中的政府支出和货币政策中的法定准备率的作用较猛烈，而财政政策中的税收和货币政策中的公开市场业务、再贴现率的作用较缓慢；从决策速度看，财政政策和货币政策中的法定准备率决定较慢，货币政策中的公开市场业务、再贴现率的决定较快；从政策执行时的阻力看，财政政策的阻力较大，货币政策的阻力较小；从作用对象看，财政政策直接作用的对象是总需求，货币政策直接作用的对象是货币供给量。在制定和实施财政政策与货币政策时，必须考虑到这些政策的差异性，以便配合使用为宏观经济政策目标服务。

三、财政政策与货币政策配合的相机抉择

相机抉择是指政府在进行需求管理时，可以根据市场情况和各项调节措施的特点，机动地决定和选择当前究竟要采取哪一种或哪几种政策措施。

从财政政策和货币政策的差异性可知,在需要进行宏观经济调控时,究竟应采取哪一项政策,或者如何对不同的政策手段进行搭配使用,并没有一个固定不变的程式,政府应根据不同的情况,灵活地决定。因此,在财政政策和货币政策的配合运用时,应注意以下方面。

(一)必须根据不同的经济形势采取不同的政策

对宏观经济政策的配合使用,必须根据不同的经济形势采取不同的政策。例如:在经济发生严重的衰退时,就不能运用作用缓慢的政策,而是要运用较猛烈的政策,如紧急增加政府支出,举办公共工程;相反,当经济开始出现衰退的苗头时,不能采用作用猛烈的政策,而要采用一些作用缓慢的政策,如有计划地在金融市场上收购债券以便缓慢地增加货币供给量,降低利息率。

(二)要善于将各种政策搭配起来使用

所谓善于将各种政策搭配起来使用,也就是说可以采用"双紧""一松一紧""一紧一松""双松"等形式配合使用。

"双紧"是说财政政策和货币政策都采用收缩社会总需求的政策工具,使社会总需求迅速收缩。这种配合的适用条件是:需求膨胀、物价上涨、瓶颈制约、秩序混乱。美国曾在20世纪60年代末70年代初,采取了这种"双紧"配合的政策,他们一方面减少政府支出,征收10%的个人所得附加税;另一方面,又采取紧缩性货币政策,使利率上升,其结果降低了通货膨胀率,但提高了失业率。

"一松一紧"是说财政政策采用扩张社会总需求的政策工具,货币政策采用收缩社会总需求的政策工具,使社会总需求缓慢扩张。这种配合的适用条件是:财力充足、状态良好、低储蓄率、物价上涨。美国在20世纪80年代初为制止滞胀曾采用过这种政策配合方式。1982年美国开始出现四位数赤字,失业率很高。但到1984年,美国经济已接近充分就业水平,里根政府根据供给学派的观点而采取的降低25%税率的减税政策已充分发挥了作用,不过该年度高就业水平却出现赤字,于是配合实行了紧缩性货币政策,使1984年以后利率不断上涨,对美国经济摆脱滞胀局面产生了很好的作用。

"一紧一松"是说财政政策采用收缩社会总需求的政策工具,货币政策采用扩张社会总需求的政策工具,使社会总需求缓慢收缩。这种情况虽然没有发达国家宏观经济调控的例证,但也是一种行之有效的相机抉择的政策配合手段。这种配合的适用条件是:财力不足、赤字严重、高储蓄率、市场疲软。

"双松"是说财政政策和货币政策都采用扩张社会总需求的政策工具,使社会总需求迅速扩张。这种配合的适用条件是:开工不足、市场疲软、资源浪费、高失业率。美国在20世纪60年代采用这种扩张政策,促进了经济迅速增长。1964年美国进行大幅度减税(个人所得税减少20%以上,公司所得税减少8%左右),有效地扩大了总需求,使国民收入增长从1963年的4%,提高到1965年的6%,同时又采取了扩张性货币政策,把利率上升幅度控制在很小范围内(1963年为4.26%,1965年仅为4.49%)。

本章逻辑结构

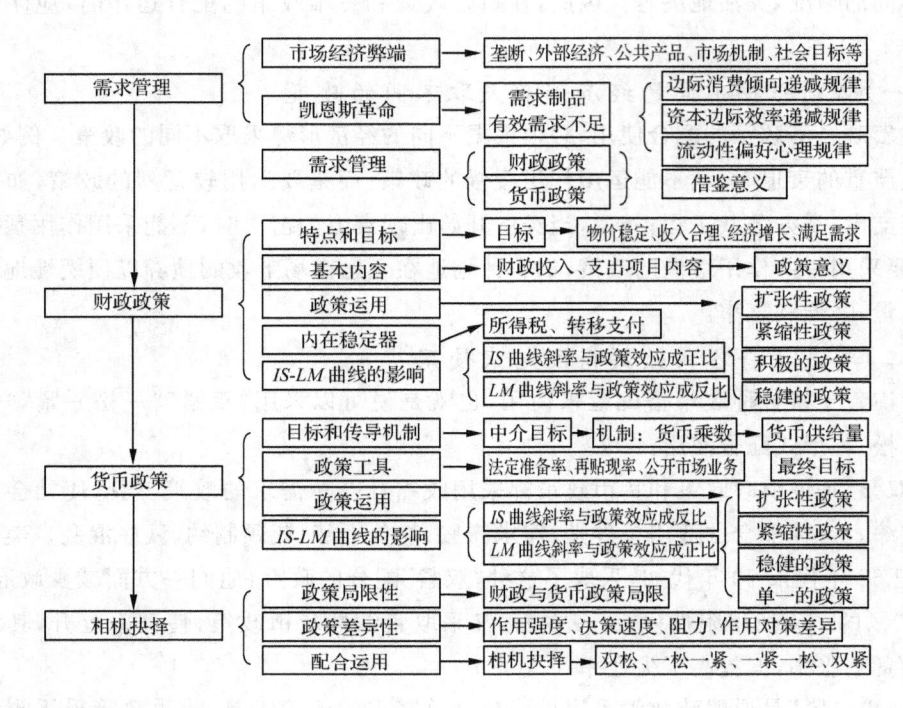

```
需求管理 ── 市场经济弊端 → 垄断、外部经济、公共产品、市场机制、社会目标等
         ── 凯恩斯革命 → 需求制品 有效需求不足 → 边际消费倾向递减规律
                                               资本边际效率递减规律
                                               流动性偏好心理规律
                                               借鉴意义
         ── 需求管理 → 财政政策
                      货币政策

财政政策 ── 特点和目标 → 目标 → 物价稳定、收入合理、经济增长、满足需求
         ── 基本内容 → 财政收入、支出项目内容 → 政策意义
         ── 政策运用 → 所得税、转移支付 → 扩张性政策
         ── 内在稳定器                      紧缩性政策
         ── IS-LM曲线的影响 → IS曲线斜率与政策效应成正比  积极的政策
                             LM曲线斜率与政策效应成反比  稳健的政策

货币政策 ── 目标和传导机制 → 中介目标 → 机制：货币乘数 → 货币供给量
         ── 政策工具 → 法定准备率、再贴现率、公开市场业务 → 最终目标
         ── 政策运用 → IS曲线斜率与政策效应成反比  扩张性政策
         ── IS-LM曲线的影响 → LM曲线斜率与政策效应成正比  紧缩性政策
                                                        稳健的政策

相机抉择 ── 政策局限性 → 财政与货币政策局限 → 单一的政策
         ── 政策差异性 → 作用强度、决策速度、阻力、作用对策差异
         ── 配合运用 → 相机抉择 → 双松、一松一紧、一紧一松、双紧
```

本章相关学者

保罗·萨缪尔森（Paul A. Samuelson，1915～2009），1935年毕业于芝加哥大学，随后获得哈佛大学的硕士学位和博士学位，并一直在麻省理工学院任经济学教授，是麻省理工学院研究生部的创始人。他是那些能够和普通大众进行交流的为数极少的科学家之一。他经常出席国会作证，在联邦委员会、美国财政部和各种私人非营利机构任学术顾问。他发展了数理和动态经济理论，将经济科学提高到新的水平，是当代凯恩斯主义集大成者，经济学的最后一个通才。他是当今世界经济学界的巨匠之一，他所研究的内容十分广泛，涉及经济学的各个领域，是世界上罕见的多能学者。萨缪尔森首次将数学分析方法引入经济学，帮助经济困境中上台的肯尼迪政府制定了著名的"肯尼迪减税方案"。他于1947年成为约翰·贝茨·克拉克奖的首位获得者，并于1970年获得诺贝尔经济学奖。

萨缪尔森的巨著《经济学》流传颇广，被翻译成日、德、意、匈、葡、俄等多种文字，销售量已达1 000多万册，成为许多国家和地区制定经济政策的理论根据。该书对经济学中的三大部分——政治经济学、部门经济学、技术经济学都有专门的论述，读过这本书的人会看到他从宏观经济学到微观经济学，从生产到消费，从经济思想史到经济制度都比前人有新的创见。主要学术成果有：1.斯托尔珀-萨缪尔森定理，他认为，长期来看，开展国际贸易后，出口产品生产中密集使用的生产要素（也就是本国充裕的生产要素）的报酬会提高，而进口产品生产中密集使用的生产要素（也就是本国稀缺的生产要素）的报酬会下降，而且无论这些生产要素在哪个行业中使用都是如此。2.要素价格均等化定理，只要存在产品价格的差异，两国就会继续开展贸易，但最终的结果将是两国两种产品的价格完全相等，而生产要素的价格也完全相等，此时如果其他条件不变，贸易也就停止。两国间开展贸易的结果会使两国的生产要素价格最终相等这一趋势被称为"要素价格均等化定理"。3.税收思想，在《经济学》一书中论述的税收理论和政策主要包括的内容有税收性质、税收原则、税收影响。一是税收影响收入分配。萨缪尔森是通过洛伦兹曲线来说明税收对国民收入分配的影响的。二是税收对劳动力的影响。在一些场合，如劳动力工资较低或税率较低，所得税可以刺激劳动者努力，而在另一些场合，如累进税率较高，所得税则可能妨碍劳动者努力。三是税收对投资的影响。萨缪尔森认为，累进税会给风险投资带来不利影响，累进程度越大，这种影响就越大。但是，累进税同时也有对这种影响的抵消作用，因为"税款取自仅仅花费其增长的收入的微小部分的节俭的富人，而不取自花费其一切的穷人。以此而论，累进税可以把消费的力量保持在高水平"。消费水平高，自然对投资有利。

米尔顿·弗里德曼（Milton Friedman），1912年7月31日出生于纽约市，父母是俄罗斯犹太移民，1932年获得罗格斯大学学士学位，1933年获得芝加哥大学硕士学位，1946年获得哥伦比亚大学博士学位。他1937年在哥伦比亚大学任经济学讲师，1940年在威斯康星大学任经济学教授，1945年在明尼苏达大学任经济学副教授，1948年在芝加哥大学任经济学教授，1953年在剑桥大学任傅尔布莱特客座学者，1964年在哥伦比亚米契尔任客座研究教授。

弗里德曼是美国经济学家，以研究宏观经济学、微观经济学、经济史、统计学及主张自由放任资本主义而闻名。1976年获得诺贝尔经济学奖，以表扬他在消费分析、货币供应理论及历史和稳定政策复杂性等范畴的贡献。弗里德曼是《资本主义与自由》一书的作者，该书在1962年出版，提倡将政府的角色最小化以让自由市场运作，以此维持政治和社会自由。他的政治哲学强调自由市场经济的优点，并反对政府干预。他的理论成了自由意志主义的主要经济根据之一，并且对20世纪80年代开始的里根政府以及许多其他国家的经济政策都有极大影响。

弗里德曼最知名的理论，是他提出的货币供给作为决定生产价值基准的因素，通货膨胀在根本上源自货币供给量的主张。货币主义是现代经济学在货币数量理论的重要观点之一，这种理论的根源可以追溯至16世纪西班牙的萨拉曼卡学派，弗里德曼的贡献则是现代化了这种理论，将其推广为现代经济学的主流货币学说。他在1963年与Anna Schwartz合著的《A Monetary History of the United States》一书中检验了美国历史上货币供给和经济活动之间的关联。他们得出了惊人结论：货币供给一向是经济活动起伏的唯一影响来源。又或者如同美国联邦储备系统的主席本·伯南克在2002年庆祝弗里德曼90岁生日时所描述的："有关大萧条，你是正确的，我们（联邦储备系统）当时的确做错了。我们真的很抱歉。"David Meiselman在19世纪60年代进行的几次研究显示了货币供给在决定经济投资以及政府开销在决定消费及生产总额上的角色是至高无上的。弗里德曼的观察研究和一些学说进一步推展了这种结论,主张货币供给的改变是影响经济生产的首要原因,但长期的影响则是由物价水平决定的。

本章案例分析

蜜蜂的寓言和"凯恩斯革命"

18世纪初,一个名叫孟迪维尔的英国医生写了一首题为《蜜蜂的寓言》的讽喻诗。这首诗叙述了一个蜂群的兴衰史。最初,蜜蜂们追求奢侈的生活,大肆挥霍浪费,整个蜂群兴旺发达。后来它们改变了原有的习惯,崇尚节俭,结果蜂群凋敝,最终被敌手打败而逃散。

这首诗所宣扬的"浪费有功"在当时受到指责。英国中塞克斯郡大陪审团委员们就曾宣判它为"有碍公众视听的败类作品"。但在200多年之后,这部当时声名狼藉的作品却启发凯恩斯发动了一场经济学上的"凯恩斯革命",建立了现代宏观经济学和总需求决定理论。

在20世纪30年代之前,经济学家信奉的是萨伊定理。萨伊是18世纪法国经济学家,他提出供给决定需求,有供给就必然创造出需求,所以,不会存在生产过剩性经济危机。这种观点被称为萨伊定理。但20世纪20年代英国经济停滞和30年代全世界普遍的生产过剩和严重失业打破了萨伊定理的神话。凯恩斯在批判萨伊定理中建立了以总需求分析为中心的宏观经济学。

凯恩斯认为,在短期中决定经济状况的是总需求而不是总供给。因为,在短期中由劳动、资本和技术所决定的总供给是既定的。这样,决定经济的就是总需求。总需求增加,国民收入增加;总需求减少,国民收入减少。引起20世纪30年代大危机的正是总需求不足,或者用凯恩斯的话来说是有效需求不足。凯恩斯把有效需求不足归咎于边际消费倾向下降引起的消费需求不足和资本边际效率(预期利润率)下降与利率下降有限引起的投资需求不足。解决的方法则是政府用经济政策刺激总需求。包括增加政府支出的财政政策和降低利率的货币政策,凯恩斯强调的是财政政策。

总需求理论的提出在经济学中被称为一场"革命"(凯恩斯革命)。它改变了人们的传统观念。例如,如何看待节俭。在传统观念中,节俭是一种美德。但根据总需求理论,节俭就是减少消费。消费是总需求的一个重要组成部分,消费减少就是总需求减少。总需求减少则使国民收入减少,经济衰退。由此看来,对个人是美德的节俭,对社会却是恶行。这就是经济学家经常说的"节约的悖论"。"蜜蜂的寓言"所讲的也是这个道理。

1933年当英国经济处于萧条时,凯恩斯曾在英国BBC电台号召家庭主妇多购物,称她们此举是在"拯救英国"。在《通论》中他甚至还开玩笑地建议,如果实在没有支出的方法,可以把钱埋入废弃的矿井中,然后让人去挖出来。

当然,这种刺激总需求的理论与政策并不是普遍真理。起码在两种情况下,这种理论并不适用。其一是短期中当总需求已等于甚至大于总供给时再增加总需求会引发需求拉动的通货膨胀。其二是在长期中,资本积累是经济增长的基本条件,资本来自储蓄,要储蓄就要减少消费,并把储蓄变为另一种需求—投资需求。这时提倡节俭就有意义了。

凯恩斯主义总需求理论的另一个意义是打破了市场机制调节完善的神话,肯定了政府干预在稳定经济中的重要作用。战后各国政府在对经济的宏观调控中尽管犯过一些错误,但总体上还是起到了稳定经济的作用。战后经济周期性波动程度比战前小,而且没有出现 20 世纪 30 年代那样的大萧条就充分证明了这一点。

2011 年实施积极财政政策,有效拉动内需——扩张性财政政策

财政部部长谢旭人近日在接受《学习时报》访问时表示,2011 年通过实施积极的财政政策,有效地拉动了内需,促进了经济结构调整优化,教育、医疗卫生、社会保障等社会事业发展进一步加快,对于保持经济平稳较快发展、夯实经济社会可持续发展基础都发挥了重要作用。

谢旭人表示,2011 年面对复杂严峻的国内外经济形势,党中央、国务院审时度势、科学决策,各地区各部门按照中央部署,正确处理保持经济平稳较快发展、调整经济结构和管理通胀预期的关系,有效应对各种突出矛盾和问题,国民经济继续朝着宏观调控预期方向发展,呈现增长较快、价格趋稳、效益较好、民生改善的良好态势,实现了"十二五"经济社会发展良好开局。各级财政部门认真贯彻落实党中央、国务院的各项决策部署,紧紧围绕科学发展主题和加快转变经济发展方式主线,实施积极的财政政策,并注重把握政策实施的力度、节奏和重点,狠抓财政管理,积极防范和控制财政风险。在实施过程中,重点把握以下五个方面。

一是扩大居民消费需求。增加对种粮农民的各项补贴规模。稳步提高小麦、稻谷最低收购价,促进农民专业合作组织发展和农民转移就业,增加农民生产经营性收入和工资性收入。继续实施更加积极的就业政策,支持落实企业职工最低工资制度,促进提高低收入者劳动报酬。大力支持增加农产品供给,扩大生活必需商品、原材料进口,加大储备物资市场调控力度,促进市场供求平衡和物价总水平基本稳定。对鲜活农产品运输车辆免收车辆通行费,降低流通成本。各地普遍建立了社会救助和保障标准与物价上涨挂钩的联动机制,落实对城乡低收入群体的各项补助政策。

二是调整优化投资结构。中央基建投资重点用于支持保障性安居工程、以水利为重点的农业基础设施、教育卫生基础设施建设,节能减排和生态环保,新疆、西藏及四省藏区经济社会发展,自主创新和战略性新兴产业发展等方面,优先保障重点在建项目、续建项目的资金需求,有序启动"十二五"规划重大项目建设。

三是实施结构性减税政策。个人所得税工薪所得减除费用标准由 2 000 元/月提高到 3 500 元/月,并调整税率结构,降低中低收入者税负,加强对高收入的调节。对部分小型微利企业继续实行所得税优惠政策,出台提高增值税、营业税起征点等一系列促进小型微型企业发展的税费减免政策。调整个人住房转让营业税政策。

四是支持保障和改善民生。大力促进教育、医疗卫生、社会保障、保障性安居工程、文化等社会事业发展,不断提高人民群众的生活水平。出台一系列政策,支持学前教育发展。提高农村义务教育经费保障水平,实施薄弱学校改造计划。新型农村合作医疗和城镇居民基本医疗保险的财政补助标准提高到年人均不低于 200 元,国家基本药物制度在

政府举办的基层医疗卫生机构全面实施。新型农村社会养老保险覆盖范围扩大到60%以上地区,城镇居民社会养老保险试点同步推进。落实社会保险补贴、公益性岗位补贴等就业扶持政策。大力支持保障性安居工程建设,全年保障性住房基本建成400万套以上,新开工1000万套的目标任务全面完成。认真落实党的十七届六中全会精神,加大对文化领域的支持力度,促进文化发展繁荣。

五是大力支持经济结构调整和区域协调发展。实施科技重大专项,推动国家重点实验室和科研机构能力建设。促进战略性新兴产业和服务业加快发展。大力支持中小企业特别是小型微型企业发展。推进重点节能工程建设,强化重点地区和流域生态综合治理。在主要牧区省份全面建立草原生态保护补助奖励机制。认真落实区域发展总体战略,对革命老区、民族地区、边疆地区和贫困地区的扶持力度进一步加大,大幅增加对地方均衡性转移支付规模,促进城乡统筹和区域协调发展。

本章思考与练习

一、选择题

1. 内在稳定器（　　）。
   A. 旨在减少周期性的波动
   B. 旨在稳定收入,刺激价格波动
   C. 能够保持经济的充分稳定
   D. 能够推迟经济的衰退

2. 根据凯恩斯功能财政的思想,财政政策的首要目标是（　　）。
   A. 实现财政收支平衡
   B. 尽量增加政府税收
   C. 实现充分就业
   D. 合理安排政府支出,使之效益最大

3. 存在失业状况时,应采取的财政政策工具是（　　）。
   A. 减少政府支出　　　　　B. 降低所得税率
   C. 提高所得税率　　　　　D. 增加货币发行量

4. 经济过热时,政府应该采取的财政政策是（　　）。
   A. 减少政府财政支出　　　B. 增加财政支出
   C. 增加货币发行量　　　　D. 减少税收

5. 在 IS 曲线不变的情况下,LM 曲线的弹性大,则（　　）。
   A. 采取财政政策的效果好
   B. 采取货币政策的效果好
   C. 采取财政政策与货币政策的效果一样好
   D. 无法确定

6. 中央银行有多种职能,不是其职能的是（　　）。

A. 制定货币政策　　　　　　　　B. 为成员银行保存储蓄
C. 发行货币　　　　　　　　　　D. 为政府赚钱

7. 货币乘数取决于(　　)。
A. 法定准备率　　　　　　　　　B. 现金准备率
C. 超额准备率　　　　　　　　　D. 以上所有各项

8. 如果银行准备率为25%,则存款乘数为(　　)。
A. 0.25　　　　B. 0.5%　　　　C. 1　　　　D. 4

9. 如果法定存款准备金率为20%,那么简单的货币乘数就是(　　)。
A. 1　　　　　B. 2　　　　　　C. 4　　　　D. 5

10. 中央银行变动货币供给可以通过(　　)实现。
A. 变动法定准备率　　　　　　　B. 变动再贴现率
C. 公开市场业务　　　　　　　　D. 以上均是

11. 再贴现率是(　　)。
A. 银行对其最有信誉的客户所收取的贷款利率
B. 银行为其定期存款支付的利率
C. 中央银行对商业银行的存款支付的利率
D. 当中央银行向商业银行贷款时,中央银行所收取的利率

12. 在凯恩斯区域内(　　)。
A. 货币政策和财政政策都有效　　B. 财政政策有效,货币政策无效
C. 财政政策无效,货币政策有效　　D. 货币政策和财政政策都无效

二、名称解释

凯恩斯革命、需求管理、财政政策、税收、公债、政府购买、转移支付、自动稳定器、货币政策、货币乘数、法定准备率、再贴现率、公开市场业务、相机抉择

三、简答题

1. "凯恩斯革命"指什么？有何意义？
2. 凯恩斯如何论述三大心理定律决定有效需求不足理论？
3. 什么是需求管理？凯恩斯如何论述需求管理的必然性？
4. 财政政策的特点和目标是什么？
5. 扩张性、紧缩性、积极的、稳健的财政政策有何区别？
6. 如何理解财政政策的内在稳定器？
7. 财政政策的目标和传导机制是什么？
8. 扩张性、紧缩性、稳健的货币政策有何区别？
9. 如何理解财政政策与货币政策的局限性？
10. 如何理解财政政策与货币政策配合的相机抉择？

本章社会实践要求

主题：分析我国近几年经济形势及中央政府所采取的系列宏观经济政策

要求：1. 熟知需求管理的有关政策措施；

2. 了解有关政策的运用背景；

3. 了解中央财政政策的使用及效果；

4. 了解中央货币政策的使用及效果；

5. 了解财政政策和货币政策搭配使用的效果。

建议：1. 查找自1997年以来的主要宏观经济指标（如GDP、企业效益、物价指数、失业率、居民储蓄存款余额、货币量、利率、财政收支状况等）；

2. 运用资料进行计算；

3. 撰写分析报告。

第四章

失业理论与状态分析

导学

本章通过学习失业理论,了解失业的界定,学会失业率的计算,以及自然失业率与周期失业率的不同,登记失业率与调查失业率的不同;掌握自然失业的类型和原因,以及摩擦性失业和结构性失业的区别;掌握周期失业与隐性失业的原因;理解失业状况的特点及经济损失;掌握凯恩斯失业治理对策和对我国失业状态分析的运用;掌握现代经济学家失业治理对策,以及我国失业治理的对策。

第一节 失业与失业率

一、失业的界定

根据国际劳工组织(ILO)的定义,失业是指在一定年龄之上,在参考时间内没有工作,目前可以工作而且正在寻找工作的人。中国人力资源和社会保障部给出的失业定义则是,在法定劳动年龄内,有工作能力,无业且要求就业而未能就业的人员。可见,一般意义上的失业,是指在一定年龄范围内愿意工作而没有工作,并且正在寻找工作的状态。

根据失业的定义可知,衡量一个人是否失业,必须同时考虑四个条件:年龄、劳动意愿、劳动能力、有无工作。首先,要在一定年龄区间,按照国际劳工组织的规定,劳动适龄人口是指16~65岁的人。其次,确认至少在过去的一周内已经没有工作。第三,目前可以工作,即有劳动的能力和可能性。第四,正在寻找工作,即本人有工作的要求,在最近特定时期内已经采取明确步骤寻找工作或自谋职业者。

失业界定,可以依据下列程序进行:(1)确定劳动年龄人口。劳动年龄人口一般指法律规定的成年人口减去法定退休年龄人口以后的人口总数。世界上大多数国家把16~65周岁的人口确定为劳动年龄人口。我国劳动年龄范围的下限为16岁,上限为男59

岁,女54岁。(2)确定不在劳动力人口。不在劳动力人口是指有劳动能力但不能参加劳动的人口,包括在校学生、家务劳动者、因病离职人员以及丧失劳动能力、服刑人员和不愿工作的人员。(3)确定劳动力人口。劳动年龄人口减去不在劳动力人口,就是劳动力人口。(4)失业人口。劳动力人口减去就业人口,就是失业人口。图4-1为我国的失业界定程序图。

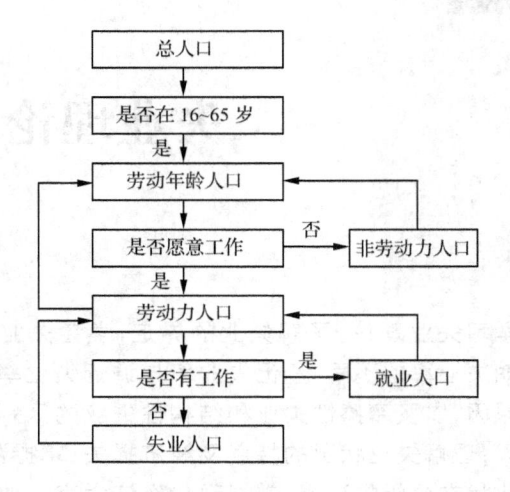

图 4-1 我国失业界定程序

在现实生活中,决定一个人是否是失业者是一件不那么容易的工作。首先,由于在大多数发达国家,失业保障体系的完备性,使得不愿意工作的人伪装成失业者进行登记。其次,许多介于就业与失业、就业与不在劳动力人口、失业与不在劳动力人口之间的现象,难以明确地划分。对于这一类边界不清的情况,我们可以用图4-2来表达。

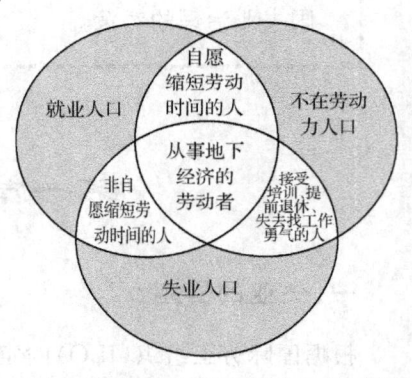

图中三个圆圈不与其他圆圈重合的部分是边界清晰范畴:就业、失业、不在劳动力人口。两个圆圈重合的部分是既可以把它们归入两个圆圈的任何一个,但又不能完全归入任何一个的情况。因此,随着经济的发展和失业人口的增加,就业形式也在不断地创新,部分失业或者说缩减的就业形式在不断地发展。所以,我们可以发展出许多交叉的概念,如部分就业、部分失业、隐性就业、隐性失业等。

图 4-2 失业、就业与不在劳动力人口关系

二、失业衡量指标体系

衡量一个经济中失业状况的最基本指标是失业率。失业率是指失业人口占劳动力人口的比重。用公式表示如下

$$失业率 = \frac{失业人口}{劳动力人口} \times 100\%$$

计算失业率,各国都是按这样三个层次进行的:

(1)计算劳动力人口,它等于劳动年龄人口减去不在劳动力人口;
(2)计算失业人口,它等于劳动力人口减去就业人口;
(3)计算失业率,它等于失业人口除以劳动力人口。

从国外来看,目前西方国家对失业率的相对标准是:
(1)4％以内的失业率属劳动力供给紧张型;
(2)6％左右的失业率属劳动力供给宽松型;
(3)8％以上的失业率属失业问题严重型。

失业率的计算还可以根据失业的分类,即自然失业和周期失业进行统计。失业率相关计算公式如下

(1)一般失业率 $=\dfrac{失业人口}{劳动力人口}\times 100\%$

(2)自然失业率 $=\dfrac{自然失业人口}{劳动力人口}\times 100\%$

(3)周期失业率 $=\dfrac{周期失业人口}{劳动力人口}\times 100\%$

(4)真正失业率 $=\dfrac{(失业人口-失意人口)}{劳动力人口}\times 100\%$

(5)充分就业率 $=\dfrac{(就业人口+周期失业人口)}{劳动力人口}\times 100\%$

这里,自然失业和周期失业的分类,是依据经济周期状况进行的,经济萧条阶段的失业,被认为是周期失业。而并不因为经济萧条,正常状况下都可能产生的失业,则认为是自然失业。其概念的内涵和外延在下文中介绍。失意人口是指正在寻找工作,却没有合适工作而对寻找工作失去信心的人。充分就业是指不存在周期失业的就业状态。

三、失业率调查统计方法

失业率统计数据的获得,世界各国基本上采用两种方法进行:(1)登记失业率是指依据失业者登记数统计的失业率。(2)调查失业率是指运用抽样调查统计的失业率。这两种失业率都会由于种种原因,不一定能准确反映失业的严重程度。但是,失业率仍然是宏观经济指标。因为失业率不仅在一定程度上反映了失业的严重程度,而且可以反映出失业的各种特点。表4-1列出了部分国家的两种失业率。

表 4-1　　　　　　　　　部分国家的两种失业率　　　　　　　　单位:％

国家 失业率	比利时	丹麦	德国	法国	爱尔兰	意大利	荷兰	英国
登记失业率	12.2	7.6	8.1	11.2	19.2	14.2	11.9	10.8
调查失业率	11.5	5.9	6.6	10.6	19.2	11.0	10.0	10.4

表中可以看到,几乎所有的国家从失业登记处获得的失业率要高于抽样调查获得的失业率,当然大多数国家这两个数据的差额不是很大。

我国的登记失业率目前只是城镇登记失业率,农村尚未做失业登记,如表4-2所示。

表 4-2　　　　　　　　我国城镇失业人数和登记失业率　　　　　　单位:%,万人

指标＼年份	2013年	2012年	2011年	2010年	2009年	2008年	2007年	2006年	2005年	2004年
就业人员	76 977	76 704	76 420	76 105	75 828	75 564	75 321	74 978	74 647	74 264
城镇就业人员	38 240	37 102	35 914	34 687	33 322	32 103	30 953	29 630	28 389	27 293
乡村就业人员		39 602	40 506	41 418	42 506	43 461	44 368	45 348	46 258	46 971
城镇登记失业人数		917	922	908	921	886	830	847	839	827
城镇登记失业率		4.1	4.1	4.1	4.3	4.2	4	4.1	4.2	4.2

(资料来源:据 2004～2014 年《中国统计年鉴》整理)

从表中可以看出,我国目前失业率的统计工作在许多方面做法还不够规范,需要与国际做法接轨。我国失业率的统计方法存在以下几个方面的问题:

(1)对就业人口、失业人口以及不在劳动力人口定义的界定不明晰。如我们通常使用失业、待业、无业以及下岗等概念,但没有明确这些概念的内涵与外延,没有明确这几个概念之间的相互联系及区别。

(2)没有一套系统的就业与失业统计指标体系,统计口径与国际习惯做法相差较大。因此目前统计年鉴中的有关失业数据与国际可比较的程度较低,对判断我国当前实际的失业状况是不利的。

(3)缺乏科学的、定期的失业数据的统计方法,尤其是尚未使用抽样问卷的调查方法,仅凭劳动行政部门及统计部门获得的失业数据,未必可靠。

除了上述这些问题,我们还可以从实践中看到,依据我国现行的登记失业制度,只有符合户口、年龄等条件的城镇公开失业人员才有登记资格(非农业户口,16岁以上及男50岁以下、女45岁以下)。因此我国的城镇失业登记人数并不能包括我国城镇的全部公开失业人员。20世纪80年代以前,农村流入城镇的劳动力还比较少,城镇失业人员也以"待业青年"为主,登记失业人数大体上能反映我国城镇公开失业状况。但20世纪90年代以来,随着我国改革的深入,城镇中出现了大量的"下岗人员",农村劳动力又大量流入城镇寻找工作,登记失业人数和登记失业率已经无法反映城镇公开失业状况。例如2012年年底我国的城镇登记失业人员为917万人,城镇登记失业率为4.1%,同时全国国有企业尚有下岗人员,但由于统计资料不足,我们还不能对我国城镇中公开失业状况做出全面的描述和分析。

第二节　失业类型与原因

一、摩擦性失业

摩擦性失业是指在生产过程中由于难以避免的摩擦而造成的短期、局部性失业。这是一种由于劳动力正常流动而引起的失业。在一个动态的经济中,总有一部分人自愿或者被迫离开原来的地区和职业,从离开旧工作到找到新工作之间总有一段时间间隔,在这

个间隔内这些人便处于失业状态。当他们离开原有的工作时,就流入失业队伍,当他们找到新的工作时,又流出失业队伍。

(一)摩擦性失业的类型

1. 求职性失业

劳动者不满意现有的工作,离职寻找更理想的工作所造成的失业。

2. 失职性失业

与前一种不同,劳动者被解聘,被迫寻找新的工作所造成的失业。

3. 寻职性失业

新加入劳动力队伍,暂时没有找到工作,而正在寻找工作所造成的失业。

(二)造成摩擦性失业的主要原因

1. 劳动力市场的组织状况

主要包括劳动力供求信息的完整性,职业介绍与指导的完善与否,劳动力流动性的大小等。比如,由于劳动力市场供求信息不完整、不充分,每个雇主和劳动者可以得到的信息不对称,雇主找到合适的劳动者,或劳动者找到合适的工作都需要一定的时间,因而造成摩擦性失业。

2. 失业者寻找工作的能力与愿望

主要包括失业者的工作能力和学历程度,工作可获性的难易程度,劳动者劳动的愿望等。比如,劳动者的意愿往往限制了寻找工作的范围,使得符合意愿的工作较少而难以寻找,在寻找过程中可能改变意愿,找到符合新的意愿的工作。这就需要一定的时间,因而造成摩擦性失业。

3. 社会保障的程度

主要包括最低工资标准、失业救济制度的完善与否、退休制度等。

对于摩擦性失业,1970年费尔浦斯等西方经济学家提出了一种"职业搜寻"理论进行解释。"职业搜寻"理论从劳动力市场信息不完全角度讨论了劳动者不断并持续寻找工作的必要性,认为失业对于劳动者是一项必要投资,这种投资越多,就越能找到满意的工作。

"职业搜寻"理论建立在劳动力市场上信息不充分、获取有关报酬的信息和工作岗位的信息要花费成本、失业是寻找高报酬工作的一种投资等三方面假设条件下,形成以下推理:劳动者为寻找工作所采取的失业时间越长,他所可能获得的工作报酬越高,但是随着他在劳动力市场寻找职业时间的延长,未来寻找到的工作岗位报酬的提高程度递减。也就是说,虽然寻找中的工作的报酬与搜寻时间成正比,但是报酬提高的幅度是随搜寻时间的延长而降低的,这一假定是符合现实情况的。

二、结构性失业

结构性失业是指劳动者的供求结构不一致时引起的失业。这时,劳动力供求在总量上也许是平衡的,但在结构上不一致,一方面出现了有人无工作的失业,另一方面又存在有工作无人做的空位。出现这种情况,是因为随着经济结构的调整,对某些劳动力需求增加,对另一些劳动力的需求减少而造成的。由于这种失业总的根源在于劳动力的供给结构不能适应劳动力需求结构的变动,所以它也是一种自然失业。

(一)结构性失业的类型

1. 技能性失业

技能性失业是劳动力技能不适合经济结构、地区结构和性别结构的变动而引起的失业。这种失业一般会集中体现在某一个结构变动时期。

2. 技术性失业

技术性失业是由于技术进步而引起的失业。在经济增长的过程中,技术进步必然导致技术密集型行业代替劳动密集型行业,缺少技术人员,造成非技术人员失业。

3. 季节性失业

季节性失业是由于某些行业生产的季节性变动而引起的失业。一般季节性加工行业经常出现一年中某些时刻需要大量劳动力,其他时刻则不需要劳动力的情况。同时,劳动力又不能迅速流动到其他相反季节性行业工作而造成失业。

(二)造成结构性失业的主要原因

1. 就业人口的构成不合理,劳动力供给质量不符合劳动力需求所要求的质量

20世纪以来,劳动力构成中的一个主要变化是妇女劳动力人口的不断增长,它成为结构性失业的潜在的危机,在失业率上升时,许多国家往往呈现出妇女失业率大大高于平均失业率的现象。例如,美国1950年妇女劳动力人口占妇女人口的33%,而到1973年这一比例上升到51%,1991年这一比例又达到68%。英国妇女参加工作的比例与美国相仿。法国和德国的比例要比美国低一点,1991年为57%左右。亚洲国家中日本妇女参加工作的比例也迅速上升,1991年达到61%。

2. 劳动力供给结构与需求结构的不相称

在一个经济中会出现一方面大量的劳动力找不到工作,另一方面许多岗位人手短缺的情况,尤其是在一个经济高速增长的时期,这一现象特别明显。例如,法国在20世纪90年代初每年所需的工程师数量为28 000名,而各类学校只能培养14 000名。1989年法国的失业率为10%,但是却有12%的企业招聘不到所需要的管理人员和技术人员。

20世纪40年代西方经济学家贝弗里奇最先描述了结构性失业的原因。他假定一个经济中存在着一些不同微观层次的劳动力市场,并将其划分为两大类,一类是存在失业的劳动力市场,另一类是存在岗位空缺的劳动力市场,劳动者由于本身的技能、教育程度和性别等关系在这两类市场中难以转移。因此这两类劳动力市场上的失业与岗位空缺将继续存在下去。如果用一种函数将失业率与岗位空缺率联系起来,则这一函数导数中失业率小于零,表示失业率越小,空位率越高,失业率越高,空位率越低,两者之间存在反比例关系;而就业率大于零,表示某一时期中雇用率越高,空位率越高,雇用率越低,空位率越低,两者之间存在正比例关系。许多经济学家通过对经验数据的计量分析,认为"就业率$=A\times$岗位空缺率$^a\times$失业率$^{a-1}$"的函数公式,能较好地反映岗位空缺率与失业率之间的关系,它说明岗位空缺率与失业率之间存在某种程度的反比关系。

三、周期失业

周期失业是指由于社会总需求不足而引起的失业。它一般只在经济周期的萧条阶段存在,故称为周期失业。根据凯恩斯的有效需求理论,在边际消费倾向递减规律、资本边际效率递减规律以及流动偏好规律的共同作用下,经济社会的总需求总是不足的,从而导致失业。故而周期失业理论,又称为凯恩斯的失业理论。

经济发展是有周期性的。在经济繁荣时期,社会总需求上升;在经济萧条时期,社会总需求不足。所以,周期失业常与经济周期同步,在经济繁荣时期比较少见,在经济萧条时期大量出现。如 1982 年美国经济大衰退时,50 个州中有 48 个州的失业率上升,这种普遍上升的失业率,表明了周期失业的存在。周期失业的原因用图 4-3 说明。

在图中,横轴 OY 代表可支配总收入或国内生产总值,纵轴 OAE 代表总支出或总需求。当国内生产总值为 Y_t 时,经济中实现了充分就业,Y_t 为充分就业的国内生产总值。实现这一国内生产总值水平所要求的总支出水平为 AE_0,即

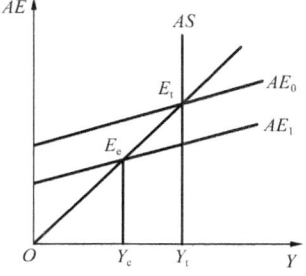

图 4-3 周期失业的原因

充分就业的总支出。但现在的实际总支出为 AE_1,这一总支出水平决定的国内生产总值为 Y_e,$Y_e < Y_t$,这就必然引起失业。$Y_e < Y_t$ 是由于 $AE_1 < AE_0$ 造成的,因此,实际总支出与充分就业总支出之间的差额,就是造成周期失业的根源。这种失业由总支出或总需求不足引起,故而也称为"需求不足的失业"。

四、隐性失业

隐性失业是指经济中存在表面上有工作而实际对生产没有做出贡献的人,即有"职"无"工"的人。隐性失业在发展中国家、某些福利国家和社会主义国家经常发生。

隐性失业在经济活动中经常存在,当经济中减少就业人员而产量没有下降时,就存在着隐性失业。例如,一个经济中有 3 000 万工人,如果减少 600 万工人而国内生产总值并不减少,则经济中存在 20% 的隐性失业。这种失业在发展中国家存在较多,特别是发展中国家的农业部门存在着严重的隐性失业。

20 世纪 90 年代到 21 世纪初,我国不论是农村,还是城镇,都存在着比较严重的隐性失业(表 4-3)。在我国市场经济建立过程中,农村积累了大量的剩余劳动力,形成了严重的隐性失业。有经济学家估计,农村劳动力大量流向城市,成为进城务工人群,还有近一亿的隐性失业人口。城镇实行的低工资、高就业、国家包分配的劳动就业政策,形成了企业大量的冗员,这种就业政策导致了城镇的隐性失业,专家认为,其失业人数约为两三千万,这种失业的存在给经济带来巨大的损失。近年来随着改革开放的深入,特别是国有企

业的改革,城镇的隐性失业有了明显的减少,农村城市化进程的加快,城镇对农村劳动力进城务工人数容纳程度的增加,使得农村的隐性失业也有了很大的改善。

表 4-3　　　　　　　　　　我国隐性失业情况

指标＼年份	1994 年	1995 年	1996 年	1997 年	1998 年	1999 年	2000 年	2001 年	2002 年
总就业量/万人	67 455	68 065	68 950	69 820	70 637	71 394	72 085	73 025	73 740
农村隐性失业/万人	13 845	13 678	7 538	6 199	5 629	5 053	4 523	3 501	2 889
城镇隐性失业/万人	3 161	3 589	3 725	3 798	3 870	3 950	3 045	2 049	1 241
隐性失业率/%	25.3	25.4	16.3	14.3	13.4	12.6	10.5	7.6	5.6
公开失业率/%	2.8	2.9	3.0	3.1	3.1	3.1	3.1	3.6	4.0
总失业率/%	28.1	28.3	19.3	17.4	16.5	15.7	13.6	11.2	9.6

(注:2002 年以后隐性失业问题仍然存在,但没有找到官方的统计数据)

五、不同学派对失业的解释

失业问题可以用如图 4-4 所示的供求分析框架来解释。图 4-4(a)描述的是出清的劳动市场中的失业,劳动市场的供求双方在(W^*, N_E)点上达成均衡。就业者是愿意接受均衡工资水平 W^*、数量为(N_E-0)的人,失业者是不愿意接受均衡工资水平 $W*$、数量为(N^*-N_E)的人,他们是自愿失业者。

图 4-4(b)描述的是非出清的劳动市场中的失业,劳动的价格是 W^{**} 并且高于 W^*,且具有刚性,劳动的市场供给为 N_2,劳动的市场需求为 N_1($N_2>N_1$),劳动的市场供给过剩,失业者是愿意接受工资水平 W^{**}、数量为(N_2-N_1)的人,他们是非自愿失业者。自愿失业者的数量为(N^*-N_2)。

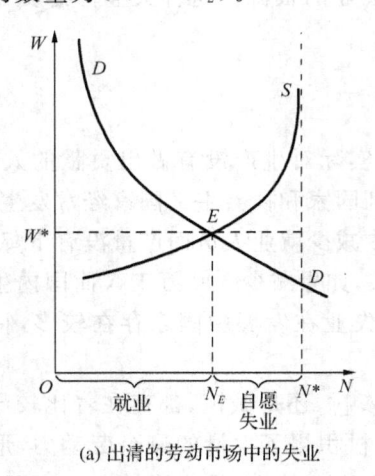

(a) 出清的劳动市场中的失业　　(b) 非出清的劳动市场中的失业

图 4-4　供求分析框架

(一) 古典学派对失业的解释

古典学派的失业理论以完全竞争的市场结构为假设前提,在这种市场上产品价格和货币工资可以根据市场供求状况灵活调整。古典学派经济学家认为,由于工资率可以自由伸缩,劳动市场总能达到充分就业均衡(图 4-4(a))。当然,充分就业并不排斥两种失业的存在,一是摩擦性失业;二是自愿失业。自愿失业是有工作能力的人不愿接受现行工资,或不愿降低已得的工资而产生的失业。由于他们所要求的实际工资高于均衡工资水平,不可能为厂商所雇佣。这些人只要愿意减少货币工资就能被雇佣,整个经济将消灭自愿失业。同时他们认为任何有工作能力而且愿意工作的人,不会因摩擦的原因而出现较长时间的失业,所以摩擦性失业同自愿失业一样并不是一个严重的问题,这两种失业的存在与充分就业并不矛盾。

古典学派经济学家进一步指出,失业和萧条状态之所以出现,是因为人为的因素导致了货币工资具有刚性,如最低工资法、工会的强力干预等。在这种情况下,当劳动市场上供过于求时,货币工资不能下降(图 4-4(b))。因此,古典学派认为解决失业的办法是消除货币工资的刚性,使它们自由地降低,通过降低货币工资(在货币供应量和物价水平给定不变条件下)来降低实际工资。

(二)凯恩斯对失业的解释

凯恩斯认为,资本主义社会的就业量取决于有效需求的水平,能否达到充分就业取决于有效需求的大小。边际消费倾向递减规律、资本边际效率递减规律、流动偏好规律造成有效需求不足,总需求不足是资本主义经济经常存在的现象,资本主义经济完全有可能处于非充分就业均衡状态。因此,摩擦性失业和自愿失业并不能概括一切失业现象,这说明客观上存在着第三种失业,即非自愿失业。它是指由于社会对商品的需求不足导致生产不能完全吸纳愿意工作的人而造成的失业,故又称为需求不足的失业(凯恩斯失业)。这种失业在经济增长放慢时上升,而在经济繁荣时下降,即它的变动与经济周期的不同阶段相关,也称为周期性失业。

凯恩斯为了证明资本主义经济不具有充分就业均衡的调节机制,还提出了新的工资理论。他否定了工资率有充分伸缩性的观点,认为货币工资具有下降刚性。反对传统经济学家所主张的通过降低货币工资来降低实际工资以实现充分就业的主张。在凯恩斯看来,在经济衰退时采用通货膨胀政策,运用提高物价的方法降低实际工资,可以提高资本边际效率,刺激投资,增加就业。当然凯恩斯知道仅靠削减实际工资并不能达到充分就业,因为失业的主动原因在于总需求不足,工资刚性的作用只是被动的。凯恩斯为此提出了需求管理政策,即实行政府干预经济来提高社会有效需求的政策,从而达到促进生产、提高就业的目的。

(三)新古典综合派对失业的解释

按照凯恩斯的理论,有效需求不足引起经济衰退和失业,过度需求产生通胀。一般来说,需求不足和需求过度这两种现象是不可能同时出现的,失业和通胀也是不可能同时发生的。但是 20 世纪 60 年代末期特别是 70 年代以后,资本主义各国的通胀率都在不断提高,最终导致了"滞胀并存"的局面。于是该学派的一些经济学家开始运用微观经济学补充宏观经济学以解释失业与通胀并存问题。托宾、杜生贝里等人提出"结构性失业问题",力图用市场结构的变化来解释失业和通胀并发症,认为是微观市场的不完全性和结构变化引起滞胀。

所谓结构性失业是指因经济结构的变化,劳动力的供给和需求在职业、技能、产业、地区分布等方面不协调所引起的失业。一种情况是某些具有劳动力的工人,由于他们工作的产业进入萧条而失去工作机会,而他们不一定适应新工业部门的技术要求,因而一部分人找不到工作;另一种情况是由于地区经济发展不平衡,落后地区的剩余劳动力因地理位置的限制,不能迅速流动到发展迅速的地区,因而也有一部分劳动者失业。结构性失业的存在必然引起失业与工作空位并存。由于强大的工会力量使工资易涨不易跌,所以尽管社会上存在着失业,但货币工资却不下降,而只要存在工作空位,货币工资就会迅速上升。这样失业与工作空位的并存就转化为失业与货币工资上涨并存,进而转化为失业与通胀的并发症。

(四)货币学派对失业的解释

货币学派的失业理论可以简单归结为"自然失业率"假说。在经济周期过去以后,经济中总是还会存在一定比例的失业人口,即使在经济繁荣时期,这部分失业也难以消除。经济中的这一部分失业被弗里德曼称为自然失业,其对总劳动力的比率被称为自然失业率。自然失业率就是指在没有货币因素干扰的情况下,劳动力市场和商品市场自发供求力量发挥作用时应有的处于均衡状态的失业率,是充分就业情况下的失业率。自然失业包括:认为实际工资低于劳动力边际效用的自愿失业、源于信息不完全的"寻业的失业"、源于现行劳动力流动性不完全的摩擦性失业、经济结构和技术发生变化,劳动力流动性和技术水平不相适应的较长期处于失业状态的结构性失业。

对于决定自然失业率的因素,以及何种原因使得自然失业率不断上升,经济学家们认为,生产力的发展、技术进步以及制度因素是决定自然失业率及引起自然失业率提高的重要因素。具体包括:①劳动者结构的变化。一般来说,青年与妇女的自然失业率高,而这些人在劳动力总数中所占比例的上升会导致自然失业率上升。②政府政策的影响。如失业救济制度使一些人宁可失业也不从事工资低、条件差的职业,这就增加了自然失业率;最低工资法使企业尽量少雇用人,尤其是技术水平差的工人,同时也加强了用机器取代工人的趋势。③技术进步因素。随着新技术、新设备的投入使用,劳动生产率不断提高,资本的技术构成不断提高,必然要减少对劳动力的需求,出现较多失业。同时,技术进步使一些文化技术低的工人不能适应新的工作而被淘汰。④劳动市场的组织状况,如劳动力供求信息的完整性与迅速性,职业介绍与指导的完善与否,都会影响到自然失业率的变化。⑤劳动市场或行业差别性的增大会提高自然失业率。厂商、行业和地区会兴起和衰落,而劳动者和厂商需要时间来与之适应和配合。这些无疑会引起劳动者的大量流动,增大结构性失业。

(五)新凯恩斯主义对失业的解释

新凯恩斯主义是指美国20世纪80年代以来新发展起来的凯恩斯主义,它在凯恩斯传统下构建微观基础,用新的研究方法和新的理论复兴了凯恩斯主义。从古典学派到货币学派的失业理论,大多是沿着劳动力市场以外的技术因素和制度因素来探索影响和决定失业的因素。但现实中还存在着这样的现象,尽管失业者只要能就业而愿意接受比较低的工资,但雇主本身并不想通过降低工资去雇用更多的工人,这说明劳动力市场存在着某种障碍使它不能充分发挥作用。新凯恩斯主义者对劳动力市场功能性障碍进行了探索,发展并完善起来一种全新的失业理论,在微观经济学的基础上解释了工资黏性和失业问题,代表了西方失业理论的最新发展。

1. 长期劳动合同导致名义工资黏性

在一些有工会组织的大型企业中,工资通常是由工会与企业通过谈判订立合同而固定下来的,一般三年不变,在合同有效期限内,工资是不能随市场的供求行情而调整的。一些没有工会组织而未签订劳动合同的企业,因受有劳动合同企业工资黏性的影响,工资也不会轻易变动。

2. 隐含合同理论

隐含合同是指厂商与工人之间没有正式的工资合同,但互相有将工资保持相对稳定的协议或默契,被称为"看不见的握手"。该理论认为,从长期看,工人向厂商提供劳动服务,厂商支付工资,实际上是一个保障合同交易。这一保障合同可以保护工人免受随机的、可以观察到的经济波动的影响。由于决定工资的劳资双方对待风险的态度是不同的,工人是风险厌恶者,厂商是风险中性者,于是双方在确定工资时会达成一种默契,实际工资保持相对稳定而不随经济波动而变化。将风险由工人工资转移给厂商利润,作为转移风险的代价工人接受低于市场出清的工资水平。隐含合同的存在使工资具有黏性。由于隐含合同的建立或货币工资的调整要参考公众有效性信息,而完全准确地确定公众有效性信息需要耗费厂商和工人较高的成本,因而调整工资的合同只是根据几个比较廉价的、简单的经济参数确定,这就使工资不能随着需求变动迅速做出调整,工资出现黏性。隐含合同之所以导致失业是由于在非对称信息条件下,厂商和工人都只有部分有限的信息,这就决定了均衡的合同会出现无效率的非充分就业。此时一般会采取解雇工人的形式。暂时失业的工人为了建立一个"可靠者"的声誉,以求将来能得到更优惠的工资合同,往往会拒绝其他厂商提供的高工资的职位,因此失业会继续存在。

3. 效率工资理论

该理论认为,一方面,工人的工作效率受工资影响,工资的减少最终导致的是成本增加或产量减少。于是当供给波动时会改变劳动力的边际产量,最终影响的是就业而非实际工资,因而实际工资有黏性。另一方面,由于劳动生产率受厂商支付的工资的影响,为了保持较高的劳动生产率,厂商通常会把实际工资定的高一些,高工资使劳动市场不能出清,从而出现失业。高工资之所以影响劳动生产率是因为高工资提高了因怠工偷懒而被解雇的工人的机会成本,因而可以避免怠工偷懒行为;高工资提高了工人"跳槽"的机会成本从而可减少工人经常转换工种的行为,有利于维持企业生产的连续性;高工资可以吸引能力较强、技术熟练的工人;高工资可使工人感觉受到公正待遇,可以刺激工人的生产积极性。当所有厂商都采用高工资来保持生产率时,平均工资就会上升,出现非自愿失业。

4. 内部人-外部人理论

该理论把已经就业的工人称为内部人,而把一些没有工作的失业者称为外部人。该理论认为内部人和外部人拥有不同的就业机会,内部人的工作受到劳动转换成本的保护,在工资决定上有着重要的讨价还价能力,具有较强的就业优势和地位。劳动转换成本包括强制性解雇和诉讼成本,搜寻劳动市场、议定就业条件、考核和选择成本,培训成本等。

因此，尽管外部人愿意接受比内部人低的工资，但由于转换成本较大，减少工资所得不足以弥补成本，厂商不愿意雇用低工资的外部人，而宁愿继续雇用内部人。在一个技术不断进步、劳动专业化程度不断提高的社会里，外部人雇用成本不断提高，内部人就可以凭借自己的就业优势，实施相当程度的内部人控制，提出一个高于市场出清的工资要求，这时非自愿失业就会出现。

第三节 失业状态及经济后果

一、失业状态和特点

失业是当今世界各国普遍存在的经济现象，已成为全球性经济发展的最大难题之一。从战后世界失业发展的状况看，各国失业总人数起初变化不大，但是20世纪70年代的第一次世界石油危机使世界各国的失业人数迅速上升，到20世纪80年代初，世界各国失业总人数已超过3 000万人。随后在20世纪80年代末曾有所回落，失业总数减少到2 500万人以下，但是进入20世纪90年代后，又有所上升。

（一）战后世界失业问题的特点

1. 失业问题日益全球化

在战后相当长的一段时间，世界各国、各地区的失业问题并未表现出同步性和一致性的特点。例如，以韩国、新加坡、中国香港、中国台湾为代表的新兴工业化国家和地区在其经济起飞时期保持着较高的就业率，和同期其他国家和地区的失业率形成鲜明的对比。但随着经济日益全球化，失业问题已经成为一个全球化的问题。

2. 年轻人的失业率激增

近年来，全世界年轻人的失业率猛增，达到创纪录的水平，年轻人已成为所有年龄段的劳动人口中失业率最高的群体。国际劳工组织发表的调查报告显示，全球15～24岁的年轻人仅占劳动力总人口的25％，而失业人数却占全球失业总人数的47％。2003年大约有8 800万15～24岁的年轻人没有工作，比10年前增加了25％。

3. 非技能劳动者的失业率要大大高于平均失业率

20世纪90年代以来，随着知识经济初露端倪，就业岗位对劳动者知识和技能的要求显著提高了。科学技术的发展和新技术在生产中的应用，在很大程度上产生了排斥劳动力，尤其是简单劳动力的倾向。因此，社会上对受教育程度不高、缺乏技能的劳动者需求大大减少，造成非技能劳动者的失业率大大高于平均失业率。

4. 长期失业者的比例上升

长期失业者是指失业一年以上的劳动者，统计资料表明，20世纪90年代以来，许多国家长期失业人口不断增加，比例不断上升。这是由于随着科学技术的进步，产业结构不断更新，对教育程度较低的初次就业者、非技能劳动者的需求大大降低。在这种技术创新和产业结构转移的过程中，低技能的劳动者一旦失去工作，就很难再就业，成为长期失业者。

（二）我国失业问题自身的特点

1. 我国失业率较高，失业人口数量较大

根据世界银行数据，2001年主要国家失业率是：美国4.1%、日本4.8%、德国8.1%、英国5.3%、法国10.0%、意大利10.8%、加拿大6.8%、俄罗斯7.0%。虽然我国登记失业率较低（2001年只有3.6%），但实际失业率要高得多。据国家统计局城调总队抽样调查，按国际定义规定的失业标准，我国城镇失业率为12.3%，远远高于世界主要国家。

2. 我国失业形式多样，登记失业与实际失业差距很大

我国失业形式主要有：一是登记失业，即按照失业登记条件向当地就业服务机构登记的失业人员。二是下岗未就业人员，这部分的比例越来越大。1998～2002年，下岗未就业率分别为50%、58%、64%、70%、74%。三是隐性失业。四是潜在失业。实际失业率大大超过登记失业率。

3. 我国劳动力总供给超过总需求，产业后备军转化为失业后备军

在市场经济条件下，由于生产周期从危机到繁荣的不断更新，产业结构的不断变动，社会保存适当的失业人口是必要的，他们是产业后备军。由于我国劳动力供给总量大大超过需求总量，加上隐性失业逐渐显性化，潜在失业逐渐现实化，失业现象更加严重。隐性失业、潜在失业就成为失业后备军。

4. 我国失业情况严重的根本原因是资源失衡，即劳动力资源超过土地资源、自然资源、资金资源、市场资源对劳动力的需求

世界各国失业成因各有不同。资本主义国家失业的主要原因是资本主义的社会制度，也有结构变动和市场变动的原因。我国存在的失业问题，根本原因是资源占有失衡。例如，我国经济实力薄弱，资金短缺，投资不足，丰富的劳动力资源无法充分利用。这种情况不是短期可以改变的。因此，我国就业压力不是短期内可以缓解的。

5. 我国失业人员职业构成和文化构成正在发生变化，从一般职工向专业人员扩展，从低文化程度向高文化程度扩展

据第五届全国职工队伍调查显示，我国失业人员多数文化程度较低，其中初中及以下的占49%，高中、高职占29.9%。随着高校扩招，每年大学生毕业人数增加，大专毕业生就业岗位不足的现象逐渐突出。2001年以来，高校毕业生初次就业率分别为70%、65%、50%，呈逐年下降趋势。

二、失业的经济损失

失业的经济损失可以从个人、企业、财政和社会等方面进行分析，其主要表现为以下几方面：

（一）失业是对劳动力资源的严重浪费

劳动力与生产资料相结合，就能创造社会财富。但是劳动力如果不能与生产资料相结合，就不能生产任何东西，不能形成任何财富。失业意味着劳动力与生产资料相分离。在这种情况下，劳动力这种珍贵的社会资源就不能发挥作用，完全被浪费了。

（二）失业降低了劳动者的收入和生活水平

失业人口的存在，对城乡居民收入和生活水平产生严重影响。这是因为，劳动力供给大于需求，降低了工资水平。为了维持生活，失业者不得不接受低工资。失业者的生活需求，除从国家或社会得到一定补贴外，还要从在业的家庭成员中获得救助，从而降低按人平均的收入和生活水平。我国城镇贫困家庭中，有相当部分是由于家庭成员下岗、失业造成的，这是一种失业型贫困。

（三）失业影响了技术进步

在市场经济下，以新技术代替过时技术，以效率更高的机器设备代替效率低的机器设备，以机器代替手工劳动，是有条件的。对社会来说，技术进步和设备更新，可以减低劳动强度，提高劳动效率。但对企业来说，则要进行成本比较。如果采用新技术、新设备，虽可减少劳动力，减轻工人劳动强度，但机器设备的购置和使用费比工资成本高，则企业宁愿使用效率较低的设备，用手工劳动代替使用机器。因此大量工资低廉的失业人员的存在，是企业使用机器的障碍，是技术进步的制约因素。

（四）失业增加了财政负担

我国社会保障体制不够健全，国家财政的负担大，它包括了就业经费投入、辅助失业人员再就业、对失业人员给予生活补助和救济、保障他们的最低生活需要、帮助他们解决特殊困难如疾病医治等，使他们能够维持最低的生存条件。这些都需要加重国家财政负担。只有提高就业率，国家财政负担才能逐渐减轻。

（五）大量失业人员的存在，是社会不稳定的重要因素

失业人员与在业人员收入水平的差距，由失业造成的贫困状态与社会高收入人群的富裕水平的差距，容易造成失业人员的心理失衡，可能使他们中的一些人做出一些违法违规的举动，影响社会的安定团结。因此，缓解失业也是社会稳定的迫切需要。

三、奥肯定律及其对经济增长的影响

美国经济学家阿·奥肯在20世纪60年代应用统计的方法，提出了用以说明失业率与实际国内生产总值增长率之间关系的一条经验规律。这条规律被称为奥肯定律。这条定律表明：失业率与实际国内生产总值增长率成反比例关系。表4-4给出了部分国家的奥肯系数。

表 4-4　　　　　　　　　　部分国家的奥肯系数

年代＼国家	美国	德国	英国	日本	中国
1960～1980年	0.40	0.27	0.17	0.15	
1981～1994年	0.47	0.42	0.49	0.23	
1985～1999年					0.29

从表4-4中看到，我国的经济学家依据"奥肯定律"估算：我国失业率每增加1%，实际国内生产总值增长率减少2.9%，反之，失业率每减少1%，实际国内生产总值增长率增加2.9%。我国的"奥肯定律"是依据我国的失业或就业与经济增长率的关系做出的。1980～1989年，我国GDP年平均增长率为9.3%，从业人员就业年平均增长率为3.0%。

1991~1995年,我国GDP年平均增长率为11.9%,同期全国就业人员年平均增长率为1.3%,比20世纪80年代低1.7个百分点。也就是说,1978~1989年,GDP就业增长弹性值为0.311%,即GDP每增长1个百分点,就业增长0.311个百分点;各产业具有不同的就业增长弹性,第一产业为0.209%,第二产业为0.532%,第三产业为0.584%;1990~1999年,GDP就业增长弹性值降为0.17%,即GDP每增长1个百分点,就业增长0.17%个百分点,比1978~1989年下降了约40%;各产业就业增长弹性变化不同,第一产业为-0.441%,即第一产业附加值每增长1个百分点,就业率下降0.411个百分点,第二产业为0.182%,比20世纪80年代下降了三分之二,第三产业为0.722%,比20世纪80年代提高了三分之一。综合分析之后,得出0.29的奥肯系数。

第四节 失业治理对策

一、凯恩斯的失业治理对策

凯恩斯认为,失业的原因在于社会总需求的不足,因此凯恩斯失业治理对策主要是通过政府的宏观调控,即需求管理来进行。也就是运用财政政策和货币政策,通过对社会总需求的调节,实现社会总需求等于总供给,达到经济增长和平衡的目标。

(一)财政政策

在经济萧条时期,社会存在失业,政府就要通过扩张性的财政政策来刺激总需求,以实现充分就业。扩张性的财政政策包括增加政府支出与减税。政府工程支出与购买的增加有利于刺激私人投资,转移支付的增加可以增加个人消费,这样就会刺激总需求。减少个人所得税可以使个人的可支配收入增加,从而增加消费;减少公司所得税可以使公司收入增加,从而增加投资,这样也会刺激总需求。

(二)货币政策

在经济萧条时期,政府还要通过扩张性的货币政策来刺激总需求,以实现充分就业。也包括各类货币政策工具的运用。降低法定准备率,以便商业银行能够在活期存款额不变的条件下扩大放款,增加货币供应量,降低利息率,增加总需求。降低再贴现率,促进商业银行向中央银行借款,从而扩大放款,增加货币供应量,降低利息率,增加总需求。买进政府债券,增加商业银行的存款,从而扩大放款,增加货币供应量,降低利息率,增加总需求。

二、现代经济学家的综合治理对策

失业的治理可以分为两大类,主动失业治理政策和被动失业治理政策。所谓主动失业治理政策是指依据失业的原因,提出相应的对策,使失业状况根本好转。所谓被动失业治理政策是指由于失业总是存在,政府只能采取补救对策。两类失业治理政策各有特点,必须相互补充,综合治理。

(一)主动失业治理政策的主要措施

1. 控制和减少劳动力供给

当面临失业人口和失业率增加的情况时,对失业的治理首先考虑控制和减少劳动力供给。减少劳动力供给可以采用这样一些方法,一是延长受教育的年限,推迟进入劳动力市场的年龄;二是提前退休,使一部分劳动力提前退出劳动年龄人口;三是控制人口增长,实行计划生育。

2. 职业培训

职业培训可以克服技术性失业和结构性失业所带来的失业问题。通过职业培训可以做到,一是提高劳动力素质;二是在结构上符合劳动力需求方的要求;三是同时增加了培训人员的就业机会。

3. 缩短劳动时间

缩短劳动时间而不降低工资,一方面可以提高劳动者的生活质量,减少作为谋生手段的时间,增加休闲时间。另一方面可以吸收更多的劳动力就业。

4. 提高经济活动水平

西方经济学家认为提高经济活动水平是治理失业的根本性措施,可以通过增加投资,使国民收入获得乘数效应,增加国民收入增长率,从而吸收更多的劳动力,根本性改变失业状况。

(二)被动失业治理政策的主要措施

1. 建立和完善社会保障制度

建立社会保障体系主要是通过建立失业保险制度,劳动者在业时,由企业和个人分别向社会保险机构缴纳一部分保费,一旦出现失业,可以向保险公司领取失业保险金,以保证生活消费的正常进行。

2. 建立失业救济专项基金

建立失业救济制度,首先确立救济线和最低生活标准,然后经过再确认,发放失业救济金,以确保失业人口的基本生活。

三、失业治理对策的应用及其意义

失业是一个国家经济发展中的正常现象,近年来我国也出现过较为严重的失业问题。因此,从我国实际出发,正确理解并借鉴失业治理对策具有十分重要的意义。

(一)要实行有利于促进就业的财政政策和货币政策

我国政府从1998年开始实施积极的财政政策和稳健的货币政策,积极创造国内需求,取得了良好的效果。今后,国家要继续实行有利于促进就业的财政政策和货币政策。继续加大公共项目的投资,带动社会投资,直接和间接促进就业,同时,要对失业人员的自主创业和自谋职业给予一定的税收优惠。

(二)要提高经济活动水平,减少经济周期波动,促进经济的持续发展

改革开放以来,我国的宏观经济经历了数次周期性波动。经济周期波动是造成我国失业问题的重要原因,每当经济处于萧条阶段,市场有效需求不足,就业机会就会减少,失业就会增加。因此,政府必须深化改革,充分挖掘潜力,确保国民经济的持续稳定发展,避免经济增长的大起大落,只有这样,才能形成社会经济发展与就业工作的良性互动局面。

(三) 要大力发展乡镇企业,加快农村城市化,减少农村劳动力向城市的流动

乡镇企业是吸收劳动力的根本出路,同时,也能扩大农村就业空间,乡镇企业多数是劳动密集型企业,是吸收劳动力的有利场所。因此,必须帮助乡镇企业提高技术含量,增强商品的市场竞争力,从而使乡镇企业得到健康的发展。

表4-5是我国从业人员的城乡结构,说明了这样的问题。

表 4-5 我国从业人员的城乡结构

指标	2013年	2012年	2011年	2010年	2009年	2008年	2007年	2006年	2005年	2004年
就业人员/万人	76 977	76 704	76 420	76 105	75 828	75 564	75 321	74 978	74 647	74 264
城镇就业人员/万人	38 240	37 102	35 914	34 687	33 322	32 103	30 953	29 630	28 389	27 293
乡村就业人员/万人	38 737	39 602	40 506	41 418	42 506	43 461	44 368	45 348	46 258	46 971
城镇占比/%	49.68	48.37	47.00	45.58	43.94	42.48	41.09	39.52	38.03	36.75
乡村占比/%	50.32	51.63	53.00	54.42	56.06	57.52	58.91	60.48	61.97	63.25

(资料来源:2004~2014年《中国统计年鉴》整理)

(四) 要依据从业人员的行业结构变化趋势,注重再就业培训的方向

从业人员的行业结构变化趋势反映了社会经济发展的变化趋势和劳动力行业结构的调整,为使再就业培训方向具有合理性和时效性,分析行业变化的情况是十分必要的,也是搞好再就业培训的前提和保证。

表4-6是我国从业人员的行业结构,说明了这样的问题。

表 4-6 我国从业人员的行业结构 单位:万人

指标\年份	2012年	2011年	2010年	2009年	2008年	2007年	2006年	2005年	2004年
城镇就业人员	15 236.5	14 413.4	13 051.5	12 573.1	12 192.7	12 024.5	11 713.2	11 403.8	11 098.6
农林牧渔	338.9	359.5	375.7	373.7	410.1	426.3	435.2	446.3	466.1
采矿	631	611.6	562	553.7	540.4	535	529.7	509.2	500.7
制造	4 262.2	4 088.3	3 637.2	3491.9	3 434.3	3 465.4	3 351.6	3 210.9	3 050.8
电力、燃气及水	344.6	334.7	310.5	307.7	306.5	303.4	302.5	299.9	300.6
建筑	2010.3	1724.8	1267.5	1177.5	1072.6	1050.8	988.7	926.6	841
交通运输及邮电	667.5	662.8	631.1	634.4	627.3	623.1	612.7	613.9	631.8
信息、计算机、软件	222.8	212.6	185.8	173.8	159.5	150.2	138.2	130.1	123.7
批发和零售	711.8	647.5	535.1	520.8	514.4	506.9	515.7	544	586.7
住宿和餐饮	265.1	242.7	209.2	202.1	193.2	185.8	183.9	181.2	177.1
金融	527.8	505.3	470.1	449	417.6	389.7	367.4	359.3	356
房地产	273.7	248.6	211.6	190.9	172.7	166.5	153.7	146.5	133.4
租赁和商务	292.3	286.6	310.1	290.5	274.7	247.2	236.7	218.5	194.4
科学研究、技术服务	330.7	298.5	292.3	272.6	257	243.4	235.5	227.7	222.1
水利、环境和公共设施	243.8	230.3	218.9	205.7	197.3	193.5	187	180.4	176.1
居民服务和其他服务	62.1	59.9	60.2	58.8	56.5	57.4	56.6	53.9	54.2

(续表)

年份 指标	2012年	2011年	2010年	2009年	2008年	2007年	2006年	2005年	2004年
教育	1 653.4	1 617.8	1 581.8	1 550.4	1 534	1 520.9	1 504.4	1 483.2	1 466.8
卫生、社保和福利	719.3	679.1	632.5	595.8	563.6	542.8	525.4	508.9	494.7
文化、体育和娱乐	137.7	135	131.4	129.5	126	125	122.4	122.5	123.4
公共管理和社会组织	1 541.5	1 467.6	1 428.5	1 394.3	1 335	1 291.2	1 265.6	1 240.8	1 199

(资料来源：据2004~2013年《中国统计年鉴》整理)

(五)要注重城市的再就业工程

为使国有企业改革顺利进行，在改革的同时，国家应注重再就业工程，加强职业培训和技术培训，推行职业资格鉴定工作，提升再就业的能力。各级政府应加大力量，拓展思路，开辟新的就业渠道，特别是加快第三产业的发展，以容纳更多的下岗职工。

图4-5是我国近五年城镇再就业情况。反映了2013年城镇新增就业人数为1 310万人，城镇失业人员再就业人数为566万人，就业困难人员就业人数为180万人。年末城镇登记失业人数为926万人，城镇登记失业率为4.05%。全年全国共帮助5.3万户零就业家庭实现每户至少一人就业。组织2.8万名高校毕业生到农村基层从事"三支一扶"工作。

单位：万人

年份	城镇失业人员再就业人数	就业困难人员就业人数
2009年	514	164
2010年	547	165
2011年	553	180
2012年	552	182
2013年	566	180

图4-5 我国近五年城镇再就业状况

(六)要建立和完善社会保障制度

针对我国目前社会保障制度不健全的现象，国家应加快研究和建立我国特色的失业保险制度和失业救济制度，使失业治理常规化、制度化，从而减轻各级政府的负担。同时，完善失业保险制度，建立覆盖全部职工，费用由国家、单位、个人三方面合理负担，失业救济与再就业紧密结合，国家立法强制实施的失业保险制度。

表4-7反映了我国失业保险基本情况。

表 4-7　　　　　　　　　　　　我国失业保险基本情况

指标＼年份	2013年	2012年	2011年	2010年	2009年	2008年	2007年	2006年	2005年	2004年
参加失业保险人数/万人	16 417	15 224.7	14 317.1	13 375.6	12 715.5	12 399.8	11 644.6	11 186.6	10 647.7	10 583.9
领取失业保险金人数/万人	197	204	197	209.1	235.3	261.2	286.1	326.5	362.3	418.6
失业保险基金收入/亿元		1 138.9	923.1	649.8	580.4	585.1	472.7	402.4	340.3	290.8
失业保险基金支出/亿元		450.6	432.8	423.3	366.8	253.5	217.7	198	206.9	211.3
失业保险累计结余/亿元		2 927.9	2 239.6	1 749.3	1 522.8	1 309.2	977.6	723.6	519.2	385.8

（资料来源：据2004～2014年《中国统计年鉴》整理）

本章逻辑结构

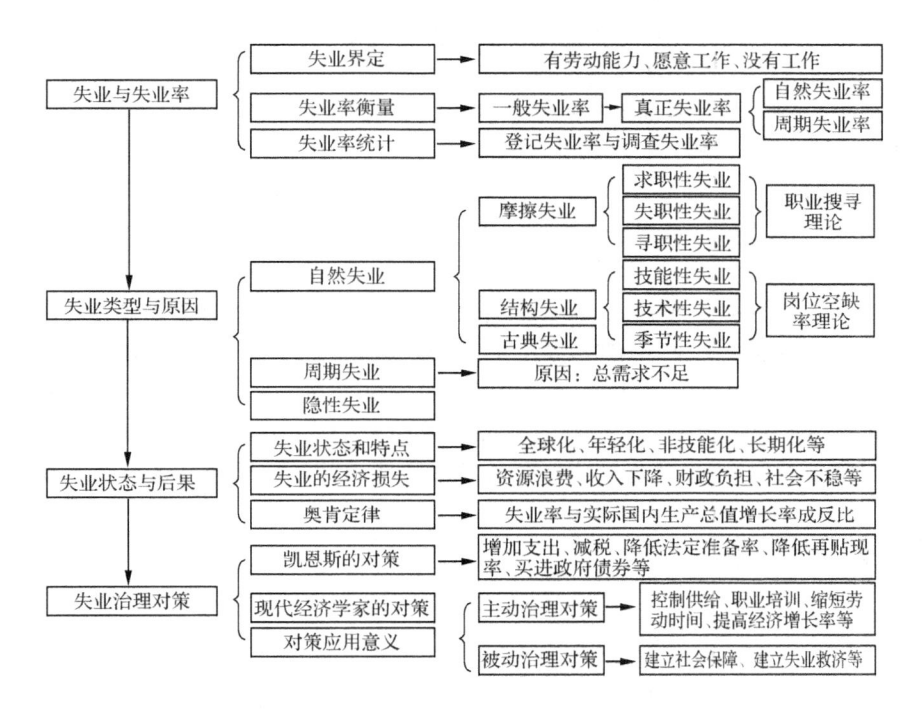

```
                    ┌─ 失业界定 ──→ 有劳动能力、愿意工作、没有工作
                    │                              ┌─ 自然失业率
失业与失业率 ──────┤─ 失业率衡量 ──→ 一般失业率 ── 真正失业率 ┤
                    │                              └─ 周期失业率
                    └─ 失业率统计 ──→ 登记失业率与调查失业率

                    ┌─ 自然失业 ──┬─ 摩擦失业 ──┬─ 求职性失业 ┐
                    │             │             ├─ 失职性失业 ├─ 职业搜寻理论
                    │             │             └─ 寻职性失业 ┘
失业类型与原因 ────┤             │             ┌─ 技能性失业 ┐
                    │             ├─ 结构失业 ──┼─ 技术性失业 ├─ 岗位空缺率理论
                    │             │             └─ 季节性失业 ┘
                    │             └─ 古典失业
                    ├─ 周期失业 ──→ 原因：总需求不足
                    └─ 隐性失业

                    ┌─ 失业状态和特点 ──→ 全球化、年轻化、非技能化、长期化等
失业状态与后果 ────┤─ 失业的经济损失 ──→ 资源浪费、收入下降、财政负担、社会不稳等
                    └─ 奥肯定律 ──→ 失业率与实际国内生产总值增长率成反比

                    ┌─ 凯恩斯的对策 ──→ 增加支出、减税、降低法定准备率、降低再贴现率、买进政府债券等
失业治理对策 ──────┤─ 现代经济学家的对策 ┬─ 主动治理对策 ──→ 控制供给、职业培训、缩短劳动时间、提高经济增长率等
                    └─ 对策应用意义      └─ 被动治理对策 ──→ 建立社会保障、建立失业救济等
```

本章相关学者

阿瑟·奥肯（Arthur M. Okun，1928～1980），美国经济学家，美国新泽西州泽西城人。1956年获哥伦比亚大学经济学博士学位，后任教于耶鲁大学，讲授经济学。1961年，担任总统经济顾问委员会成员。1964年，被聘为约翰逊总统经济顾问委员会成员，1968年被任命为该委员会主席。他倾向于凯恩斯主义派，长期以来致力于宏观经济理论及经济预测的研究，并且从事于政策的制定及分析。奥肯的主要贡献是分析了平等与效率的替换关系，提出了估算"可能产出

额"的奥肯定律。

奥肯定律是在 20 世纪 60 年代提出来的,其内容是,失业率每高于自然失业率一个百分点,实际 GDP 将低于潜在 GDP 两个百分点。潜在 GDP 这个概念是奥肯首先提出的,它是指在保持价格相对稳定情况下,一国经济所生产的最大产值。潜在 GDP 是由一国经济的生产能力决定的。生产能力又取决于可获得的资源(劳动、资本、土地等)和技术效率。潜在 GDP 趋于缓慢而稳定的增长,而实际 GDP 则在经济周期中波动很大,往往与潜在 GDP 出现背离。在经济衰退时期,实际 GDP 低于潜在 GDP;在经济高涨时期,实际 GDP 会在短期内高于潜在 GDP。

简单地说奥肯定律实际上揭示的是失业率和经济增长率之间的关系。我们都知道经济增长势态良好的时候,就业形势往往很好,而经济增长势态不好的时候,就业形势就很差。比如,中国 2008 年的金融危机影响了一大批毕业生的就业。再比如,欧洲债务危机导致欧洲经济非常低迷,有些国家年轻人的失业率高达 25%。

需要引起注意的是,奥肯定律中的经济增长指的是实际 GDP 相对于潜在 GDP 的增长。比如,美国 1979~1982 年经济滞胀时期,实际 GDP 没有增长,而潜在 GDP 每年增长 3%,3 年共增长 9%,那么实际 GDP 相对于潜在 GDP 增长低 9%。根据奥肯定律,实际 GDP 增长比潜在 GDP 增长低 2%,失业率会上升 1%。当实际 GDP 比潜在 GDP 增长低 9% 时,失业率会上升 4.5%。已知 1979 年失业率为 5.8%,则 1982 年失业率应为 10.3%(5.8%+4.5%)。根据官方统计,1982 年实际失业率为 9.7%,与预测的失业率 10.3% 相当接近。

奥肯定律的一个重要结论是,为防止失业率上升,实际 GDP 增长必须与潜在 GDP 增长同样快。如果想要使失业率下降,实际 GDP 增长必须快于潜在 GDP 增长。

奥肯定律对我国的就业问题也有一定的借鉴意义。目前,我国就业形势将持续严峻,主要原因是我国人口基数很大,劳动力资源严重过剩,长期以来始终对就业形成强大压力。在这个客观现实面前,解决失业问题的根本出路是保持较快的经济增长速度。

本章案例分析

欧洲的噩梦——周期性失业

据欧洲统计局公布的数据,2011 年 12 月欧元区 17 国失业率高达 10.4%,创欧元区 1999 年成立以来历史新高。西班牙官方数字显示,到 2011 年 12 月底,西班牙有 530 万人失业,失业率达 22.9%,但最让人担忧的是,西班牙超过一半的 16~24 岁年轻人没有工作,年轻人失业率高达 51.4%。而这一数字在 2010 年也高达 44.5%。

欧盟峰会召开前,欧盟委员会主席巴罗佐发表声明称,决不能接受欧盟近 1/4 年轻人失业。但最新发布的《欧盟就业与社会状况报告》显示,欧盟青年当月失业人口共计 560 万,青年平均失业率达到 22.3%,印证了欧洲年轻人失业的严重。由于缺乏培训和企业用短期合约聘用他们,使得年轻人成为经济不景气的最大受害者。

欧美国家青年就业形势日趋严峻。特别是国际金融危机爆发以来,持续居高不下的青年失业率已不再是一个简单的数据,而越来越成为影响这些国家政治和经济生活的严重社会问题,以致一些欧美社会学家警告:要谨防青年一代成为"失落的一代",甚至是"不稳定的一代"。

在经济持续低迷的情况下,欧美国家没有足够的工作岗位吸纳青年,青年的反政府情绪日渐升温。青年失业问题对社会造成的负面影响是深远的。年轻人失业使整个欧洲面临严峻挑战,会给个人、社区,乃至整个国家造成压力,进一步拉大社会差距,破坏整个国家的社会凝聚力。在西班牙,青年失业已成为最严重的社会问题。出于对现实的不满,从2011年3月起,西班牙各地陆续出现年轻人参与的大规模抗议活动,引起极大关注,被冠名为"3月15日运动"。

如今欧洲青年酗酒和吸毒比率是有史以来最高的,而就业率却是史上最低的。希腊许多年轻人也加入反对政府的抗议行列,因为没事做,同样情形在爱尔兰和意大利也有,青年犯罪率也在增高。欧洲债务危机对青年冲击最大。几个月来,数十万青少年在马德里和雅典走上街头,他们不但对无能的政治感到焦虑和愤怒,也不满成为政府节约预算的牺牲品。

英国的情况特别严重。英国贫富不均情况在经济合作与发展组织会员国中名列前茅。在伦敦一些高失业区,平均24个失业者竞争一个工作机会。失业补贴近年开始削减,年轻人想受教育脱贫,英国大学学费却不断调涨,穷人根本负担不起。一些年轻暴民不承认他们的行为是犯罪,宣称只是在对抗现有体制和歧视他们的警察。

青年失业率高为社会带来的影响不仅仅是经济上的损失,更可能滋生排外主义、社会分裂、犯罪率、自杀率增长等一系列社会矛盾。找不到合适的工作使年轻一代对前途普遍悲观,而卡梅伦政府,以及希腊、西班牙和意大利等债务危机国家采取的财政紧缩政策更是加剧了他们的不满情绪。政府大幅削减投放在教育、医疗保障等公共领域的资金,面临飞涨的学费、减少的政府租房补贴和生活补贴,以及关闭的社区健身中心、图书馆,许多失业青年一下沦为贫困人口。

年薪30万无人应——结构性失业

当前,大中专学生就业压力之大,从人山人海的招聘会中就可窥见一斑。然而,与此形成鲜明对比的是,国内许多企业开出年薪30万的高价,竟然请不到一名高级技工。

深圳市近一年连续几次向社会公布的"劳动力市场指导价"中,高级钳工的平均月薪多次超过硕士研究生的平均水平。北京市统计局日前公布的统计数据也显示,社会急需的月薪超过5 000元的"十大职位"中,高级技术工人就占了4个;一些企业老总发出"找一个高级技工比找一个工程师还难!"的慨叹;近日更是传出上海某企业70万聘请日本的下岗高级技工的消息。

高级技工,就是高级技术工人,在企业中的身份就是工人。他不同于普通工人之处在于高级技工拥有的专门技术能够解决企业的关键技术问题,所以在企业中的地位可谓举足轻重。据悉,培养一名高级技工需要20年,所以绝不是普通技术工人就可以称为高级技工。这种高薪聘请技术工人的行为也绝不能等同于前几年社会上所谓的"脑体倒挂"。

在成都市举行的第11届高级技术和管理人才聘请会上,四川一个企业开出年薪30万的高价聘请高级技工,但未能如愿。江苏昆山的一些企业喊出"年薪28万聘请高级电焊工"的口号,依然良将难求。而长江三角洲地区素来是耕读传家,现在"技工荒"也成为制约该地区发展的瓶颈。即便在装备制造业实力颇为雄厚的上海市,目前高级技工占技工总数的比例也只有6.2%。据上海市经委预测,未来3年内上海市年均高级技工的需求约为 1.8 万人。

价格杠杆向供方市场的倾斜反映了中国当前技术工人特别是高级技术工人严重稀缺的现状。劳动和社会保障部最近公布的一份调查报告表明,目前中国城镇企业共有 1.4 亿名职工,其中技术工人为 7 000 万名,在技术工人的队伍中,高级技工仅占 3.5%,与发达国家高级技工占 40% 的水平相差甚远。按照"十五"规划,中国高级技工的比例应当达到 15%,目前高级技工的缺口高达数百万。

就在高级技工广东告急、全国告急之时,日本高级技工正通过有关民间组织与中国联系,有意来华"再就业"。上海市已经通过人力资源公司的运作以 70 万的高价引入日本技工。这一事实已明白地传递出一个信息:随着全球性产业大转移的进程加快,如果国内技工的素质、技能达不到要求,最后将导致两种结果:一是失去"世界工厂"的地位,二是大批"洋技工"来抢饭碗。

本章思考与练习

一、选择题

1. 一个下岗工人等待一年以后重返原单位上班,他这时属于(　　)失业。
   A. 就业　　　　　B. 失业　　　　　C. 非劳动力　　　　　D. 就业不足
2. 某人由于航空业不景气而失去工作,该失业属于(　　)失业。
   A. 摩擦性　　　　B. 结构性　　　　C. 周期性　　　　D. 永久性
3. 一个毕业不久的大学生还没有找到工作,这属于(　　)失业。
   A. 摩擦性　　　　B. 结构性　　　　C. 周期性　　　　D. 永久性
4. 下列哪类人员不属于失业者(　　)。
   A. 调动工作间歇在家休养者　　　　B. 半日工
   C. 对工资不满足在家待业者　　　　D. 季节工
5. 自然失业率(　　)。
   A. 恒为零　　　　　　　　　　　　B. 依赖于价格水平
   C. 是经济处于潜在产出水平时的失业率
   D. 是没有摩擦性失业时的失业率
6. 以下哪句话是正确的(　　)。
   A. 不同群体的失业率不同
   B. 失业率随经济波动而波动
   C. 摩擦性失业率上升不一定是坏事
   D. 以上都对
7. 下列哪种情况会增加失业(　　)。
   A. 退休工人的数量增加
   B. 退出劳动力队伍的人数增加
   C. 离开学校找工作的人数增加
   D. 离开工作上学的人数增加

二、计算题

如果 1998~2002 年潜在 GDP 增长 9%,实际 GDP 保持不变,那么根据奥肯定律,失业率会从 1998 年的 5.8% 上升到 2002 年的多少?

三、名称解释

失业、失业率、自然失业率、周期失业率、登记失业率、调查失业率、摩擦性失业、结构性失业、周期失业、隐性失业、奥肯定律

四、简答题

1. 什么是失业?如何界定?
2. 什么是失业率?如何计算?
3. 什么是自然失业?如何分类?原因是什么?
4. 什么是周期失业?原因是什么?
5. 世界及我国失业的特点有哪些?为什么?
6. 失业的经济损失有哪些?
7. 什么是奥肯定律,它与经济增长有什么关系?
8. 凯恩斯怎样通过财政政策与货币政策治理失业?
9. 现代经济学家怎样治理失业?
10. 西方国家治理失业的措施对我国治理失业有何借鉴意义?

本章社会实践要求

主题:调查某地区的失业状况。

要求:1. 运用失业理论的相关知识,收集当地失业的有关资料;
   2. 分析统计数据,说明该地区失业的基本状况;
   3. 分析该地区失业的原因,并提出相应对策。

建议:1. 走访附近企业与社区,了解下岗失业的情况;
   2. 走访当地劳动保障部门,查阅相关资料;
   3. 撰写调查报告。

第五章

通货膨胀理论与状态分析

导学

本章通过学习通货膨胀的概念、特征、类型,掌握通货膨胀对宏观经济的影响和作用;了解物价指数、消费物价指数、零售物价指数、批发物价指数和国内生产总值折算指数的概念、分类、区别,以及通货膨胀率的计算;掌握需求拉动通货膨胀、成本推进通货膨胀的原因、实质和区别;理解菲利普斯曲线及其意义,掌握通货膨胀与失业的相互关系;掌握通货膨胀的治理对策。

第一节 通货膨胀的概念与分类

一、通货膨胀的概念与特征

关于通货膨胀,虽然经济学界没有给过统一的定义,但多数经济学家倾向于接受这样的解释,即通货膨胀是指物价水平普遍而持续的上涨。换句话说,通货膨胀就是单位货币的购买力(即单位货币所能购买的商品和劳务的数量)不断下降的现象。

(一)通货膨胀的概念

1."物价派"

即凯恩斯主义经济学派的通货膨胀理论。他们主张用一般物价水平或总物价水平的上升来定义通货膨胀。萨缪尔森在《经济学》一书中就提出:当一般物价水平上升时就发生了通货膨胀,所以,通货膨胀衡量了价格平均水平的趋势。这种把一般物价水平与通货膨胀联系起来,用一般物价水平来衡量通货膨胀的观点得到了相当多的经济学家的认可,也是一般经济学著作中的用法。

2."货币派"

即货币主义学派的通货膨胀理论。该学派强调物价上升不同于通货膨胀,认为通货膨胀真正的含义应该是指货币数量的过度增长。这种增长会导致物价上涨,但物价上涨本身并不是通货膨胀。美国货币主义领袖弗里德曼把通货膨胀定义为物价普遍上升,但强调引起这种情况的只能是货币量的过度增长,所以,通货膨胀无论在何时何地总是货币现象。

(二)通货膨胀的特征

1. 通货膨胀是指物价水平的普遍上涨

通货膨胀不是指一种或几种商品的价格上涨,而是指物价水平的普遍上涨,即物价总水平的上涨。如果只是一种或少数几种商品的价格在上涨,我们不能断定就是发生了通货膨胀。

2. 通货膨胀时期物价水平的上涨必须持续一定时期

如果物价只是一次性、暂时性、季节性上涨,就不能称为通货膨胀。

二、通货膨胀的衡量指标

在现实经济生活中,各种商品的价格变动情况是不同的。在通货膨胀时期,并非所有商品的价格都按同一比例上涨。比如有的商品价格上涨了10%,有的商品价格只上涨了5%,而有的商品价格反而下降了1%,那么全社会的物价总水平变动了多少呢?对此,西方经济学用物价指数来衡量通货膨胀。

物价指数是表明某些商品的价格从一个时期到下一个时期变动程度的指数。物价指数一般不是简单的算术平均数,而是加权平均数,即根据某种商品在人们日常生活总支出中所占的比例来确定其价格的加权平均数的大小。比如住房和食品,前者在人们的日常生活总支出中所占的比例大,它的价格变动情况在价格总水平中相应占较大比例,其价格的加权平均数也就较大;后者在人们的日常生活总支出中所占的比例小,它的价格变动情况在价格总水平中相应占较小比例,其价格的加权平均数也就较小。

物价指数需要用一个时期的物价作为基期物价,物价指数计算的就是报告期的物价比基期的物价变动了多少的相对值,用公式表示是

$$物价指数 = \frac{报告期物价水平}{基期物价水平}$$

比如去年的物价水平是100,去年为基期,今年的物价比去年上升了10%,则今年的物价水平就是$100 \times (1+10\%) = 110$,物价指数为$110 \div 100 = 1.1$。

通货膨胀率是指平均物价水平变动的百分比,其大小用物价指数变化来表示。

例如,计算t年的通货膨胀率的公式为

$$t年的通货膨胀率 = \frac{t年的物价水平 - (t-1)年的物价水平}{(t-1)年的物价水平} \times 100\%$$

这里的物价水平用物价指数来表示。如t年的物价指数为110,$(t-1)$年的物价指数为105.9,则t年的通货膨胀率为

$$\frac{110-105.9}{105.9}\times 100\% \approx 3.9\%$$

所以，t 年的通货膨胀率为 3.9%。

(一)物价指数的类型

物价指数根据其计算时所包含的商品品种的不同,通常有以下几种类型：

1. 消费物价指数,简称 CPI,又称生活费用指数

它是衡量各个时期居民家庭日常消费的生活用品和劳务的价格变化的指标。世界各国在编制消费物价指数时尽管由于国情不同而列入编制范围的商品和劳务的具体项目有所不同,但都倾向于根据本国居民的消费习惯,选定一些有代表性的生活必需品和服务项目,并根据以这种方法编制出来的物价指数来判断本国是否发生了通货膨胀。以美国为例,就是以食物、衣服、住房、交通、燃料、医疗等几大类商品和劳务为主编制得出消费物价指数。若以 1967 年为基期,指数定为 100,则 1970 年该指数为 116.3,而 1983 年上升至 298,说明 20 世纪 70 年代至 80 年代初,美国发生了比较严重的通货膨胀。这符合当时美国的实际情况。消费物价指数能衡量消费品的价格变动,消费者比较关心,因此它是当今世界使用广泛的物价指数,我国目前也使用它来衡量我国的通货膨胀状况。

2. 零售物价指数

它是衡量各个时期市场上商品零售价格总水平变动趋势和程度的指标。零售物价指数的优点在于资料比较容易收集,反映价格变动情况及趋势比较直观、快速。因此,许多国家以零售物价指数的变化来衡量通货膨胀的状况。需要注意的是,消费物价指数和零售物价指数不仅在反映的内容和包括的范围上有所不同,两者的统计口径也不一样。消费物价指数只统计市场上零售给居民的生活消费品和劳务,不包含社会公共需要的商品和劳务;而零售物价指数的统计范围既包括市场上零售给居民的生活消费品和劳务,也包含社会公共需要的商品和劳务。消费物价指数比零售物价指数更贴近居民的生活实际。

3. 批发物价指数,又称生产者价格指数

它是衡量各个时期生产资料与消费资料批发价格变化的指标。如果已知基期的批发物价指数,再算出报告期的批发物价指数,即可看出其价格变动情况,从而判断是否发生了通货膨胀。比如,基期的批发物价指数为 100,报告期的批发物价指数为 110,则说明物价上涨了 10%。批发物价指数代表的商品范围较为广泛详尽(如在美国就包含大约 3 400 种商品)而且有用,所以,一些经济学家认为批发物价指数最适合于衡量通货膨胀。由于批发物价指数与产品出厂价格紧密相关,因此它是厂家比较关心的物价指数。

4. 国内生产总值折算指数,又称国内生产总值平减指数

它是衡量各个时期一切商品与劳务价格变化的指标。国内生产总值折算指数被定义为名义国内生产总值对实际国内生产总值的比率,即按当年价格计算的国内生产总值对按固定价格或不变价格计算的国内生产总值的比率。国内生产总值折算指数的统计范围包括一切商品和劳务,因此,它比消费物价指数和批发物价指数更能全面反映社会物价总水平的变动趋势,由于上述原因西方国家大多采用国内生产总值折算指数反映通货膨胀。

但需要注意的是,由于国内生产总值通常每年统计一次,因此,国内生产总值折算指数不能迅速反映物价总水平的变动情况。

表5-1是我国2004~2013年的物价指数与通货膨胀率。

表5-1 我国2004~2013年的物价指数与通货膨胀率 单位:%

指标\年份	2013年	2012年	2011年	2010年	2009年	2008年	2007年	2006年	2005年	2004年
居民消费价格指数（上年=100）	102.6	102.6	105.4	103.3	99.3	105.9	104.8	101.5	101.8	103.9
城市居民消费价格指数（上年=100）	102.6	102.7	105.3	103.2	99.1	105.6	104.5	101.5	101.6	103.3
农村居民消费价格指数（上年=100）	102.8	102.5	105.8	103.6	99.7	106.5	105.4	101.5	102.2	104.8
商品零售价格指数（上年=100）	101.4	102	104.9	103.1	98.8	105.9	103.8	101	100.8	102.8
工业生产者出厂价格指数（上年=100）	98.1	98.3	106	105.5	94.6	106.9	103.1	103	104.9	106.1
工业生产者购进价格指数（上年=100）	98	98.2	109.1	109.6	92.1	110.5	104.4	106	108.3	111.4
固定资产投资价格指数（上年=100）	100.3	101.1	106.6	103.6	97.6	108.9	103.9	101.5	101.6	105.6

(资料来源:据2004~2014年《中国统计年鉴》整理)

需要指出的是,上述四种物价指数由于计算时所包含的商品不尽相同,因此其数值也各不相同。但这四种物价指数都能反映出基本相同的通货膨胀变动趋势。

现实统计工作中,我国仍然用消费物价指数作为通货膨胀的衡量指数。

(二)消费物价指数与零售物价指数的区别

1. 两种指数反映的内容和包括的范围不同

消费物价指数反映不同时期生活消费品和服务价格的变动趋势和程度。

零售物价指数反映不同时期市场零售物价总水平的变动趋势和程度。

因此,它们是从不同的角度来反映价格变动的。其不同点如下:

(1)内容:消费物价指数——卖方。

零售物价指数——买方。

(2)范围:消费物价指数——服务价格、消费品零售价格。

零售物价指数——消费品零售价格、农业生产资料价格。

2. 两种指数的统计口径不同

消费物价指数的统计口径是市场上零售给居民的生活消费品以及服务,零售物价指数的统计口径是市场上零售给居民及社会公共需要的商品。其不同点如下:

消费物价指数——家庭。

零售物价指数——商业。

3. 两种指数所取用的权数不同

消费物价指数以居民消费支出的构成为权数,而零售物价指数以社会商品零售额的构成为权数,因此,同一种商品或一类商品,在两个指数中的权数不同。其不同点如下:

消费物价指数——家庭购买商品的平均物价指数。

零售物价指数——全部零售商品的平均物价指数。

(三)我国运用消费物价指数作为衡量通货膨胀指标的原因

1. 历史资料比较

历史上我国物价指数的统计主要以消费物价指数统计和零售物价指数统计为主,没有采用国内生产总值折算指数进行统计。

2. 消费物价指数比零售物价指数更贴近消费

从消费物价指数与零售物价指数区别比较中可以看到,消费物价指数更贴近居民的生活实际,用消费物价指数反映通货膨胀率更有现实意义。

三、通货膨胀的类型

根据通货膨胀率的大小不同,通货膨胀可以划分为以下几种类型。

(一)温和的通货膨胀

温和的通货膨胀是指通货膨胀率低而且较为稳定的物价水平。一般认为,在温和的通货膨胀情况下,物价上涨速度不超过两位数(即在10%以下),而且人们对于这种通货膨胀比较容易预测。这种通货膨胀对经济的负面影响一般不大。温和的通货膨胀在大多数发达工业国家是比较常见的。以瑞典为例,1954~1967年间物价上涨了64%,年平均通货膨胀率为3.9%,而且每年变化不大,比较稳定,最低时不低于2.5%,最高时不高于5%。

(二)急剧或奔腾的通货膨胀

急剧或奔腾的通货膨胀是指通货膨胀率高而且继续攀升的物价水平。一般认为,在急剧或奔腾的通货膨胀情况下,物价上涨速度高达两位数(即在10%~100%)。这种通货膨胀率会使经济发生严重的扭曲。由于货币购买力迅速下降,人们更愿意囤积商品而不愿意持有货币,金融市场陷于瘫痪。急剧或奔腾的通货膨胀的典型例子是20世纪70年代的南美洲国家,如巴西和阿根廷,都出现了两位数的通货膨胀率。

(三)恶性通货膨胀

恶性通货膨胀是指通货膨胀率高而且失去控制的物价水平。一般认为,在恶性通货膨胀情况下,物价上涨的速度高达三位数以上(即超过100%),通货膨胀完全失去了控制,货币极度贬值。这种通货膨胀会导致金融体系乃至整个经济的崩溃,甚至导致一个政权的垮台。历史上最典型的恶性通货膨胀的例子是20世纪20年代初德国魏玛共和国时期和20世纪40年代后期旧中国国民党统治区的通货膨胀。在德国,从1922年1月到1923年11月,价格指数从1上升到100亿,假如一个人在1922年初持有价值3亿马克的债券,那么两年后,这些债券的面值连一块橡皮糖也买不到了。有人形容这时期马克的价值就像一艘战列舰缩小成一粒豌豆那样在缩减。在中国,由于国民党政府大量发行金圆券,导致物价飞涨,当时的新疆地方政府就曾发行过面值达亿元的钞票。表5-2是我国1979~1996年通货膨胀分类。

表5-2　　　　　我国1979~1996年通货膨胀分类　　　　　单位:%

指标\年份	1979~1981年	1982~1984年	1985~1987年	1988~1989年	1990~1992年	1993~1995年	1996年以后
平均通货膨胀率	5%~6%	1%~2%	5%~8%	15%~18%	3%~5%	18%~24%	-2%~2%
分类	急剧	温和	急剧	恶性	温和	恶性	通缩
说明	为刺激农业发展和对居民欠账,政府增加投入造成	政府实施了紧缩政策,终止投资,抑制消费膨胀	投资膨胀推动了收入和货币的膨胀	居民和企业的通货膨胀预期已经形成,任何与价格有关的冲击都会加剧通胀恶化	经过治理整顿,恶性通胀得到控制	经济持续高速增长,加之我国实行粗放型经济,经济增长依赖于资金投入,导致投资膨胀,物价上涨	成功实行"软着陆",通胀压力释放,但经济刺激力度下降,出现通缩

(注:1979~1996年的通货膨胀较为严重,我们仅以此为例)

四、通货膨胀对经济的影响

(一)通货膨胀对收入分配的影响

在温和的通货膨胀情况下,通货膨胀对收入分配没有太大影响,但如果发生了比较严重的通货膨胀,比如急剧或奔腾的通货膨胀,通货膨胀将影响收入分配,具体体现在对以下三对主体的不同影响上。

1. 债务人与债权人之间,通货膨胀将有利于债务人而不利于债权人

债务契约是根据债权人、债务人双方签约时的通货膨胀率来确定名义利息率的。当发生双方未预期到的通货膨胀(即比较严重的通货膨胀)时,由于债务契约事先已经签订,无法更改,从而就使实际利息率下降,因此债务人受益,而债权人则受损。比如,某人向银行贷款10万元用于购买小汽车,贷款年利率为10%,则每年须向银行支付利息1万元。现发生了20%的通货膨胀,意味着现在的一元钱只相当于原来八角钱的购买力。虽然贷款买车的人每年仍须向银行支付1万元利息,但这1万元只相当于原来的8 000元了。换句话说,原来要支付1万元利息,现在只要支付8 000元就可以了。而对银行来说,本来每年可收回利息1万元,现在收回的只相当于8 000元。可见,通货膨胀有利于债务人而不利于债权人。通货膨胀实际上是靠牺牲债权人的利益而使债务人获利的。

2. 企业与工人之间,通货膨胀将有利于企业而不利于工人

企业与工人间的工资关系从某种意义上说也是一种契约关系。工人为企业工作,企业支付工人工资。当发生未预期到的通货膨胀(即比较严重的通货膨胀)时,由于工人的工资不能迅速地根据通货膨胀率进行调整,从而在名义工资不变或仅是略有增长的情况下使实际工资下降。实际工资的下降明显对工人不利,但有利于企业。这是因为工人实际工资的下降会使企业利润增加,而利润的增加是对企业有利的。比如,工人原来的工资够他过小康生活,现在由于发生了比较严重的通货膨胀,工人工资的上涨速度赶不上物价的上涨速度,工人只能过温饱生活。相反,企业的产品价格由于通货膨胀而上涨,相应增加了企业的利润。可见,通货膨胀有利于企业而不利于工人。

3. 政府与公众之间,通货膨胀将有利于政府而不利于公众

通货膨胀对政府与公众的不同影响体现在税收上。当发生不可预测的通货膨胀(即比较严重的通货膨胀)时,公众的名义工资会有所增加,随着名义工资的增加,达到纳税起征点的人增加了,而原来已达到纳税起征点的人则进入了更高的税率等级,这样,政府的税收总额增加了;相反,随着公众纳税数额的增加,公众的实际收入在减少。因此,通货膨胀对政府有利而对公众不利。比如,某国个人所得税的纳税起征点是 1 000 元,某人的工资是 800 元,因此不用纳税。现在发生了比较严重的通货膨胀,这个人的工资涨到 1 000 元,进入纳税阶层,而原来已纳税的人则由于工资的上涨而进入了更高的税率等级,要交纳比原来更多的税。因此,政府的税收收入增加了。

(二)通货膨胀对产出的影响

现代经济学界对通货膨胀对产出的影响一直存在着争论,大致有"促进论"、"促退论"和"中性论"这三种不同的观点。

1."促进论"

"促进论"认为通货膨胀能促进经济增长。其理由是:

(1)在通货膨胀的情况下,由于商品价格的提高速度一般快于工资的提高速度,结果导致实际工资降低,厂商的利润增加,这样就会刺激厂商扩大投资,进而促进经济增长。

(2)在货币经济中,通货膨胀是一种有利于高收入阶层(即利润收入阶层)而不利于低收入阶层(即工资收入阶层)的收入再分配,由于高收入阶层的边际储蓄倾向较高,因此,通货膨胀会促使社会储蓄率提高,这就有利于经济增长。

(3)通货膨胀实际上是货币发行者(即政府部门)从货币持有者(即私人部门)手中获得收入的过程。因为在人们货币需求一定的情况下,政府通过发行货币,获得对一部分商品或劳务的支配权,这实质上是政府向所有货币持有者征税(货币税或通货膨胀税),从而使政府收入增加。如果政府将所获得的这种通货膨胀税用于投资,则将提高社会的投资率,从而推动经济增长。

2."促退论"

"促退论"认为,通货膨胀不仅不利于促进经济增长,反而会损害经济增长,这是大多数学者的看法。"促退论"的理由在于:

(1)在持续性的通货膨胀过程中,市场价格机制将遭到严重破坏。由于市场价格机制失去了其应有的调节功能,这就往往会促使消费者和生产者做出错误的决策,从而导致经济资源的不合理配置和严重浪费,使经济效率大大下降。

(2)通货膨胀意味着货币购买力的下降,它降低工薪阶层实际收入水平和储蓄价值,因此公众不愿以货币的形式进行储蓄,以免遭受经济损失。在预期物价会进一步上涨的心理支配下,公众势必为避免将来物价上涨造成经济损失减少储蓄而增加目前消费,这就会使社会储蓄率下降,从而使投资率和经济增长率下降。

(3)通货膨胀会动摇人们对货币的信心,并促使人们更多地持有那些价格随通货膨胀不断上涨的实物资产,囤积货物、抢购黄金、外汇以及各种奢侈品,或从事房地产等投机活动,而不去从事正常的生产性活动,结果将严重地阻碍经济的增长。而且,在严重的通货膨胀情况下,人们会放弃货币,而用实物作为交易媒介,这会使交易成本大大提高,从而造成经济效率的损失。

(4) 如果本国通货膨胀长期高于外国,则使本国产品相对于外国产品的价格上升,从而不利于本国的出口,并刺激进口的增加。本国通货膨胀率长期高于外国,还会促使人们将国内储蓄转移到国外,这样就势必导致本国国际收支的逆差,并使黄金和外汇外流,从而对本国经济增长带来压力。此外,如果通货膨胀超过一定限度,便会产生预期作用,造成物价与成本螺旋式地上涨,从而有可能演变成累积性的恶性通货膨胀,这种恶性的通货膨胀甚至有可能导致经济和社会的崩溃。

3. "中性论"

"中性论"认为,人们对通货膨胀的预期最终会中和它对经济的各种效应,因此,通货膨胀对经济既无正效应,也无负效应,它是"中性"的。同"促进论"和"促退论"相比,持"中性论"观点的学者并不多,其理论依据似乎还比较模糊和牵强,故人们一般主要讨论"促进"和"促退"两种效应,也即通货膨胀的正效应和负效应。

综合以上观点,并根据世界各国的经济发展经验来看,通货膨胀所带来的经济效应是弊多利少。

第二节 通货膨胀的形式和原因

一、需求拉动的通货膨胀

需求拉动的通货膨胀也叫作超额需求通货膨胀,是指因总需求增加而引起的一般价格水平普遍和持续的上涨。

需求拉动的通货膨胀,是从总需求的角度来分析通货膨胀的原因,把通货膨胀归因于对社会资源的需求超过了按现行价格所能得到的供给。由于总需求的过度增长,总供给相对不足,总需求超过总供给的能力,供不应求引起价格上升,从而导致通货膨胀。

对于需求拉动的通货膨胀,凯恩斯主义和货币主义有不同的观点。凯恩斯主义从强调实际因素对总需求的影响的角度出发说明需求拉动的通货膨胀。他们认为社会总需求中任何一个构成因素(总消费、总投资、政府支出、净出口)的增加,都会造成社会总需求的增加。当总供给已经不能再扩大时,由于实际总需求大于总供给,因此产生了膨胀性缺口,从而拉动物价上涨,产生需求拉动的通货膨胀。

货币主义则是从强调货币因素对总需求的影响的角度出发说明需求拉动的通货膨胀。他们认为是货币的过量发行才引起了通货膨胀。货币主义者认为总需求是货币供应量与货币流通速度的乘积,而通货膨胀率又是总需求的函数。因此,假设货币流通速度是稳定的,那么货币供应量的增加会引起社会总需求的增加,社会总需求的增加引起了通货膨胀,这是需求拉动的通货膨胀。

需求拉动的通货膨胀的产生过程,如图 5-1 所示。

需求拉动的通货膨胀理论有两种。一种是凯恩斯提出的充分就业时的需求拉动的通

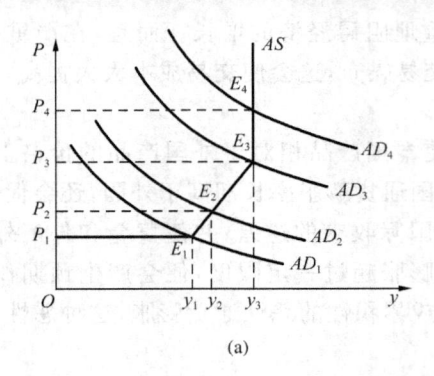

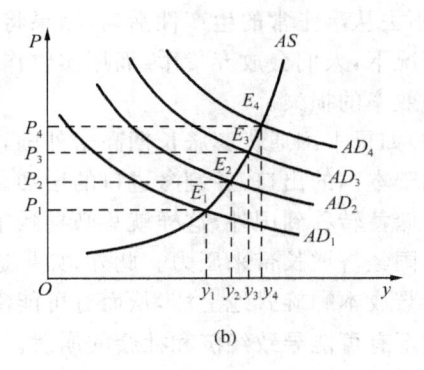

图 5-1 需求拉动的通货膨胀的产生过程

货膨胀理论,一种是 W. 鲍莫尔提出的非实现充分就业时的需求拉动的通货膨胀理论。凯恩斯认为,当经济中实现了充分就业时,如果实际总需求大于实现了充分就业的总需求,其差额就构成了"通货膨胀缺口",导致通货膨胀,如图 5-1(a)所示。当总需求不断增加,总需求曲线 AD_1 不断右移至 AD_2、AD_3 时,价格水平就相应由 P_1 上升到 P_2、P_3,同时,收入量也由 y_1 不断增加到 y_2、y_3——这一段的价格上涨是"瓶颈式"通货膨胀。当总需求曲线 AD_3 继续增加至 AD_4 时,由于总供给已经达到充分就业水平,即 AS 曲线呈现垂直形状,总需求的增加不会使收入 y_3 再增加,故在总供给或收入不变的情况下,价格由 P_3 上升到 P_4——这一段的价格上涨就是需求拉动的通货膨胀。

W. 鲍莫尔认为,不仅在实现了充分就业的条件下会出现通货膨胀,而且在没有实现充分就业的条件下也会出现通货膨胀。未实现充分就业时,总需求增加所引起的通货膨胀率的高低取决于总供给曲线的斜率。总供给曲线的斜率越大,总需求增加所引起的产量增加就越小,引起的物价上涨幅度就越大,通货膨胀越严重,如图 5-1(b)所示。总供给曲线 AS 一定,总需求 AD 不断增加,当总需求曲线从 AD_1 上升到 AD_2 时,国民收入从 y_1 增加到 y_2;当总需求曲线从 AD_2 上升到 AD_3 时,国民收入从 y_2 上升到 y_3;当总需求曲线从 AD_3 上升到 AD_4 时,国民收入从 y_3 增加到 y_4,增加得越来越慢,而价格相应地从 P_1 上升到 P_2,从 P_2 上升到 P_3,从 P_3 上升到 P_4,上升得越来越快。可以看到,当总供给曲线越来越接近潜在产出时,需求增加推动国民收入增长的作用在下降,而推动物价上涨的作用在上升。总之,当总供给曲线一定时,连续增加总需求,就会在推动国民收入增长的同时,推动物价水平上涨。这样,当太多的货币支出追逐太少的商品时,就发生了需求拉动的通货膨胀。

需求拉动的通货膨胀表现在以下方面:

(一)消费需求的膨胀

其中又可分为个人消费需求的膨胀和社会消费需求的膨胀。以我国为例,1992~1994 年工资性现金支出分别比上年增长 25.3%、30.3%、40.1%,都超过同期劳动生产率的增长,货币的数量大大超过了商品的可供量,从而形成日益拉大的商品供需缺口,引发通货膨胀。

(二)投资需求的膨胀

当银行利率较低时,企业家出于对市场的乐观预期,往往会乐于投资,因此容易造成投资需求膨胀。1992~1994年全社会固定资产投资规模年平均增长42.06%,其中1993年第一季度比上年同期增长70%。

(三)政府支出的膨胀

当政府增加财政支出时,不管是进行公共工程建设、政府购买,还是转移支付,最终都会导致社会总需求的增加,因此,政府支出的膨胀,极易引起社会总需求的膨胀。

(四)净出口的膨胀

净出口等于出口减去进口,也就是出口大于进口的部分。如果净出口为正,即出口大于进口,则意味着来自国外的净收入增加,国内需求随之增加。因此,净出口的膨胀必然导致社会总需求的膨胀。

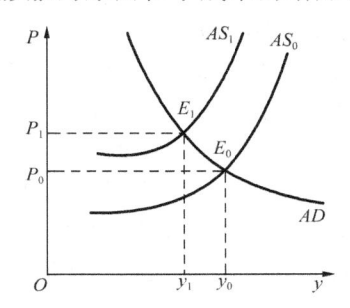

二、成本推进的通货膨胀

成本推进的通货膨胀也叫作成本通货膨胀或供给通货膨胀,是指在没有超额需求的情况下由于供给成本的提高所引起的一般价格水平持续和显著的上涨。

与需求拉动的通货膨胀从总需求的角度分析通货膨胀原因不同,成本推进的通货膨胀从总供给的角度分析通货膨胀的原因。它认为引起通货膨胀的原因在于成本的增加,成本的增加意味着只有在高于从前的价格水平时,才能达到与以前相同的产量水平(由于成本的增加,厂商只有在高于从前的价格水平时,才愿意提供同样数量的产品),从而引起通货膨胀。

成本推进的通货膨胀的产生过程,如图5-2所示。

图中,横轴代表国民收入,纵轴代表价格水平。最初,总需求曲线AD与总供给曲线AS_0相交于E_0点,决定了均衡的国民收入为y_0,价格水平为P_0。假定总需求不变,即总需求曲线不动,那么,随着生产成本的增加,总供给曲线AS_0向左上方平行移动到AS_1,与总需求曲线AD相交于新的均衡点E_1,决定了新的均衡国民收入为y_1,新的价格水平为P_1,此时总供给与总需求达到新的平衡。从图中可以看出,随着总供给曲线因生产成本的增加从AS_0移动到AS_1,价格水平从P_0上升到P_1,这就是成本推进的通货膨胀。

图 5-2 成本推进的通货膨胀的产生过程

成本推进的通货膨胀根据成本增加的具体原因,又主要分为三种类型:

(一)工资成本推进的通货膨胀

工资是企业生产成本的主要部分,工资的提高自然会使生产成本增加,从而引起产品价格水平上升,导致通货膨胀。引起工资上升的一个很重要的原因是在不完全竞争的劳动市场上,工会往往会利用其拥有的垄断地位迫使雇主提高工资。当工资的增加超过生产率的增长时就提高了单位产品的生产成本,为了维持原有的利润水平,企业必然提高产品的价格。

(二)利润成本推进的通货膨胀

在不完全竞争的市场上,处于垄断地位的企业往往控制着产品的销售价格,为了获取更多的利润,他们不是采取通过提高生产效率来降低成本的途径,而是利用提高产品价格的方式,使得产品价格的上升速度超过产品成本的增长速度,进而从中获利。这种方法同样提高了企业的生产成本,从而产生通货膨胀。

(三)原材料、能源等生产成本推进的通货膨胀

原材料、能源等都是数量有限的资源,随着经济的发展,这些资源在特定时期、特定地区会出现供不应求的情况,从而引起其价格上涨,产生通货膨胀。1973年,为了抗议美国等西方国家在阿拉伯和以色列冲突中偏袒以色列,以中东产油国为主的石油输出国家以石油为武器,通过减少产量和出口量,迫使国际市场石油价格翻了两番,由此导致的成本推进的通货膨胀使美国在 1973~1975 年的物价水平迅速上升,失业率也从 1973 年的不到 5% 上升到 1975 年的 8.5%。

三、供求混合推动的通货膨胀

前面分别从总需求和总供给的角度分析了通货膨胀产生的原因。但是在现实生活中,很难分清通货膨胀究竟是由哪种原因引起的,因为这两种原因可以互为因果。比如,最初由于政府增加支出造成总需求增加,引起需求拉动的通货膨胀;而工人出于对通货膨胀延续的担忧,会通过工会向企业施加压力,迫使企业增加工资,从而提高了企业的成本,引起成本推进的通货膨胀。物价、工资轮番上涨……如此反复。如果最初通货膨胀是由成本推进开始,也是如此。因此,很难简单地说通货膨胀是由需求拉动的还是由成本推进的。为此,必须把总需求和总供给结合起来分析通货膨胀产生的原因。

供求混合推动的通货膨胀,是把总需求和总供给结合起来分析通货膨胀的原因,认为通货膨胀产生的根源不是单一的总需求或总供给,而是这两者共同作用的结果。如果通货膨胀是由需求拉动开始的,即过度需求的存在引起物价上升,这种物价上升又会使工资增加,从而供给成本的增加又引起了成本推进的通货膨胀。如果通货膨胀是由成本推进开始的,即成本增加引起物价上升,这时如果没有总需求的相应增加,工资上升最终会减少生产,增加失业,从而使成本推进引起的通货膨胀停止。只有在成本推进的同时,又产生总需求的增加,这种通货膨胀才能持续下去。

在大多数情况下,通货膨胀具有一种惯性,会导致通货膨胀的螺旋发展。在现代经济中,人们根据市场上的价格信息进行交易谈判,以契约形式决定产品和生产要素的价格。存在通货膨胀的条件下,人们总是根据现有的通货膨胀率预期未来的通货膨胀率,并根据这种对未来的通货膨胀率的预期提高产品和生产要素的价格。这种经济现象持续下去,就形成了通货膨胀的连续性,形成通货膨胀螺旋,也称工资-物价螺旋。

四、结构性通货膨胀

结构性通货膨胀是指经济结构的非均衡状况所引起的一般价格水平普遍和持续的上涨。它是从社会各生产部门之间劳动生产率的差异、劳动市场的结构特征和各生产部门之间收入水平的赶超速度等角度来分析由于经济结构的特点而引起通货膨胀的过程。从经济结构的角度看,即使整个社会经济的总需求和总供给处于均衡状态,但由于经济结构方面的因素发生变动,如社会经济部门发展的不平衡,也会引起一般物价水平的上涨,从而导致通货膨胀。

在一个社会的经济中,社会各生产部门的劳动生产率存在差异,一些生产部门劳动生产率较高,生产在扩张,需要更多的资源和劳动力(我们称这些部门为扩展部门);而另一些生产部门劳动生产率较低,生产在收缩,资源与劳动力因需求减少而显得过剩(我们称这些部门为非扩展部门)。如果资源与劳动力能够自由而迅速地由劳动生产率低的部门转移到劳动生产率高的部门,结构性的通货膨胀就不会发生。但事实上现代社会经济结构的特点限制了劳动生产率低的部门的资源与劳动力向劳动生产率高的部门转移。这样,劳动生产率高的部门由于资源与劳动力的短缺,导致资源价格上升,工资上升。而劳动生产率低的部门尽管资源与劳动力过剩,其资源价格和工资并不会下降,特别是工资不仅不会下降,还会由于追求所谓"公平"而在向劳动生产率高的部门"看齐"的过程中上升。这样,由于两类部门的成本增加,尤其是工资成本的增加而产生了通货膨胀。

总之,以上从不同角度阐述了通货膨胀产生的原因,但通货膨胀往往不是单个原因造成的,而是由各种因素共同作用所引起的,只不过有时候某种因素更加重要而已。

上述几种通货膨胀的原因分析,可以综合起来运用。1990～1997年是我国通货膨胀比较典型的例子,其主要宏观经济指标见表5-3和表5-4。

表5-3　　　　　　　　　我国1990～1997年主要宏观经济指标　　　　　　　　单位:%

年份 指标	1990年	1991年	1992年	1993年	1994年	1995年	1996年	1997年
投资增长率	11.5	12.4	16.9	31.4	61.8	17.5	14.8	10.0
GDP增长率	4.2	7.4	10.9	12.1	13.4	12.8	9.6	8.8
消费物价指数	103.1	103.4	106.4	114.7	124.1	117.1	108.3	102.8

表5-4　　　　　　　　　我国1995年主要宏观经济指标　　　　　　　　单位:%

月份 指标	1月	3月	5月	7月	9月	11月	12月
物价指数	21.2	22.4	20.3	16.7	13.2	11.2	10.1
生产资料价格指数	−2.2	−2.6	−1.5	1.0	1.5	1.9	1.6
基建投资增长率	36.3	47.3	32.8	14.0	17.0	17.3	19.4
消费品零售增长率	28.3	31.3	30.4	29.7	29.6	28.7	28.3

分析:

(1)1993～1995是我国的通货膨胀时期,1990～1992年为经济复苏阶段,1996～1997年为经济衰退阶段,但衰退幅度较小。

(2)通货膨胀状况。1994年和1995年上半年达到恶性通货膨胀的程度,1995年下半年逐月减缓,仍处在急剧通货膨胀阶段。

(3)1994年和1995年上半年的通货膨胀率较高,供给饱和,表现为需求拉动的通货膨胀。

(4)1995年下半年物价指数有较大的回落,是由于投资增长率得到控制,但消费增长率仍较高,物价指数仍然较高。

(5) 1995年下半年物价指数还是较高,主要表现为成本推进的通货膨胀。

(6) 1996年以后,物价指数迅速下降,经济增长率没有大起大落,体现了软着陆政策的作用。

总结:从上述分析可以看出通货膨胀的原因总是表现为多方面的,同时也看到软着陆政策的成功。

五、货币供给增加的通货膨胀

1911年,美国经济学家欧文·费雪在其《货币的购买力》一书中提出了"交易方程"

$$Py = MV$$

式中　P——价格水平或价格指数;

　　　y——一国的实际产出;

　　　M——流通中的货币数量;

　　　V——货币流通速度。

费雪认为货币数量的多少决定着物价水平的高低,在货币流通速度和产出不变的情况下,货币数量的变动会使物价同比例变动。弗里德曼基本上肯定了这一结论。他把通货膨胀定义为:名义社会总需求的增长超过社会总供给的增长而引起的物价水平的上涨。弗里德曼指出,名义社会总需求的增长有两种可能的原因:一是货币数量的增加,二是流通速度的加快。然而,经常性的通货膨胀不可能纯粹由货币流通速度的加快引起,即使发生恶性通货膨胀的时期,货币流通速度会加快,通货膨胀过程的起点仍然是货币数量的扩张。

第三节　通货膨胀与失业的关系

一、通货膨胀与失业交替发展

1958年,新西兰经济学家菲利普斯在《1861～1957年英国失业和货币工资变动之间的关系》一文中提出了失业与货币工资增长率之间存在交替发展的关系。他根据英国1861～1957年近100年间失业率和货币工资变动率的经验统计资料,提出了一条用以表示失业率和货币工资变动率之间交替关系的曲线。它表明:当失业率较低时,货币工资增长率较高;反之,当失业率较高时,货币工资增长率较低,甚至是负数。

因为工资是成本的主要组成部分,从而也是产品价格的主要组成部分,所以从某种意义上说,工资的增长意味着物价的上涨,这就是成本推进的通货膨胀。于是,这里的货币工资增长率的变动就可以用来表示通货膨胀率的变动。因此,这一条曲线描述的现象也可以用来表示失业率与通货膨胀率之间的交替关系。事实上,新古典综合派的领袖萨缪尔森正是用菲利普斯曲线来描述失业率和通货膨胀率之间的交替关系,并进而提出相应的政策建议。1960年,萨缪尔森和索洛发表了《关于反通货膨胀政策的分析》一文,首次提出了"菲利普斯曲线"的概念。他们用美国的数据换掉英国的数据,并用物价上涨率代替名义工资增长率,得出了短期内通货膨胀率和失业率之间的替换关系。根据菲利普斯曲线,失业率高,则通货膨胀率低;失业率低,则通货膨胀率高。

若用 u 表示失业率,用 π 表示通货膨胀率,用 u^* 表示自然失业率,则简单形式的菲利普斯曲线可表示为

$$\pi = -\varepsilon(u - u^*)$$

上式中,参数 ε 是价格对于失业率的反应程度,表示实际失业率相对于自然失业率每增加一个百分点,通货膨胀率会下降几个百分点。

我们可以用图 5-3 来说明菲利普斯曲线的原理。图中,横轴代表失业率,用 u 表示;纵轴代表通货膨胀率,用 π 表示;PC 代表菲利普斯曲线。从图中我们可以看出,菲利浦斯曲线自左上方向右下方倾斜,表明失业率与通货膨胀率呈反向变动关系,失业率越高,通货膨胀率越低;反之,失业率越低,通货膨胀率越高。

菲利普斯曲线揭示了失业和通货膨胀之间的一种"替换关系",即用一定的通货膨胀率的增加来换取一定的失业率的减少,或者,用一定的失业率的增加来换取一定的通货膨胀率的减少。这表明,政策制定者可以选择不同的失业率和通货膨胀率的组合。具体而言,一个经济社会先确定一个社会临界点,由此确定一个失业与通货膨胀的组合区域。如果实际的失业率和通货膨胀率组合在组合区域内,则社会的决策者不用采取调节行为,如在组合区域外,则可根据菲利普斯曲线所表示的关系进行调节。如图 5-4 所示。

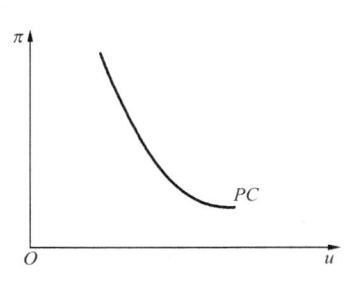

图 5-3 菲利普斯曲线

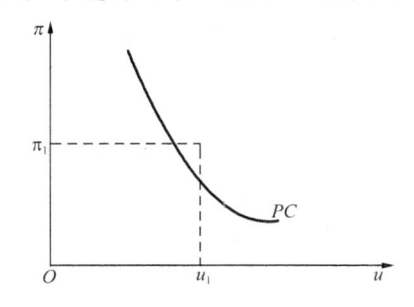

图 5-4 菲利普斯曲线的政策含义(1)

二、通货膨胀与失业并存

菲利普斯曲线所反映的失业率与通货膨胀率之间的交替关系基本符合 20 世纪 50～60 年代西方国家的实际情况。但 20 世纪 70 年代以后,失业率和通货膨胀率之间的这种交替发展的关系发生了很大变化,许多西方国家出现了高失业率和高通货膨胀率并存的现象:一方面,生产过剩,产品积压,企业破产,工人失业,经济停滞不前;另一方面,物价持续上涨,而且涨幅较大。经济学界称之为"滞胀",即经济增长停滞和通货膨胀并存。

从表 5-5 可以看出西方主要国家在 20 世纪 70 年代前后失业和通货膨胀的相互关系。

表 5-5　　西方主要国家在 20 世纪 70 年代前后失业和通货膨胀的相互关系　　　单位：%

国家	年份 指标	1960 年	1965 年	1970 年	1975 年	1980 年	1982 年	1985 年	1988 年
美国	物价指数	30.9	33.8	42.0	59.3	85.7	100.0	110.9	121.3
	失业率	5.2	4.5	4.9	8.5	7.1	9.7	7.2	5.5
英国	物价指数	15.3	18.3	22.8	42.1	82.4	100.0	116.5	131.7
	失业率	1.5	2.2	3.0	4.3	6.4	11.3	12.2	9.3
意大利	物价指数	13.6	17.2	20.0	34.2	72.9	100.0	138.7	161.2
	失业率	5.6	5.3	5.3	5.8	7.5	8.4	10.1	11.8
法国	物价指数	21.2	25.4	31.4	47.8	78.8	100.0	124.7	100.2
	失业率	1.4	1.5	2.4	4.0	6.3	8.1	13.5	10.3
德国	物价指数	42.3	48.5	54.6	73.5	89.7	100.0	108.1	109.3
	失业率	1.3	0.7	0.8	3.6	3.0	6.1	8.1	7.0
日本	物价指数	22.4	30.1	39.3	67.7	92.9	100.1	106.3	102.6
	失业率	1.6	1.2	1.1	1.9	2.0	2.4	7.7	2.5

为什么会出现这种现象呢？1968 年，货币学派的代表弗里德曼指出菲利普斯曲线忽略了影响工资变动的一个重要因素：工人对通胀的预期。如果通货膨胀连年上升，特别是政府利用菲利普斯曲线进行相机抉择，用高通货膨胀换取低失业率的话，就会形成一种通货膨胀预期。如果通货膨胀已被预期到了，工人就会要求提高货币工资以避免生活水平受通货膨胀侵蚀。工资上升会导致成本增加，企业投资的积极性就会下降，生产扩张受到抑制，失业难以真正缓解。而另一个方面，工资的提高又会加剧通货膨胀。因而，"滞胀"难以避免。在此基础上，货币学派提出了短期菲利普斯曲线和长期菲利普斯曲线的概念。

我国学者研究了菲利普斯曲线对于我国的经济意义。他们对 1978～2006 年的通货膨胀率与失业率的数据进行了回归分析，得出相关系数为 -0.19，表明两者之间存在微弱的负相关性。从图 5-5 中可以看出：(1) 斜率为负的菲利普斯曲线，表明两者之间存在交替关系，并且在 1979～1980 年、1983～1985 年、1985～1986 年、1990～1991 年、1994～1997 年、2001～2002 年、2003～2004 年出现过；(2) 垂直的菲利普斯曲线，表明失业率不变，通货膨胀率大幅变动，并且在 1986～1988 年、1991～1992 年、1997～2000 年出现过；(3) 正斜率的菲利普斯曲线，表明失业率与通货膨胀率相互促进，在 1992～1994 年出现过。这表明菲利普斯曲线在中国表现得不显著。

(一) 短期菲利普斯曲线

货币学派指出，短期内工人来不及调整对通货膨胀率的预期。这就使得预期的通货膨胀率可能低于实际发生的通货膨胀率，工人的实际工资就可能低于预期的实际工资，厂商的利润因此而增加，从而刺激了投资，就业人数随之增加，失业率下降。可见，在工人来不及调整通货膨胀预期的假设前提下，失业率与通货膨胀率之间存在交替关系。所以，向右下方倾斜的菲利普斯曲线在短期内是可以成立的。实际上，短期菲利普斯曲线就是预期通货膨胀率保持不变时，通货膨胀和失业率之间关系的曲线。若用 π^e 表示预期通货膨

第五章 通货膨胀理论与状态分析

失业、通胀菲利普斯曲线

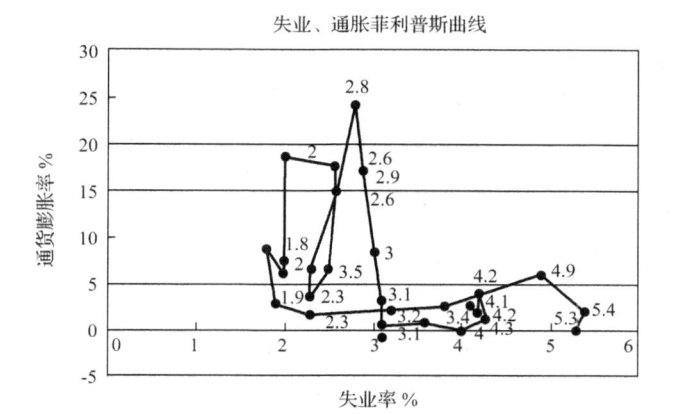

图 5-5　1978～2006 年中国菲利普斯曲线

胀率,则短期菲利普斯曲线方程可表示为:

$$(\pi - \pi^e) = -\varepsilon(u - u^*)$$

即

$$\pi = \pi^e - \varepsilon(u - u^*)$$

上式表明,若预期的通货膨胀率小于实际通货膨胀率,实际失业率就会小于自然失业率;若预期的通货膨胀率大于实际通货膨胀率,实际失业率就会大于自然失业率;当预期的通货膨胀率等于实际通货膨胀率,实际失业率就等于自然失业率。

短期菲利普斯曲线如图 5-6 所示。

从图 5-6 中可以看出,随着预期通货膨胀率的提高,短期菲利普斯曲线会向上移动,这种情况被称为"菲利普斯曲线恶化"。货币主义者认为,20 世纪 70 年代以来,菲利普斯曲线的确向右上方移动了,如图 5-7 所示。

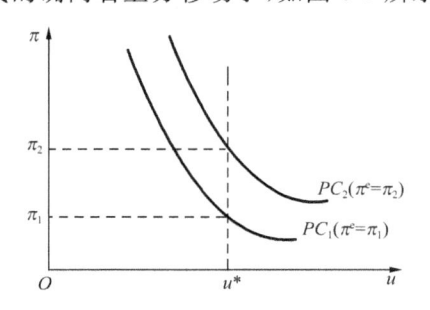

图 5-6　短期菲利普斯曲线

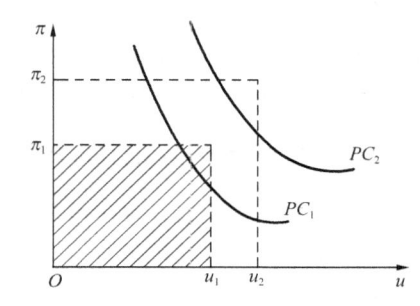

图 5-7　菲利普斯曲线的政策含义(2)

在图 5-7 中,原来的菲利普斯曲线 PC_1 位于社会可接受程度之内,即位于图 5-7 上,阴影部分为"临界点"以下的安全范围,但当菲利普斯曲线从 PC_1 移到 PC_2 以后,PC_2 不通过原来的安全范围,此时无论政府采取什么样的政策措施,都不能将失业率与通货膨胀率下降到图上阴影部分所表示的安全范围,于是只得提高"临界点"。图上的虚线框表示提高"临界点"以后的安全范围。因此,向右上方移动的菲利普斯曲线是对西方国家高通货膨胀率与高失业率同时并存局面的反映。

可见,按预期移动的菲利普斯曲线依然表示失业率与通货膨胀率之间的交替关系。

只不过现在的交替关系表现为用更高的通货膨胀率来换取一定的失业率。

(二)长期菲利普斯曲线

弗里德曼认为菲利普斯曲线所描述的通货膨胀率与失业率之间的交替关系只是一种短期现象,长期中并不存在。长期内,菲利普斯曲线变为一条垂直线。长期菲利普斯曲线是由短期菲利普斯曲线移动形成的,如图5-8所示。

假定最初通货膨胀率为零,人们没有通货膨胀预期。经济运行在图5-8中的a点。现在假定总需求突然增加,使通货膨胀率上升到2%。由于人们事先并没有预计到通货膨胀,因此经济沿着短期菲利普斯曲线PC_0变动到b点,失业率从5%降到3%,通货膨胀率上升到2%。这就是通货膨胀率和失业率在短期中的交替关系。

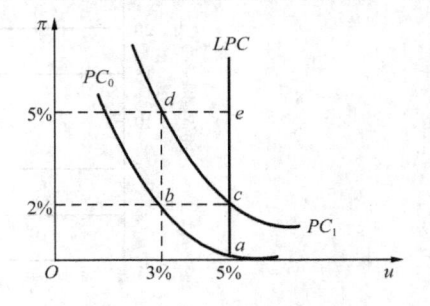

图5-8 长期菲利普斯曲线

2%会被人们观察到,于是人们就会形成2%的预期通货膨胀率。工人们会要求提高工资,假定要求名义工资上升与预期的通货膨胀率同步,则企业会感到物价上升时工人实际工资没有降低,因而企业的雇工数又回到原来水平,失业率回复到原先的自然失业率5%的水平上,从而经济到达c点。现在,这2%的通货膨胀率就成为自然失业率水平上的通货膨胀率,而原先自然失业率水平上的通货膨胀率为0(a点上)。

此时,如果政府运用扩张性政策,再把失业率降到自然失业率以下的3%,则经济沿第二条菲利普斯曲线PC_1变动到d点,这时通货膨胀率为5%。接下来,5%的通货膨胀率成为人们预期的通货膨胀率,人们就会把5%的通货膨胀率放入下一轮工资谈判中。于是,企业劳动使用量又会回到原先的自然失业率水平,经济到达e点。这样的过程不断重复,形成一条a、c、e点相连的垂直的菲利普斯曲线。这就是长期菲利普斯曲线。

长期菲利普斯曲线表明,长期中不存在失业和通货膨胀之间的替换关系。长期来看,政府运用扩张性政策不但不能降低失业率,还会使通货膨胀率上升。

三、通货膨胀与失业的国际传播

通货膨胀与失业是当今世界各国在经济发展过程中都会遇到的问题,因而是世界性的问题。随着全球经济联系的加强,失业和通货膨胀这样的国内问题会冲破国界而在国际进行传播。

通货膨胀与失业的国际传播是指一个国家发生通货膨胀或失业时不是仅限于对本国经济的影响,而且也能对另一国经济产生影响,以至于另一个经济相对稳定的国家也发生通货膨胀或失业。

通货膨胀与失业的国际传播是通过一定的途径进行的,主要有:

(一)国际贸易途径

一方面,随着战后国际贸易的日趋自由化,国际贸易总额日益增加,对外贸易在各国国内生产总值中的比重也不断提高。这样,一个国家的需求不足(容易造成失业)或需求过度(容易造成通货膨胀)就可以通过国际贸易途径传播到其他国家。一方面,当一国存在过度需求而国内商品无法满足时,对输入国外商品的需求会增加,这会刺激他国出口的增加,经过对外贸易乘数的作用会引起该国的收入扩张,从而增加他国的国内需求。假如各国经济均扩展到接近充分就业,则国际物价在需求牵动下必然上升。另一方面,在贸易自由化的趋势下,一切国际贸易商品的价格,经过汇率换算,均有趋同倾向。否则,商品间存在的价差也会引发套利活动而促使物价趋同。这样,就会引起商品价格较低的国家出现物价上涨。

(二)国际资本流动途径

国际资本流动是指资本在国际范围内的流入与流出。由于资本国际流动,通过各国国际收支差额的调整,使各国的通货膨胀率和失业率与世界的通货膨胀率和失业率相适应。因为当一个国家的通货膨胀率较高时,其国内的货币供给量就多,信用就会膨胀,导致资本外流,使该国国际收支赤字增大。为了避免资本流出过多,该国将会紧缩信贷,减少货币流通量,使国内通货膨胀率与世界一致,这就意味着该国的通货膨胀已经向外传递了。反之,则意味着国外的通货膨胀传递到国内来。

(三)国际货币流通途径

在固定汇率制度下,各国货币与充当国际储备货币的主要国家的货币保持基本固定的汇率。而储备货币国往往可以在国内增加其货币供应,向国外进行经济扩张,这就为该国向其他国家转移通货膨胀创造了条件。因为当该国货币供应量过度增长时,势必刺激其对输入商品的需求,从而导致该国国际收支出现赤字,而一国的国际收支赤字同时意味着他国的国际收支盈余。他国国际收支的盈余必然意味着他国国内货币供应量的增长。当各国货币供应量都在不断增长时,国际性的通货膨胀也就无法避免了。反之,如果一国货币供应量过度收缩,则国际通货紧缩(往往伴随着失业)也就无法避免了。

(四)利率途径

由于经济体制和金融体制方面的原因,一国的国内利率与国际金融市场的利率往往存在差异,由此也会造成失业和通货膨胀的国际传播。因为国际通货膨胀率的变动和失业率的变动,都可能影响国际金融市场的利率水平,而国际金融市场利率的波动将促使国际范围内的资本流动。这样,一个开放经济国家的国内金融利率也会有一个适应国际金融市场利率的过程,其国内通货膨胀率或失业率也将与国际通货膨胀率或失业率逐步适应。

第四节 通货膨胀状况与治理对策

一、通货膨胀状况

通货膨胀是经济发展过程中的必然现象,世界各国都曾发生过不同程度的通货膨胀。从第二次世界大战结束后世界上多数国家通货膨胀的状况来看,通货膨胀具有如下两大特点:

(一)通货膨胀的状态呈起伏型

从20世纪40年代中后期到80年代,通货膨胀在全球蔓延达40年之久。在这40年内,通货膨胀呈起伏型状态发展。战后全球通货膨胀大致可以分为四个发展阶段。

1. 第一阶段

第二次世界大战结束后初期的严重通货膨胀时期。由于许多国家(特别是西欧发达国家)经济在战争中遭到严重破坏,物质紧缺,供应十分困难,加上各国战时积累的货币大量流入市场,导致物价飞涨,通货膨胀十分严重。

2. 第二阶段

20世纪50年代初到60年代的温和通货膨胀时期。这一时期,各国经济从50年代初期开始逐步复苏,经济增长速度较快,国民生产总值的增长率较高,通货膨胀趋于缓和,通货膨胀率一般在10%以下。

3. 第三阶段

20世纪70年代到80年代初的"滞胀"时期。由于西方国家长期推行凯恩斯主义政策,各国货币供应量增速加快,使通货膨胀率大大上升;与此同时,又因连续爆发石油危机、货币危机和经济危机,导致生产停滞,形成滞胀。

4. 第四阶段

20世纪80年代初期后的逐步减缓并趋于温和的通货膨胀时期。20世纪80年代以后,西方国家纷纷改变了凯恩斯主义的政策,转而采取货币主义、供给学派等为代表的"反通货膨胀"政策措施,终于使经济走出滞胀,通货膨胀率也连年出现明显的下降。

表5-6以美国、英国为代表说明战后世界通货膨胀的发展状况。

表 5-6 战后世界通货膨胀的发展状况   单位:%

指标	国家	1946~1950年	1951~1960年	1961~1970年	1971~1978年	1979~1983年	1984年	1985年	1986年
实际GNP增长率	美国	2.5	3.2	4.1	2.5	1.1	6.4	2.7	2.5
	英国	3.3	2.7	2.8	1.5	0.8	2.6	3.2	2.8
货币供应量增长率	美国	7.1	2.0	4.6	6.5	7.7	6.4	2.7	2.5
	英国	6.5	2.6	4.3	16.7	8.2	15.4	18.1	22.0
消费物价指数	美国	9.1	2.2	2.8	7.6	8.9	4.0	3.8	1.1
	英国	10.1	4.1	4.0	15.5	11.3	4.2	5.5	4.1

(二)通货膨胀在世界各国、各地区间发展不平衡

发展中国家的通货膨胀率一般要高于发达国家。虽然战后世界各国、各地区的通货膨胀有较大的同步性,但从战后全球性通货膨胀的发展状况来看,发展中国家的通货膨胀率一般要高于发达国家。这一方面是由于发达国家对外输出通货膨胀的影响,但另一方面更主要的原因还是发展中国家自身的一些因素造成的。

从表5-7可以看出战后世界各国、各地区消费物价指数增长状况。

图 5-7　　　　　　战后世界各国、各地区消费物价指数增长状况　　　　　　单位：%

年份 区域	1960～1969年	1970～1979年	1980年	1981年	1982年	1983年	1984年	1985年	1986年
世界	45	143	15.7	14.1	12.2	12.5	13.8	13.8	9.0
发达国家	31.3	104	11.9	9.9	7.4	5.0	4.8	4.2	2.3
发展中国家	146	400	28.1	27.7	28.3	29.4	46.6	49.4	32.3
拉丁美洲	412.5	1 300	55.2	59.8	73.4	117.4	144.9	169	85.1

从表中不难看出，战后世界通货膨胀有一定的同步性，但发展中国家的通货膨胀率明显高于发达国家，特别是通货膨胀的"重灾区"拉丁美洲国家的通货膨胀率不仅大大高于发达国家，而且也大大高于其他发展中国家。

二、通货膨胀的治理对策

尽管菲利普斯曲线揭示的通货膨胀与失业之间反向变动的关系让我们意识到降低通货膨胀有可能产生失业率升高的负面影响，尽管还有经济停滞与通货膨胀并存的滞胀现象，但面对通货膨胀，还是应该想方设法积极治理。纵观世界各国治理通货膨胀的实践，在治理通货膨胀的政策体系中，财政政策、货币政策是最重要的两种，此外还有供给管理方面的政策。

（一）财政政策

在财政政策方面，主要采取紧缩性财政政策。通货膨胀时期，由于总需求大于总供给，存在需求过度，因此政府可以采取紧缩性财政政策抑制总需求，以实现物价稳定。由于财政政策主要包括政府支出与税收，因此紧缩性财政政策主要从减少政府支出和增加税收入手，主要内容有：

1. 减少政府预算，压缩政府公共工程支出和政府购买

政府公共工程支出和政府购买是政府财政支出的重要组成部分。通过削减政府预算，压缩政府公共工程支出和政府购买，能够抑制政府投资，减少政府对商品和劳务的需求，缓和通货膨胀的压力；同时也能因减少政府财政支出而减少财政赤字。

2. 降低政府转移支付水平，减少社会福利费用

除了失业救济金、养老金等福利费用外，其他福利、津贴等都要随经济的过热而压缩。在许多国家社会福利费用在政府支出中占重要地位。通过减少社会福利费用，能减少居民的可支配收入，从而抑制消费需求的膨胀，缓和通货膨胀的压力。

3. 增加税收

税收在政府收入中占有非常重要的地位。通过增加税收，可以增加政府收入，弥补财政赤字，同时增加税收可以使企业和居民的实际收入减少，从而也减少了企业的投资支出和居民的消费支出，最终可以控制总需求的膨胀。

4. 对部分商品开征特别消费税

通货膨胀时期不同商品的供求矛盾不同，因此可以考虑对部分需求特别旺盛的商品开征特别消费税,通过这些商品的高税率来限制其过度膨胀的需求。

(二)货币政策

在货币政策方面,主要采取紧缩性货币政策。通货膨胀时期,由于总需求大于总供给,存在需求过度,因此政府可以采取紧缩性货币政策抑制总需求。由于货币政策主要包括中央银行三大货币政策工具和利率政策等,因此,紧缩性货币政策主要从这些政策入手,具体内容包括:

1. 提高商业银行的法定存款准备金率

通过提高商业银行的法定存款准备金率,可以减少商业银行贷款的发放,继而通过银行创造货币的机制减少货币供应量,从而提高利率,最终减少社会总需求。

2. 提高再贴现率

通过提高再贴现率,可以减少商业银行向中央银行的借款,从而减少商业银行的货币供应量,这就势必带来银行信贷的紧缩和利率上升,有利于控制银行信贷的膨胀,最终减少社会总需求。

3. 通过开展公开市场业务卖出政府债券

中央银行在公开市场上卖出各种政府债券,能够从商业银行和公众那里收回货币,从而减少货币供应量,进而促进利率的上升,最终减少社会总需求。这是最重要且经常被利用的一种抑制通货膨胀的政策工具。

4. 直接提高利率

法定存款准备金率、再贴现率、公开市场业务是通过变动货币供应量以间接影响利率,最终影响社会总需求的。为了抑制通货膨胀,中央银行有时会通过直接提高利率来收缩信贷。因为利率的提高会增加信贷资金的使用成本,从而减少信贷的发放,还可以吸收储蓄存款,减少消费和投资,以减轻通货膨胀的压力。

(三)其他政策

紧缩性财政政策和紧缩性货币政策主要是从需求方面抑制通货膨胀,在通货膨胀比较严重的时候,现代经济学还主张采用其他一些政策措施,着重从供给方面来抑制通货膨胀,并与财政政策、货币政策相结合,起到对通货膨胀的综合治理作用。这些政策主要包括:

1. 收入政策

根据成本推进的通货膨胀理论,通货膨胀是由于成本增加,特别是工资成本的增加引起的。但财政政策和货币政策被认为不足以对付这种成本推进的通货膨胀,因此,有些西方经济学家建议通过对工资和物价进行调控来抑制通货膨胀,由于这项政策控制的重点是工资,所以又称收入政策。

2. 指数化政策

指数化政策是为了消除通货膨胀造成的一部分人受益、另一部分人受害的分配不公的不利影响,维持社会原有利益分配格局。具体做法是定期根据通货膨胀率来调整工资、利息、债券收益以及其他收入的名义价值,以使其实际价值保持不变。指数化政策主要包括工资指数化和税收指数化等措施。

三、通货膨胀对策的应用及其意义

通货膨胀是世界性的经济难题,世界各国在经济发展过程中都会遇到,我国也不例外。因此,对我们来说,学习通货膨胀治理对策的最大意义就在于结合我国国情,把通货膨胀的治理对策运用到我国的反通货膨胀实践中去。

社会总需求增长过快(特别是投资需求过度膨胀)历来是我国通货膨胀的重要原因。如在通货膨胀严重的1985～1988年,全国固定资产投资增长率分别为38.7%、18.7%、16.1%、18.5%,大大超过同期社会总产值、国民收入以及财政收入的增长。同期,通货膨胀率分别达到8.8%、6.0%、7.3%、18.5%,1988年12月更是高达26.7%,创下新中国成立以来最高纪录,结果导致1989～1991年长达三年的治理整顿。1992年我国经济步入新的发展阶段,但下半年开始的开发区热和房地产热,到1993年更进一步发展为投资膨胀,投资膨胀的结果是推动投资品价格的大幅度上涨,结果又导致新一轮的通货膨胀。

政府治理通货膨胀的对策主要有以下几点。

(一)必须运用适度从紧的财政政策

现行体制下,由于地方政府和国有企业在投资中占主导地位,而一些可盈利的行业又不许民间资本进入。一旦经济发展预期看好,一方面,地方政府为了追求本地区经济的高速增长,国有企业为了提高经营业绩,都会出现投资扩张的冲动,另一方面,现有投资体制对地方政府和国有企业两类主要投资主体都未能形成有效的约束,这种扩张冲动所引起的经济过热往往是造成我国社会总供求失衡的原因。因此,当经济出现过热苗头时,不能再用扩张性的财政政策去刺激,以免引起通货膨胀。此时,政府应采取适度从紧的财政政策,适当削减支出,减少政府公共工程支出和政府购买,减少不必要的转移支付,同时,可考虑鼓励民间资本适度进入公共领域。

(二)必须运用适度从紧的货币政策

我国的通货膨胀,往往与货币信贷的过量发放有关。因此,为防止通货膨胀,应考虑实行适度从紧的货币政策。商业银行应严格控制信贷资金的发放。中央银行可考虑提高法定存款准备金率,并实行差别准备金率,提高再贴现和再贷款利率,以缓解货币供应和贷款的过快增长,并回笼过多的货币。但由于我国货币政策比较缺乏独立性,操作空间太小,可用工具太少,因此,必须和财政政策等其他政策工具结合使用。特别需要注意的是,在运用财政政策和货币政策抑制通货膨胀时,一定要从实际出发,重点控制不合理的投资需求和消费需求,要"有保有压",而不应该搞"一刀切"。

(三)必须深化改革

造成我国投资需求膨胀的深层次原因在于地方政府存在追求本地经济高速增长的倾向和现有投资体制的不合理。因此,一方面,地方政府必须改变传统的发展观和政绩观,不片面追求经济的高增长;另一方面,必须加快投资体制改革,要充分发挥市场配置资源的基础性作用,实行政企分开,减少行政干预。确立企业在投资活动中的主体地位,自主投资,自负盈亏。合理界定政府投资职能,通过制定发展规划、产业政策,运用经济和法律手段引导社会投资。

(四)必须加快经济结构的调整

长期以来,我国的经济结构处于失衡状态,过多地发展重工业和加工工业,而忽视基础产业的发展,形成经济发展中的"瓶颈",特别是农业和交通、能源、原材料等基础产业部门的发展严重滞后。农业发展的缓慢,导致农产品供求矛盾日益尖锐,引起农产品价格上涨;而交通、能源、原材料等基础产业部门的发展滞后,则引起基础工业产品价格的上涨。这种经济结构的严重失衡是导致我国通货膨胀具有结构性特点的重要原因。治理通货膨胀有赖于经济结构的调整。因此,必须针对我国经济结构中农业和交通、能源、原材料等基础产业部门发展滞后的现状,加快这些部门的发展。政府可以借助产业政策和有关的财政金融配套措施促进这个进程。

需要注意的是,政府的相关措施必须建立在尊重市场机制作用的基础上,且随着发展阶段的不同,政府的行政干预应逐步淡化。

本章逻辑结构

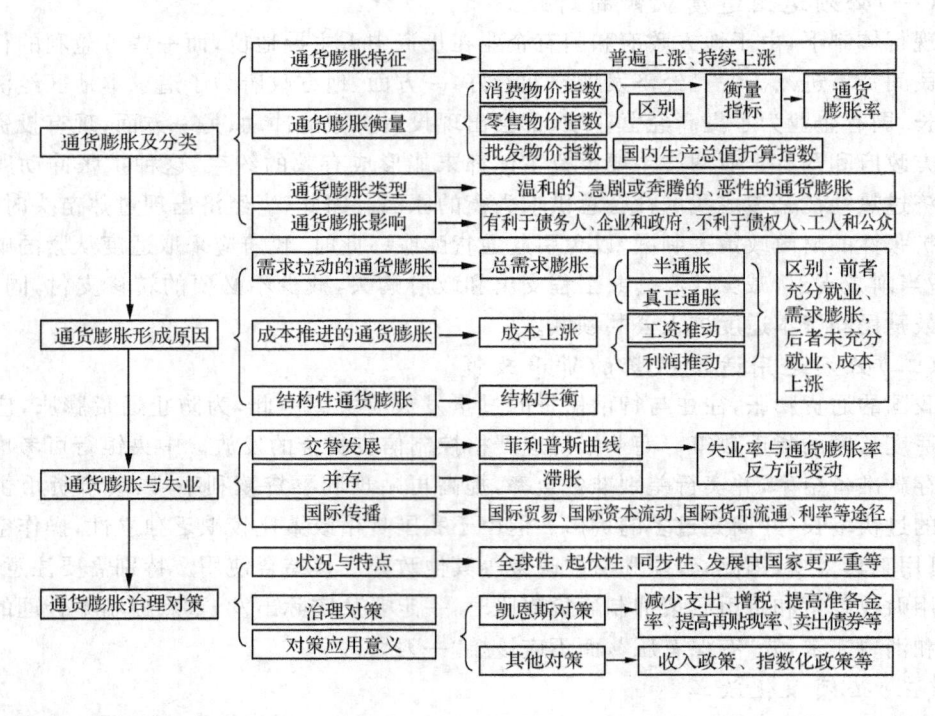

通货膨胀及分类	通货膨胀特征	普遍上涨、持续上涨
	通货膨胀衡量	消费物价指数、零售物价指数、批发物价指数 → 区别 → 衡量指标 → 通货膨胀率；国内生产总值折算指数
	通货膨胀类型	温和的、急剧或奔腾的、恶性的通货膨胀
	通货膨胀影响	有利于债务人、企业和政府,不利于债权人、工人和公众
通货膨胀形成原因	需求拉动的通货膨胀	总需求膨胀 → 半通胀、真正通胀
	成本推进的通货膨胀	成本上涨 → 工资推动、利润推动
	结构性通货膨胀	结构失衡
		区别:前者充分就业、需求膨胀,后者未充分就业、成本上涨
通货膨胀与失业	交替发展	菲利普斯曲线 → 失业率与通货膨胀率反方向变动
	并存	滞胀
	国际传播	国际贸易、国际资本流动、国际货币流通、利率等途径
通货膨胀治理对策	状况与特点	全球性、起伏性、同步性、发展中国家更严重等
	治理对策	凯恩斯对策 → 减少支出、增税、提高准备金率、提高再贴现率、卖出债券等
	对策应用意义	其他对策 → 收入政策、指数化政策等

本章相关学者

威廉·菲利普斯1914年生于新西兰的一个农民家庭。15岁那年,他因为生活所迫到澳大利亚的一个金矿里做工。1937年他到了英国,在伦敦电力局找了一份工作,还参加了英国电机工程师协会。二战爆发后,他弃笔从戎,在太平洋战场上作战,一直到战争结束后,32岁的菲利普斯脱下军装,到伦敦经济学院学习社会学,这时他才在课堂上接触到经济学,并深深为之吸引。其实,真正触发菲利普斯灵感的,不如说是经济学里把国民

收入视为循环流量和把经济系统视为水压机的想法。菲利普斯据此设计了一种解释凯恩斯经济学的教学模型,他在有机玻璃的管子里装进彩色的水,运用动力学的原理,使这些彩色的水流来流去,模拟国民收入流程。

1958年,菲利普斯根据英国1861~1913年失业率和货币工资变动率的经验统计资料,提出了一条用以表示失业率和货币工资变动率之间交替关系的曲线。这条曲线表明:当失业率较低时,货币工资增长率较高;反之,当失业率较高时,货币工资增长率较低,甚至是负数。根据成本推进的通货膨胀理论,货币工资可以表示通货膨胀率。因此,这条曲线就可以表示失业率与通货膨胀率之间的交替关系。即失业率高表明经济处于萧条阶段,这时工资与物价水平都较低,从而通货膨胀率也就低;反之,失业率低,表明经济处于繁荣阶段,这时工资与物价水平都较高,从而通货膨胀率也就高。这条曲线称为菲利普斯曲线。菲利普斯曲线已成为当代经济学家用以表示失业率和通货膨胀之间此消彼长、相互交替关系的曲线。

菲利普斯曲线提出了如下几个重要的观点:第一,通货膨胀是由工资成本推进所引起的,这就是成本推进通货膨胀理论。正是根据这一理论,把货币工资增长率同通货膨胀率联系了起来。第二,失业率和通货膨胀率存在着交替的关系,它们是可能并存的,这是对凯恩斯观点的否定。第三,当失业率为自然失业率时通货膨胀率为零。因此可以把自然失业率定义为通货膨胀为零时的失业率。第四,由于失业率和通货膨胀率之间存在着交替关系,因此可以运用扩张性的宏观经济政策,用较高的通货膨胀率来换取较低的失业率,也可以运用紧缩性的宏观经济政策,以较高的失业率来换取较低的通货膨胀率。这就为宏观经济政策的选择提供了理论依据。

本章案例分析

美国的通货膨胀与失业——菲利普斯曲线的含义

20世纪60年代的情况表明了短期中决策者可以如何以较高通货膨胀为代价来减少失业。1964年的减税与扩张性货币政策共同扩大了总需求,并使失业率降到5%以下,这种总需求的扩大主要作为美国政府越南战争支出的副产品一直持续到20世纪60年代后期。失业的减少和通货膨胀的上升都高于决策者的预想。

20世纪70年代是经济混乱的时期。这10年是从决策者力图降低20世纪60年代遗留下来的通货膨胀开始的。尼克松总统实行了对工资和物价的暂时控制,而美联储通过实行紧缩性货币政策引起了衰退,但通货膨胀率只有很少的下降。当工资与物价控制取消之后,控制的影响也结束了,而衰退又如此之小,以至于不能抵消在此之前繁荣的膨胀性影响。到1972年,失业率与10年前相同,而通货膨胀高出了3个百分点。

1973年初,决策者不得不应付石油输出国组织所引起的大规模供给冲击。欧佩克在20世纪70年代中期第一次提高油价,使通货膨胀率上升到10%左右。这种不利的供给冲击与暂时的紧缩性政策是引起1975年衰退的主要因素。衰退期间的高失业降低了一些通货膨胀,但欧佩克进一步提高油价又使 20 世纪 70 年代后期通货膨胀上升。

20 世纪 80 年代是从高失业和高通货膨胀预期开始的。在主席保罗·沃尔克领导下,美联储坚定地推行旨在降低通货膨胀的政策。1982 年和 1983 年,失业率曾达到 40 年来的最高水平。高失业,辅之以 1986 年石油价格下降,使通货膨胀率从 10% 左右下降到 3% 左右。到 1987 年,失业率已接近于自然失业率的最大估算。但是,20 世纪 80 年代期间失业率一直下降,1989 年达到 5.2%,又开始新一轮的需求拉动的通货膨胀。

与前 30 年相比,20 世纪 90 年代是比较平静的。这 10 年开始于几次紧缩性总需求冲击所引起的衰退。1992 年失业率上升到 7.3%。通货膨胀虽然下降了,但下降得很少。与 1982 年的衰退不同,1990 年衰退时的失业从未大大超过自然失业率,因此,对通货膨胀的影响不大。

随着 20 世纪 90 年代接近结束,通货膨胀与失业都达到许多年来的低水平。一些经济学家解释这种令人满意的发展时认为,婴儿潮一代人成长起来降低了经济的自然失业率。如果是这样的话,不引起通货膨胀上升的失业可能仍然低于 5%。另一些经济学家认为,暂时因素(例如由于亚洲金融危机而引起的美元坚挺)的变动压低了通货膨胀,而且,新一轮需求拉动的通货膨胀很快会来临。

因此,最近的宏观经济历史展现出通货膨胀的许多原因。20 世纪 60 年代和 80 年代的情况说明需求拉动通货膨胀的两个方面:20 世纪 60 年代的低失业提高了通货膨胀率,而在 20 世纪 80 年代高失业降低了通货膨胀率。20 世纪 70 年代的情况说明了成本推进的通货膨胀效应。

本章思考与练习

一、选择题

1. 在充分就业情况下,下列哪种因素最可能导致通货膨胀(   )。
   A. 进口增加　　　　　　　　B. 工资不变但劳动生产率提高
   C. 出口减少　　　　　　　　D. 政府支出不变但税收减少
2. 温和的通货膨胀的特征是(   )。
   A. 通货膨胀率小于两位数　　B. 价格保持相对稳定
   C. 人们能够对其产生稳定的预期　　D. 以上都对
3. 关于通货膨胀的正确说法是(   )。
   A. 只有名义 GDP 有所增加
   B. 根据通货膨胀的原因,GDP 上升或下降
   C. 只有实际 GDP 有所下降
   D. 经济运行超出潜在 GDP 时,只有名义 GDP 上升
4. 由于通货膨胀风险增加,人们预期(   )。
   A. 银行提高贷款利率
   B. 银行对购房者提供浮动利率贷款

C. 人们愿意更多地投资不动产
D. 以上都对

5. 如果经济中已形成通货膨胀压力,但因价格管制,价格没有上涨,那么这时( )。
A. 不存在通货膨胀　　　　　　　B. 存在恶性通货膨胀
C. 存在真实通货膨胀　　　　　　D. 存在抑制性通货膨胀

6. 如果导致通货膨胀的原因是"货币过多而商品过少",那么经济中存在的通货膨胀是( )。
A. 结构性的　　　　　　　　　　B. 需求拉动性的
C. 成本推进性的　　　　　　　　D. 抑制性的

7. 产生结构性通货膨胀的条件与( )。
A. 总需求结构的变化无关　　　　B. 资源的流动性无关
C. 工资和物价向下的刚性无关　　D. 以上说法均不正确

8. 根据古典理论,通货膨胀是( )。
A. 总需求超过总供给的结果　　　B. 货币流通速度上升的结果
C. 流通中货币过多的结果　　　　D. 价格管制的结果

9. 如果菲利普斯曲线的关系成立,那么( )。
A. 减少失业的经济政策也会降低通货膨胀
B. 任何成本推进性通货膨胀都不存在
C. 政府改善外贸收支状况将增加失业率
D. 政府应尽量使该曲线向内移动

10. 根据菲利普斯曲线,通货膨胀( )。
A. 有可能和失业同时发生
B. 不可能和失业同时发生
C. 有可能和国民收入的增长同时发生
D. 不可能和国民收入的增长同时发生

11. 菲利普斯曲线假定了失业率和( )。
A. 收入水平之间的同方向变化　　B. 货币工资率之间的同方向变化
C. 收入水平之间的反方向变化　　D. 货币工资率之间的反方向变化

12. 菲利普斯曲线主要和( )。
A. 收入水平之间同方向变化　　　B. 货币工资率之间同方向变化
C. 收入水平之间反方向变化　　　D. 货币工资率之间反方向变化

二、计算题

若价格水平在1984年为107.9,在1985年为111.5,在1986年为114.5。试问1985年和1986年通货膨胀率各是多少?如果人们以前两年通货膨胀率的平均值作为第三年通货膨胀率的预期值,计算1987年的预期通货膨胀率。如果1987年的利率为6%,计算该年的实际利率。

三、名称解释

通货膨胀、物价指数、通货膨胀率、消费物价指数、批发物价指数、国内生产总值折算指数、温和的通货膨胀、奔腾的通货膨胀、恶性通货膨胀、需求拉动的通货膨胀、成本推进的通货膨胀、供求混合推动的通货膨胀、结构性通货膨胀、菲利普斯曲线

四、简答题

1. 什么是通货膨胀？它有哪些特征？
2. 什么是物价指数？什么是通货膨胀率？为什么消费物价指数是我国衡量通货膨胀的指标？
3. 通货膨胀如何分类？为什么？
4. 通货膨胀对经济有哪些危害？为什么？
5. 什么是需求拉动的通货膨胀？其原因是什么？
6. 什么是成本推进的通货膨胀？其原因是什么？
7. 需求拉动的通货膨胀与成本推进的通货膨胀有何区别？为什么？
8. 什么是菲利普斯曲线？通货膨胀与失业的关系如何？
9. 世界各国通货膨胀现状如何，有哪些特点？
10. 如何治理通货膨胀？对我国有哪些意义？

本章社会实践要求

主题：调查某地区的物价状况。

要求：1. 运用通货膨胀理论的相关知识，收集当地物价的有关资料。
2. 分析统计数据，说明该地区物价的基本状况。
3. 分析该地区是否发生了通货膨胀。如果发生了通货膨胀，原因又是什么？该如何应对？

建议：1. 走访附近市场、社区和居民家庭，了解当地物价的基本情况。
2. 走访当地物价部门，查阅相关数据，进行纵向对比。
3. 撰写调查报告。

第六章

经济增长、经济周期与可持续发展

导学

本章通过学习经济增长和经济发展的概念、特征与影响因素,了解适度经济增长与均衡经济增长理论;掌握新古典增长模型及内生增长理论;掌握经济周期的概念、分类,以及经济周期产生的原因和相关理论;掌握乘数与加速数相互关系的原理、作用和对经济增长的预测;理解经济发展与增长的区别、联系,经济发展影响因素和战略;掌握可持续发展的特征、指标、对策和战略。

第一节 经济增长的概念及模型

一、经济增长的概念与特征

美国经济学家西蒙·库兹涅茨曾给经济增长下过这样一个定义:一个国家的经济增长,可以定义为给居民提供种类日益繁多的经济产品能力的长期上升,这种不断增长的能力是建立在先进技术以及所需要的制度和思想意识与之相应的调整的基础上的。

(一)经济增长的含义

依据经济增长的定义,可以看到它包含三层含义:

1. 经济增长集中表现在经济实力的增长上

经济实力的增长表现为商品和劳务总量的增加,即国内生产总值的增加。如果考虑到人口的增加和价格的变动,经济增长也可以说是人均实际国内生产总值的增加。所以,经济增长最简单的定义就是国内生产总值的增加。

2. 技术进步是实现经济增长的必要条件

只有依靠技术进步,经济增长才是可能的。在影响经济增长的各种因素中,技术进步是第一位的。只有技术水平进步,资本积累的数量和质量才能得到改善,商品的生产和劳务的增长才具有内在意义。

3. 经济增长的充分条件是制度与意识的相应调整

只有社会制度和意识形态与经济增长的需要相适应,技术进步才能发挥作用,经济增长也才会成为可能。社会制度和意识形态的变革是经济增长的前提,决定了经济增长的长久性和稳定性。

(二)现代经济增长的六个基本特征

1. 人均产量和人口的高增长率

这一特征在经济增长过程中是十分明显的,可以用统计资料得到证明。

2. 劳动和各种生产要素生产率增长迅速

这是由于技术进步是实现经济增长的必要条件,而技术进步必然引起生产效率的提高。

3. 经济结构的变革速度很快

在经济增长过程中,从农业转移到非农业,从工业转移到服务业;生产单位生产规模的变化;劳动力职业状况的变化;消费结构的变化等,所有这些变革的速度都很快。

4. 社会结构与意识形态的快速改变

例如,城市现代化以及教育与宗教的分离就是整个社会现代化的一个组成部分,也是经济增长的必然结果。

5. 经济增长在世界范围内迅速扩大

发达国家凭借其技术力量,尤其是运输和通信方面的优势,通过和平的或战争的形式向世界其他地方伸展,使整个世界都卷入经济增长之中,成为一个经济增长的统一体。

6. 世界各国经济增长的状况不平衡

目前世界上还有占总人口75%的国家是落后的,有些国家的经济成就远远低于现代技术的潜力可能达到的最低水平,同时,全球的贫富差距正在拉大。

库兹涅茨对经济增长的定义被经济学家们广泛接受。简单地说,经济增长就是一国潜在GDP的增加。如果从人均的角度考虑,经济增长就是人均实际GDP的增加。GDP总量增长率和人均GDP增长率是衡量经济增长的两个主要指标。

若用 Y_t 表示 t 时期的名义GDP,用 Y_{t-1} 表示 $t-1$ 时期名义GDP,则总量增长率的计算公式如下

$$g_Y = \frac{Y_t - Y_{t-1}}{Y_{t-1}}$$

若用 y_t 表示 t 时期的实际GDP,用 y_{t-1} 表示 $t-1$ 时期的实际GDP,则总量增长率的计算公式如下

$$g_y = \frac{y_t - y_{t-1}}{y_{t-1}}$$

需要特别强调的是,经济增长不是指现存资源的利用率提高所带来的 GDP 的增加,而是指社会生产能力的提高而带来的 GDP 的增加。另外,经济增长也不是指名义 GDP 的增加,而是指实际 GDP 的增加,即剔除了价格因素的影响之后的 GDP 的增加。

经济增长可以分为外延型增长与内涵型增长两大基本类型。外延型增长是指因生产要素的投入量增加而引起的生产力增长,其主要路径就是投入增加;内涵型增长是指因生产要素生产效率的提高而引起的生产力增长,其主要路径就是技术进步。

二、影响经济增长的因素分析

由于在经济增长过程中必须投入各种生产要素,因此,一般认为,影响经济增长的因素主要有以下几种。

(一)资本

这里的资本指的是物质资本,主要是指厂房、机器设备及各种配套设施等。如果资本总量增加而劳动力数量不变,就相当于每个劳动力使用的机器设备等资本增加了,他的产量自然就会增加,整个经济也因此实现增长。如果在资本增加的同时人口也在增加,只要资本的增加大于人口的增加,人均资本量也会增加,经济实现增长。总之,一般情况下,资本的增加会促进经济增长。战后西方国家经济增长的经验告诉我们,储蓄多从而资本增加大的国家,如日本,经济增长率是比较高的。我国在 20 世纪 90 年代之所以能实现经济的持续快速增长,从资本因素来说,一方面是由于连续多年保持发展中国家吸引外资最多国家的地位,对外资有强大的吸引力;另一方面是由于我国的高储蓄率,使得国内居民储蓄连年不断攀升,从而保证了经济增长对资本的巨大需求。

(二)劳动

劳动的增加也会引起经济的增长。劳动的增加可以分为劳动力数量的增加与劳动力质量的提高。近几十年来,许多国家经济实现增长就是由于国内劳动力数量的增加。在这些国家,随着人口的增加和妇女社会地位的提高,越来越多的年轻人和妇女参加了工作,成为经济增长的重要推动力量。由于劳动力数量的增加并不一定提高劳动生产率,因此,经济增长还需要靠劳动力质量的提高,况且劳动力数量的不足也能由质量的提高来弥补。一般来说,在经济增长的开始阶段,劳动的增加主要依靠劳动力数量的增加,而经济增长到了一定阶段,则主要通过提高劳动力的质量来弥补数量的不足。

(三)技术进步

技术进步在经济增长中的重要作用体现在生产率的提高上,即同样的生产要素(劳动、资本等)投入量能提供更多的产品。如果没有技术的进步,劳动力质量的提高和资本的增加就都是有限的,正是由于技术的进步是无限的,劳动力质量的提高和资本的增加才有可能是无限的,经济增长也才可能无限。随着经济的发展,技术进步的作用将越来越重要。需要注意的是,技术进步不仅仅指生产技术本身,还包括管理方法和生产组织的进步。在二战后到 20 世纪 80 年代的大部分时期中，日本经济以每年 10% 的惊人速度增长，这部分是由于投入的增长非常迅速，此外，与其他发达国家相比，日本在这个时期的技术变革极其迅速。美国在 20 世纪 90 年代后期经济实现持续快速增长，也要归功于克林顿政府上台后对以信息技术为主导的新一轮科技革命的重视。

（四）自然资源

经济学中的自然资源包括土地、可再生资源、不可再生资源等。自然资源也对经济增长具有重要作用。一些经济发达的国家，比如挪威和加拿大，就是凭借其丰富的资源，在各个产业上获得比较优势而发展起来的。但是，在当今世界，自然资源已经不再是一个国家经济发展的必要条件。许多几乎没有多少资源的国家或地区同样取得了经济的高度增长，如中国香港、中国台湾、新加坡和日本。因此，在现代经济增长理论中，一般都假定自然资源是一个常量，大多数的经济增长模型都不考虑它。

有关经济增长的因素，也可以通过生产函数来分析。设宏观生产函数为 $Y=AF(N,K)$。式中，Y、N 和 K 依次表示总产出、投入的劳动量和投入的资本量，A 代表经济的技术状况（又称为全要素生产率）。若劳动变动为 ΔN，资本变动为 ΔK，技术变动为 ΔA，由微分学的基本知识以及微观经济学中边际产量的概念，求全微分得

$$\mathrm{d}Y = MP_N \times \mathrm{d}N + MP_K \times \mathrm{d}K + F(N,K) \times \mathrm{d}A$$

式中 MP_N 为劳动边际产品，MP_K 为资本边际产品。两边同除以 Y

$$\frac{\mathrm{d}Y}{Y} = \frac{MP_N \times \mathrm{d}N}{Y} + \frac{MP_K \times \mathrm{d}K}{Y} + \frac{F(N,K) \times \mathrm{d}A}{Y}$$

整理得

$$\frac{\mathrm{d}Y}{Y} = \frac{MP_N \times N}{Y} \times \frac{\mathrm{d}N}{N} + \frac{MP_K \times K}{Y} \times \frac{\mathrm{d}K}{K} + \frac{\mathrm{d}A}{A}$$

令 $\dfrac{MP_N \times N}{Y}$ 为 α，则 α 就是劳动收益在产出中所占的份额，简称劳动份额；令 $\dfrac{MP_K \times K}{Y}$ 为 β，则 β 就是资本收益在产出中所占的份额，简称资本份额。于是有

$$\frac{\Delta Y}{Y} = \alpha \times \frac{\Delta N}{N} + \beta \times \frac{\Delta K}{K} + \frac{\Delta A}{A}$$

即

产出增长 = 劳动份额 × 劳动增长 + 资本份额 × 资本增长 + 技术进步

上式就是增长核算的关键公式，由上式可以看出，影响经济增长的因素有三种：

美国经济学家丹尼森在对 1929～1969 年美国经济的有关资料进行分析后，得出了影响美国经济增长的因素的结论，资本、劳动、技术进步对经济增长所做的贡献分别是：资本 15%，劳动 39.3%，技术进步 27.6%，见表 6-1。可见，在美国的经济增长中，劳动的贡献最大，技术进步的贡献次之，资本的贡献第三。

表 6-1　　　　　　　　美国 1929～1969 年国民收入增长分析　　　　　　单位：%

	增长率	占总增长率的比例
国民收入	3.33	100
总投入量	1.81	54.4
劳动	1.31	39.3
就业	1.08	32.4
工时	−0.22	−6.6
年龄-性别构成	−0.05	−1.5
教育	0.41	12.3
未分解的劳动	0.09	2.7
资本	0.50	15.0
存货	0.09	2.7
非住宅性建筑和设备	0.20	6.0
住宅	0.19	5.7
国际资产	0.02	0.6
土地	0.00	0.0
单立投入量的产出量	1.52	45.6
知识进展	0.92	27.6
改善的资源分配	0.29	8.7
农场	0.25	7.5
非农场独立经营者	0.04	1.2
住宅居住率	0.01	0.3
规模经济	0.36	10.8
非正常因素	−0.06	−1.8
农业气候	0.00	0.0
劳资争议	0.00	0.0
需求强度	−0.06	−1.8

注：表中的知识进展是技术进步的最重要内容，因此可以用它来说明技术进步

三、适度经济增长理论

适度经济增长是指经济优化发展的经济增长，具体来说，第一是指增长波动周期较长，波幅较小，能保持社会总供求大体平衡的经济增长；第二是指能够实现产业结构动态协调和基本平衡的经济增长；第三是指技术水平不断提高的经济增长；第四是指逐步改善人民生活水平的经济增长；第五是指保证国际竞争力不断提高的经济增长。

从定量分析的角度看，适度经济增长率是一个区间。因此，我们要确定适度经济增长率的上下限。

适度经济增长率区间下限的确定是从需求角度出发的,即保证人民生活水平不下降的经济增长率。

(一)根据粮食生产弹性系数来确定

即以保证粮食消费稳定的经济增长率作为适度经济增长率区间的下限。例如,我国1998~2008年粮食产量年均增长率为2.06%,粮食生产平均弹性系数为0.41,若今后10~15年间我国粮食生产依此年均增长率来确定,则经济增长率应为5.03%。

(二)根据居民消费水平来确定

即以保证居民消费水平稳定的经济增长率作为适度经济增长率区间的下限。例如:我国1998~2008年居民消费水平实际年均增长率为7.83%,若今后10~15年间我国居民消费水平依此年均增长率来确定,则经济增长率应为7.83%。

适度经济增长率区间上限的确定是从供给角度出发,依据经济增长的"瓶颈规则",由保证瓶颈产业增长率所决定的经济增长率。例如,我国1998~2008年钢材实际年均增长率为6.83%,钢材生产平均弹性系数为0.80,若今后10~15年间我国钢材生产依此年均增长率来确定,则经济增长率应为8.39%。

表6-2列出了几种商品的增长率作为确定适度经济增长率上下限的依据。

表6-2　几种商品的增长率　　单位:%

指标＼商品	粮食	钢铁	能源	运输
平均弹性系数	0.41	0.80	0.53	0.66
实际增长速度	2.06	6.83	5.06	5.57
支撑经济增长的速度	5.03	8.39	9.61	8.52

我们还可以通过与世界主要国家和地区经济增长率进行国际比较来印证我国适度经济增长率。世界主要国家和地区经济增长率见表6-3。

表6-3　世界主要国家和地区经济增长率　　单位:%

年份＼国家和地区	美国	日本	德国	新加坡	中国香港	中国台湾	韩国	印度	巴西	智利	中国
1991~1995年	2.70	0.45	1.72	8.40	5.58	6.42	7.09	3.95	2.34	7.18	12.41
1996年	2.44	3.39	0.91	8.75	4.74	5.71	7.13	7.33	2.90	7.20	9.60
1997年	3.80	0.50	2.31	7.76	5.03	6.81	5.45	7.38	2.90	6.60	8.80
1991~1996年	2.65	1.03	1.56	8.47	5.41	6.28	7.10	4.62	2.45	7.18	11.58
1991~1999年	2.84	0.94	1.68	8.35	5.35	6.37	6.82	5.07	2.53	7.09	11.18
2000~2013年	1.94	0.89	1.31	5.62	4.26	3.54	4.30	6.97	3.41	4.19	9.86

从表6-3中可以看到,发展中国家经济增长率均高于发达国家。发展中国家经济增长率均高于5%,印证了我国适度经济增长率下限。发展中国家经济增长率1991~1999年最高的是新加坡,约为8.35%,2000~2013年最高的是印度,约为6.97%,也印证了我国适度经济增长率上限。

四、均衡经济增长理论

均衡经济增长是指实际经济增长率、有保证的经济增长率和自然经济增长率的统一。在充分市场经济条件下,经济增长率的均衡是依靠价值规律的调节自动实现的。市场供求决定储蓄和投资的转化和平衡。例如,我国在经济体制改革以前,实行的是计划经济体制,居民储蓄较少,储蓄与投资的平衡完全是在计划条件下实现的。经济体制改革后,价值规律开始发挥调节作用。但是,由于我国市场经济还不发达,市场不成熟,市场竞争机制不完备,因此还未能实现经济增长均衡。

表6-4反映了我国投资率、失业率和劳动生产率的相互关系,从而说明我国未能实现经济增长均衡的原因。

表6-4　　　　　　　　　　我国经济增长不均衡分析　　　　　　　　　单位:%

年份 指标	1993年	1994年	1995年	1996年	1997年	1998年	1999年	2000年	2001年	2000年	2001年
国内生产总值增长率	113.5	112.6	110.5	109.6	108.8	107.8	107.1	108.0	107.3	108.3	108.4
投资率	35.75	22.13	19.33	11.13	5.59	3.68	3.76	5.53	13.24	12.90	13.05
失业率	2.6	2.8	2.9	3.0	3.1	3.1	3.1	3.1	3.6	3.1	3.6
劳动生产率	8.42	7.28	9.21	11.72	13.68	14.16	18.50	22.96	13.97	16.23	17.3

年份 指标	2002年	2003年	2004年	2005年	2006年	2007年	2008年	2009年	2010年	2011年	2012年
国内生产总值增长率	109.1	110.0	110.1	111.3	112.7	114.2	109.6	109.2	110.4	109.3	107.7
投资率	16.9	27.7	26.8	25.9	23.9	24.8	25.8	29.9	12.1	23.7	20.2
失业率	4.0	4.3	4.2	4.2	4.1	4.0	4.2	4.3	4.1	4.1	4.1
劳动生产率	13.5	12.9	15.3	13.9	11.8	14.2	16.2	18.4	12.6	11.8	13.7

从表6-4中可以看到,我国投资率始终偏高,1997年以前平均投资率高达35.7%,这种投资率在世界上少见。2003~2009年投资率也在25%左右。但是,据估计有四分之一左右的投资没有效益,投资生产能力发挥作用在80%以下。1996年以后,失业率明显上升,2002~2013年,失业率均在4.0%以上。同时,高失业率伴随着低下的劳动生产率,必然造成我国经济增长的不均衡。

此外,当前经济学还提出了"和谐经济增长"理论,但如何界定"和谐经济增长"的概念,还需经济学界的努力。"和谐经济增长"与其他经济增长在内涵、特征等方面是有所区别的,主要表现在以下几方面:

(1)和谐经济增长不是传统的经济增长,不能单纯强调国民经济总量的增加,或技术进步条件下国民经济总量的增加。

(2)和谐经济增长不是均衡的经济增长,均衡的经济增长强调实际经济增长率、有保证的经济增长率和自然经济增长率的统一,但没有涉及经济增长的和谐。

(3)和谐经济增长不能等同于可持续的经济增长。可持续的经济增长强调了经济增长与资源利用的关系,但没有解释经济增长与制度、社会等方面的不和谐。

因此,我们可以把"和谐经济增长"看成包容了人与自然的和谐、人与社会的和谐条件下的经济增长。它提出解决资源与增长的矛盾、结构与增长的矛盾、利益与增长的矛盾、制度与增长的矛盾以及社会与增长的矛盾的方法和原则。

五、经济增长模型

20 世纪 50 年代后期和整个 60 年代,经济学家们对经济增长问题广泛关注,出现了研究增长问题的热潮。这一时期最具代表性的理论就是新古典增长理论,它集中于资本积累以及其与储蓄决策等的联系。20 世纪 80 年代后期和 90 年代初期是对经济增长理论集中研究的另一个时期,该时期最具代表性的理论就是集中于技术进步的内生增长理论。

(一)新古典增长模型

1. 模型的基本假设

新古典增长模型有如下几个假设条件:
①经济由一个部门组成,该部门生产一种既可以用于投资也可以用于消费的商品;
②该经济为封闭经济,既不存在国际贸易,也不考虑政府部门;
③生产的规模报酬不变;
④社会储蓄函数为 $S=sY$,s 为储蓄率;
⑤人口增长率为 n,技术进步及资本折旧速度 δ 都是外生变量。

2. 模型的基本方程

在不考虑技术进步的情况下,设生产函数为 $Y=F(N,K)$

根据假设条件③,有 $\lambda Y=F(\lambda N,\lambda K)$,$\lambda$ 为正数。

令 $\lambda=1/N$,有:

$$Y/N=F(1,K/N)$$

式中 N——全部人口;
Y/N——人均产量(以 y 表示);
K/N——人均资本(以 k 表示)。

于是

$$y=f(k)=F(1,k)$$

由上式可知,人均产量取决于人均资本量,人均资本量的增加会使人均产量增加。由于边际报酬递减规律,人均资本量会以递减的速度增长,从而人均产量也会以递减的速度增长,如图 6-1 所示。

根据假设条件②,经济均衡的条件为

$$I=S$$

即投资或资本存量的增加等于储蓄。资本存量的变化等于投资减去折旧。当资本存量为 K 时,折旧就等于

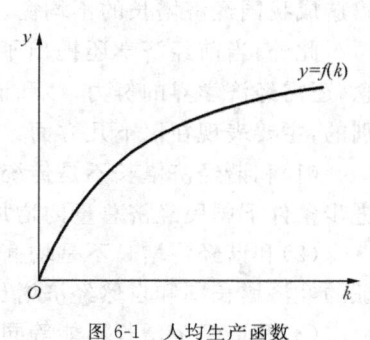

图 6-1 人均生产函数

第六章 经济增长、经济周期与可持续发展

$\delta K(0<\delta<1)$，则资本存量的变化 $\triangle K$ 为

$$\Delta K = I - \delta K$$

根据假设条件④有

$$\Delta K = sY - \delta K$$

上式两边同除以劳动数量 N，得

$$\Delta K/N = sy - \delta k \tag{14.1}$$

对上式两边取对数，则有 $\ln k = \ln K - \ln N$。又因为这些变量都是时间的变量，即

$$\ln k(t) = \ln K(t) - \ln N(t)$$

$$\frac{\Delta k}{k} = \frac{\Delta K}{K} - \frac{\Delta N}{N}$$

式中的 $\Delta N/N = n$ 为劳动增长率。于是上式表示，人均资本增长率＝资本增长率－劳动增长率。等式两边同乘以 K，得

$$\frac{\Delta K}{K} \cdot K = \frac{\Delta k}{k} \cdot K + \frac{\Delta N}{N} \cdot K$$

即

$$\Delta K = \frac{\Delta k}{k} \cdot K + nK$$

上式两端同除以 N，得

$$\Delta K/N = \Delta k + nk \tag{14.2}$$

将(14.1)、(14.2)式合并，消去 $\Delta K/N$，得

$$\Delta K/N = sy - \delta k = \Delta k + nk$$

即

$$\Delta k = sy - (n+\delta)k \tag{14.3}$$

上式就是新古典增长模型的基本方程。式中，sy 为人均储蓄，Δk 为人均资本增量。$(n+\delta)k$ 被称为资本广化，它由两部分组成，一部分是 nk——人均储蓄中用于装备新增劳动力的花费，另一部分是 δk——人均储蓄中用于替换旧资本的花费，即人均折旧量。人均储蓄中超过资本广化的部分会使得人均资本增多，即 $\Delta k > 0$，Δk 就是资本的深化。因此，新古典增长模型的基本方程可以表述为：资本深化＝人均储蓄－资本广化。换言之，人均资本增长＝人均储蓄－(人均储蓄中用于装备新增劳动力的花费＋人均储蓄中用于替换旧资本的花费)。

更进一步，将(14.3)式变形，可得

$$sy = \Delta k + (n+\delta)k$$

上式表明，一个社会的人均储蓄可以分为两个部分：

①现有技术装备水平下的人均资本的增加 Δk，即为每人配备更多的资本设备，这被称为资本深化；

②为每一个增加的人口配备每人平均应得的资本设备 $(n+\delta)k$，这被称为资本广化。

总而言之，在一个社会全部产品中减去被消费掉的部分之后，剩下的便是储蓄；在投资等于储蓄的均衡条件下，整个社会的储蓄可以被用于两个方面：一方面给每人增添更多的资本设备，即资本深化；另一方面为每一个新生儿提供平均数量的资本设备，即资本广化。

3. 稳态分析

经济增长有两种情况：一种是由人均产量的持续增长而带来的总产量增长；另一种是人均产量并不增长，总产量的增长只是因为人口的自然增长。第一种情况我们可以说是经济的加速增长，第二种情况我们就说是经济的稳态增长。

稳态是指一种长期稳定、均衡的状态，是人均资本与人均产量达到均衡数值并维持在均衡水平不变的一种状态。稳态意味着人均储蓄用于新增人口所必须增加的人均资本和资本折旧后没有剩余；意味着 k 和 y 达到一个持久的水平，经济增长只表现为总量增长，只表现为 nk 这一新增人口在平均资本装备下的产出的增长；意味着总量经济增长率等于劳动力的增长率 n。换言之，要实现稳态，资本深化为零，即 $\triangle k = 0$，人均储蓄全部用于资本广化。因此，稳态条件是：$sy=(n+\delta)k$。

虽然在稳态时 y 和 k 的数值不变，但总产量 Y 与总资本存量 K 都在增长。由于 $y=Y/N$，$k=K/N$，所以，总产量 Y 与总资本存量 K 的增长率必须与劳动力数量 N 的增长率 n 相等。这就是说，在稳态时，总产量与总资本存量的增长率相等，且都与劳动力的增长率 n 相等。

可以用图形来分析稳态，如图 6-2 所示。

① 如图 6-2 所示，由于边际报酬递减规律的作用，人均生产函数曲线 $f(k)$ 是一条向右上方倾斜且逐渐平缓的曲线。

② 由于 $0<s<1$，故储蓄曲线 $sf(k)$ 与人均生产函数曲线 $f(k)$ 的形状相同，且储蓄曲线 $sf(k)$ 位于人均生产函数曲线 $f(k)$ 下方。

③ 由于 n、δ 都为常量，故资本广化曲线 $(n+\delta)k$ 是通过原点、向右上方倾斜的直线。

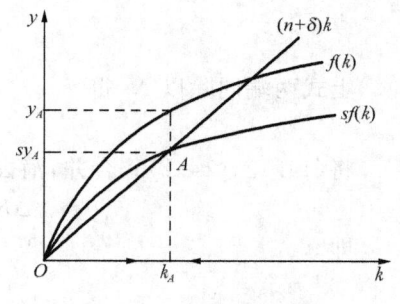

图 6-2 经济增长的稳态

④ 由于 $sy=(n+\delta)k$ 是稳态条件，所以，稳态时，$sf(k)$ 曲线与 $(n+\delta)k$ 曲线一定相交。图中，A 点是交点，对应的人均资本为 k_A，人均产量为 y_A，人均储蓄量为 sy_A。此时，$sy_A=(n+\delta)k_A$，即人均储蓄正好能够全部用来为不断增长的劳动力购买资本品（花费为 nk_A）和替换旧的资本品（花费为 δk_A），人均资本没有变化（即 $\triangle k = 0$）。

⑤ 从图中可以看到，在 A 点左侧，$sf(k)$ 曲线高于 $(n+\delta)k$ 曲线，表明人均储蓄大于资本广化，存在着资本深化，即 $\triangle k>0$。此时，人均资本 k 会逐步增加，逐渐接近于 k_A。在 A 点右侧，人均储蓄小于资本广化，即 $sf(k)<(n+\delta)k$，此时 $\triangle k<0$，人均资本 k 有下降趋势。只有在 A 点处，经济才实现稳定状态。

⑥ 以上论述表明，当经济偏离稳定状态时，无论是人均资本过多还是过少，经济都会在市场力量的作用下恢复到长期、稳定、均衡状态。

⑦ 从图中还可以看到，k 值越小（意味着资本越匮乏），越有可能资本深化，故穷国经济增长会快于富国；s 值越高（意味着一国越富裕），$sf(k)$ 曲线越向上移动，从而使人均资本和人均产量提得越高；人口增长率 n 降得越低（意味着一国人口生育控制工作做得越好），可使 $(n+\delta)k$ 曲线向右下方转动，从而使人均资本和人均产量提高；通过调整 k 值也可以使人均产量 $f(k)$ 变动。

第六章 经济增长、经济周期与可持续发展

将人均生产函数设定成一种特定形式,即 $y=f(k)=k^a$,其中参数 a 介于 0~1,代入稳态条件(14.3)式有

$$sk^a=(n+\delta)k$$

变形求解可得

$$k_A=\left(\frac{s}{n+\delta}\right)^{\frac{1}{1-a}}$$

将上式代入稳态条件 $sy=(n+\delta)k$,求解可得

$$y_A=\left(\frac{s}{n+\delta}\right)^{\frac{a}{1-a}}$$

上式表明,若其他条件相同,储蓄率或投资率高的国家通常比较富裕,这些国家的劳动力人均资本 k 较高,因此人均产量 y 也较高;相反,储蓄率或投资率低的国家通常比较贫穷,这些国家的劳动力人均资本 k 较低,因此人均产量 y 也较低。

4. 稳态的变化

如果储蓄率和人口增长率发生了变化,稳态也会相应变化。

(1)储蓄率的提高对稳态的影响。

如图 6-3 所示,C 点表示最初的稳态均衡,此时,人均储蓄为 Ck_0、人均资本量为 k_0。当储蓄率由 s 提高到 s' 以后,人均储蓄曲线 $sf(k)$ 上升到 $s'f(k)$ 的位置。人均储蓄曲线 $s'f(k)$ 与 $(n+\delta)k$ 曲线相交于 C' 点,所以 C' 点表示新的经济稳态。此时,人均储蓄为 $C'k'$,多于初始均衡时的 Ck_0;人均资本量为 k',也多于初始均衡时的 k_0。可见,储蓄率的提高增加了稳态的人均资本量,人均资本量的增加,进一步导致人均收入的增加。

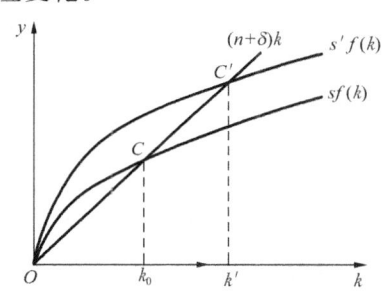

图 6-3 储蓄率增加的影响

由于 C 点与 C' 点都表示稳态,所以,这里所提到的稳态变化不是指由稳态到非稳态,而是指旧的稳态到新的稳态,经济变化前后都是稳态。由于稳态时的总产出增长率等于人口增长率 n,所以储蓄率的提高不能影响稳态增长率,但能提高稳态的人均资本与人均收入水平。

(2)人口增长率提高对稳态的影响。

以上分析都是在假定劳动力增长率 n 不变的前提下进行的,现在把 n 看作参数,看一看人口增长率提高对稳态产生的影响。

如图 6-4 所示,A 点表示初始的稳态均衡,此时的人口增长率为 n、人均资本量为 k_A。当劳动力的增长率由 k_0 提高到 k' 以后,$(n+\delta)k$ 曲线上升到 $(n'+\delta)k$ 的位置,$(n'+\delta)k$ 曲线与 $sf(k)$ 曲线相交于 A' 点,实现了新的稳态。由于 $sf(k)$ 曲线向右上方倾斜,$(n+\delta)k$ 曲线上升后新的均衡点 A' 点一定低于 A 点。从图中可以看出,人口增长率的提高降低了人均资本的稳态水平,人均资本由 k_A 降低到 k'。人均资

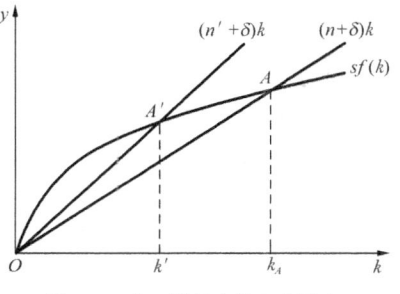

图 6-4 人口增长率提高的影响

本量的下降,必然会导致人均收入水平的下降。因此,人口增长率的提高减少了人均收入,即降低了人均产量的稳态水平。但是人口增长率的提高增加了总产量的稳态增长率。这一结论揭示了发展中国家由人口增长率上升引起人均产量下降的现象,并且两个储蓄率相同的国家,人均收入会由于人口增长率不同而不同。

5. 考虑技术进步的新古典增长模型

前面关于新古典增长理论的讨论是在没有考虑技术进步情况下进行的。现把技术进步这一因素引入模型,生产函数就可以写为

$$Y = F(AN, K)$$

式中,A 表示技术进步,随着时间推移而增大,是一个外生变量。由于 A 会导致劳动效率提高,因而 AN 被称为有效劳动。

对上式两边同乘以 λ,有

$$\lambda Y = F(\lambda AN, \lambda K)。$$

又设 $\lambda = 1/AN$,则有

$$Y/AN = F(1, K/AN)。$$

记 $\tilde{y} = Y/AN, \tilde{k} = K/AN$,则 $Y = F(AN, K)$ 可以改写为:$\tilde{y} = f(\tilde{k})$;
其中 $f(\tilde{k}) = F(1, \tilde{k})$。

假设技术进步率为 g,人口增长率为 n,折旧率为 δ。
由稳态条件,得

$$\Delta K = I - \delta K = sY - \delta K \Rightarrow \frac{\Delta K}{AN} = s \cdot \frac{Y}{AN} - \delta \cdot \frac{K}{AN} = s\tilde{y} - \delta\tilde{k} \quad (14.4)$$

因为:

$$\tilde{k} = K/AN$$

对上式两边取对数,有 $\ln\tilde{k} = \ln K - (\ln A + \ln N)$
又因为这些变量都是时间 t 的变量,即

$$\ln\tilde{k}(t) = \ln K(t) - [\ln A(t) + \ln N(t)]$$

等式两边再对时间 t 求导,得

$$\frac{\Delta \tilde{k}}{\tilde{k}} = \frac{\Delta K}{K} - \left(\frac{\Delta A}{A} + \frac{\Delta N}{N}\right) = \frac{\Delta K}{K} - (g+n) \Rightarrow \Delta K = \frac{\Delta \tilde{k}}{\tilde{k}} \cdot K + (g+n)K$$

两边同除以 AN,可得

$$\frac{\Delta K}{AN} = \frac{\Delta \tilde{k}}{\tilde{k}} \cdot \frac{K}{AN} + (g+n) \cdot \frac{K}{AN} = \Delta \tilde{k} + (g+n)\tilde{k} \quad (14.5)$$

联立(14.4)和(14.5),有

$$s\tilde{y} - \delta\tilde{k} = \Delta\tilde{k} + (g+n)\tilde{k} \Rightarrow \Delta\tilde{k} = s\tilde{y} - (n+g+\delta)\tilde{k}$$

稳态的条件是 $s\tilde{y} = (n+g+\delta)\tilde{k}$,如图 6-5 所示。
从图形及其文字分析中可以得出以下几点认识:
① 引入技术进步并没有使稳态分析的结论产生较大的波动;
② 由于 $\Delta k = 0$,从 $\frac{\Delta Y}{Y} = \frac{\Delta K}{K} = \frac{\Delta N}{N} = n$ 式就可以推出,n 必为常量,进而推出 δ 也必为常量;

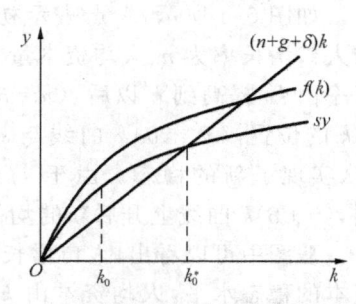

图 6-5 考虑技术进步的新古典增长模型

③处于稳定状态时,由于 $\tilde{y}=f(\tilde{k})$、$\triangle k=0$,可知按有效劳动平均的资本 $\tilde{k}=K/AN$ 的增长率为零,进而按有效劳动平均的产量 $\tilde{y}=Y/AN$ 的增长率为零;

④人均产出增长率只取决于技术进步速度。由于 $Y=F(AN,K)$,$\dfrac{Y}{N}=F(\dfrac{AN}{N},\dfrac{K}{N})$,推出 $y=F(A,k)$,对此式两边取自然对数,有 $\ln y=\ln A+\ln k$,等式两边再对时间 t 求导,可得 $\dfrac{\Delta y}{y}=\dfrac{\Delta A}{A}+\dfrac{\Delta k}{k}$。从③可知,$k$ 的增长率为零,故有人均产出 y 的增长率只取决于技术进步 A 的速度 g。

⑤总产出的增长速度取决于 $(g+n)$。因为 $Y=y\cdot N$,对此式两边取自然对数,有 $\ln Y=\ln y+\ln N$,等式两边再对时间 t 求导,可得 $\dfrac{\Delta Y}{Y}=\dfrac{\Delta y}{y}+\dfrac{\Delta N}{N}=g+n$。

(二)内生增长模型

新古典增长模型说明了长期经济增长必定来自技术进步,但却没有说明技术进步的原因。内生增长理论试图将技术进步纳入增长模型,以说明技术进步的原因。内生增长理论有多种模型,限于篇幅,本教材只介绍两种模型:一种是 AK 模型,它也是内生增长模型的基本模型;另一种就是两部门模型。

1. AK 模型

假设 s 是积累率,δ 是折旧率,不存在资本边际收益递减。

假设生产函数为

$$Y=AK$$

式中,Y 是产出,K 是资本存量,A 是一个常量,它衡量一单位资本所生产的产出量。根据假设条件有

$$\Delta K=sY-\delta K$$

令 $Y_1=AK_1$,$Y_2=AK_2$,则有 $\Delta Y=Y_2-Y_1=A(K_2-K_1)$

$$\dfrac{\Delta Y}{Y}=\dfrac{A(K_2-K_1)}{Y}=\dfrac{A(K_2-K_1)}{AK}=\dfrac{\Delta K}{K}=\dfrac{sY-\delta K}{K}=sA-\delta$$

上式表明,只要 $sA-\delta>0$,经济就会增长。由于 A 是一个常量,因此,上式实际上说明储蓄会导致经济的长期增长,而且,储蓄率 s 越高,产出增长率也越高。

需要注意的是,该结论是在假定不存在资本边际收益递减的情况下推导出来的。而在新古典增长理论中,储蓄引致了经济的暂时增长,但资本边际收益递减最终使经济达到增长只取决于外生技术进步的稳定状态。

由此可见,问题的关键就是,内生增长理论中放弃资本边际收益递减的假设是否合理。这取决于人们如何认识 $Y=AK$ 中的资本 K。传统意义下的 K 是指固定资本,这种情况下,资本边际收益递减的假设当然合理。然而,内生增长理论中的 K 不仅包括固定资本,还包括知识资本,知识资本不存在资本边际收益递减,但存在资本边际收益递增。如果这样来认识 K,内生增长理论对于长期经济增长的描述就是成立的,其对经济长期增长的解释也就更合理。

2. 两部门模型

两部门模型又称为研究与开发模型,该模型假设全社会有两个部门,一个是传统生产

部门,生产物品和劳务;另一个是研究和开发部门,生产"知识"。

现在,我们用制造业企业代表传统生产部门,用研究性大学代表研究和开发部门。做如下假设:

① u 表示在大学从事研发的劳动力占全部劳动力的比例,则在企业从事生产的劳动力所占的比例就是$(1-u)$;

② E 是全社会的知识存量,知识供全社会免费使用;

③ 企业的生产函数规模收益不变;

④ 知识的增长取决于在大学工作的劳动力的比例。

下面给出企业和大学的生产函数。

企业的生产函数:$Y=F[K,(1-u)EN]$,式中,EN 表示有效劳动。

大学的生产函数:$\Delta E=g(u)E$。

资本积累方程:$\Delta K=sY-\delta K$。

根据假设③,如果 K 和 $(1-u)EN$ 都翻倍,那么企业的产出也会翻倍。考虑大学的生产函数,若只是存量 E 翻倍,那么知识增量也会翻倍。因此,只要 K 和 E 翻倍,经济中两个部门的产出都会翻倍。

第二节 经济周期概述及模型

一、经济周期的含义与分类

(一)经济周期的含义

经济增长的周期波动,又叫经济周期,是指经济增长过程中国民收入及总体经济活动水平有规律地呈现上升和下降的周而复始的运动过程。经济增长的周期波动是经济增长过程中的普遍现象。

经济周期可以分为两个大的阶段,即扩张阶段和收缩阶段。如果更细一些,则每一个典型的经济周期包括四个阶段和两个转折点,即繁荣、衰退、萧条、复苏四个阶段和顶峰、谷底两个转折点。可以用表6-5和图6-6来说明经济周期的阶段划分以及各阶段的特点。

表 6-5　　　　　　　　我国经济增长波动情况　　　　　　　　单位:%

年份	1978	1979	1980	1981	1982	1983	1984	1985	1986	1987	1988	1989	1990	1991
GDP增长率	11.7	7.6	7.8	5.2	9.1	10.9	15.2	13.5	8.8	11.6	11.3	4.1	3.8	9.2
年份	1992	1993	1994	1995	1996	1997	1998	1999	2000	2001	2002	2003	2004	2005
GDP增长率	14.2	13.5	12.6	10.5	9.6	8.8	7.8	7.1	8.0	7.5	8.3	9.5	10.0	10.2
年份	2006	2007	2008	2009	2010	2011	2012	2013						
GDP增长率	12.7	14.2	9.6	9.2	10.4	9.3	7.7	7.7						

(资料来源:据2014年《中国统计年鉴》整理)

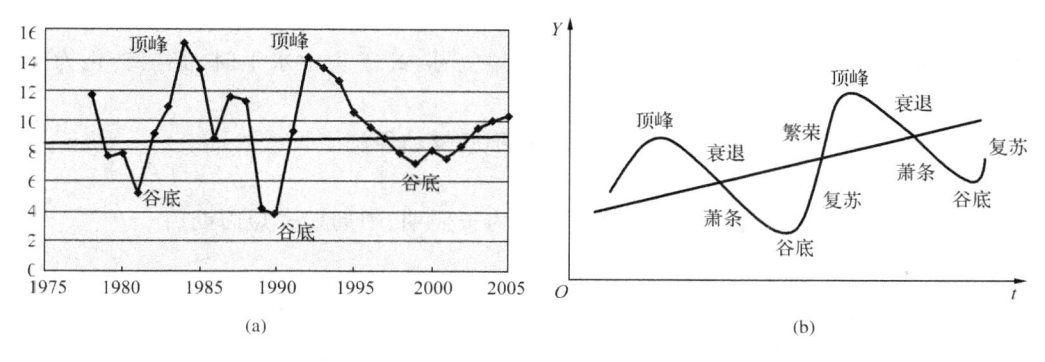

图 6-6 经济周期

1. 顶峰

顶峰是经济活动变化的最高点,也是经济周期的上转折点,在这一点上经济从扩张转向收缩。在这一点上,由于企业开工充足,实现充分就业,现有生产能力得到充分利用,就业和产量水平达到最高点,但价格开始下降,公众的情绪正由乐观开始转向悲观。

2. 谷底

谷底是经济活动变化的最低点,也是经济周期的下转折点,在这一点上经济从收缩转向扩张。在这一点上,由于企业倒闭,失业增加,社会上存在大量的失业工人和闲置的生产设备,就业和产量水平跌至最低,但价格水平开始回升,公众对未来的看法正由悲观开始转为乐观。

3. 繁荣阶段

繁荣阶段是经济活动高于正常水平的一个阶段。在这个阶段,生产迅速增加,投资增加,信用扩张,劳动力、原材料和银行贷款开始变得短缺,供不应求现象频繁发生,价格水平趋于上涨,发生通货膨胀。繁荣阶段的最高点即顶峰,此时国民经济的总产出量达到了最大。此后经济随时会进入衰退阶段。

4. 衰退阶段

衰退阶段是从繁荣阶段到萧条阶段的一个过渡阶段。在这个阶段,经济活动水平在达到最高点后开始从顶峰下降,由于生产过剩,价格、就业和产量水平随之下降,公众对未来感到悲观。当经济继续衰退,低于正常水平时,必然转化为萧条阶段。

5. 萧条阶段

萧条阶段是经济活动低于正常水平的一个阶段。在这个阶段,生产急剧减少,投资减少,信用紧缩,劳动力、原材料和银行贷款都显得过剩,供大于求的现象十分严重,价格水平大幅下跌,失业严重。萧条阶段的最低点即谷底,此时,国民经济的总产出量达到了最少。由于企业倒闭、失业增加、收入下降、社会有效需求减少等现象还要持续一段时间,经济增长速度是在缓慢地上升,而后社会经济才转入复苏阶段。

6. 复苏阶段

复苏阶段是从萧条阶段到繁荣阶段的一个过渡阶段。在这个阶段上,经济活动走出谷底开始回升,随着投资的逐渐增加,闲置的机器设备得到利用,价格水平和就业量也开始上升,公众对未来感到更加乐观。当经济继续复苏,高于正常水平时,必然转化为繁荣阶段。

上述四个阶段的经济增长周期周而复始,不断推动经济增长。

(二)经济周期的分类

根据经济周期的长短,可以将经济周期分为长周期、中周期和短周期。

1. 长周期

长周期又叫长波,是指长度平均为50年左右的经济周期。这一划分是苏联经济学家康德拉季耶夫于1926年发表的《经济生活中的长波》一文中提出的,故长周期还可称为康德拉季耶夫周期。

2. 中周期

中周期又叫中波,是指长度为8~10年的经济周期。1860年,法国经济学家朱格拉在《论法国、英国和美国的商业危机及其发生周期》一书中系统地分析了这种周期,故中周期又叫朱格拉周期。朱格拉认为一个周期为9~10年,美国大约发生了17次,平均周期长8.35年。

3. 短周期

短周期又叫短波,是指长度平均约40个月的经济周期。短周期由美国经济学家基钦于1923年提出,所以,短周期还叫基钦周期。基钦认为一个周期为3~4年,美国大约发生了34次,平均周期长3.51年。

下面我们仅仅列举朱格拉经济增长周期的具体情况(表6-6)来观察。

表6-6　　　　　　　　朱格拉经济周期

世界危机	英国	美国	德国	法国
	1825年			
	1836年	1937年		
	1847年	1848年	1847年	1847年
1857年	1857年	1857年	1857年	1857年
1866年	1866年	1865年	1866年	1867年
1873年	1873年	1873年	1872年	1873年
1882年	1882年	1882年	1883年	1882年
1892年	1890年	1893年	1890年	1894年
1900年	1900年	1903年	1900年	1900年
1907年	1907年	1907年	1907年	1907年
1920年	1920年	1920年		
1929年	1929年	1929年	1929年	1930年
1937年	1937年	1937年		1937年

我国也存在着经济增长周期,它往往与国家的政策变动直接相关。因此有人把它称为政治周期。新中国成立以后,经过三年恢复,从 1952 年开始进入经济扩张阶段,1959 年达到经济周期顶峰,持续到 1960 年 8 月,从 1961 年 9 月中央提出对国民经济实行"调整、巩固、充实、提高"的"八字"方针开始,经济进入收缩阶段,到 1963 年 6 月,基本完成了经济调整,即精减职工 1 940 万人,城镇人口减少 2 600 万人左右,因此,从 1963 年 7 月开始,经济再度转入扩张阶段。1978 年以后,经济周期仍然存在,1980~1981 年经济衰退,1982~1984 年经济复苏,1985－1986 年经济衰退,1987 年~1988 年经济复苏,1989－1992 年经济衰退,1993－1995 年经济繁荣,1996 年以后经济又再次衰退。我国经济周期见表 6-7。

表 6-7　　　　　　　　　　　我国经济周期

转折点年月		持续月数	
顶峰	谷低	扩张	收缩
1960 年 8 月	1963 年 6 月	92	34
1966 年 8 月	1969 年 2 月	37	32
1975 年 10 月	1976 年 11 月	80	12
1980 年 11 月	1982 年 12 月	48	24
1985 年 11 月	1986 年 12 月	35	13
1988 年 11 月	1990 年 12 月	23	21
1994 年 12 月	1999 年 10 月	48	56

二、经济增长周期形成原因

对导致经济周期性波动的原因,西方经济学家帮了不少探讨。早期的马尔萨斯与西斯蒙第等人、近代以霍布森为代表的学者,持消费不足的观点。他们认为,由于收入分配不均,产生富人储蓄过度,致使消费品需求无法赶上消费品供给的增长,引起经济萧条,最终导致经济波动。

以哈耶克、密塞斯和卡塞尔为代表的经济学家们认为,由于投资过度,造成了重生产资本品的产业、轻生产消费品的产业,从而导致产业结构的失衡,引起经济周期性的波动。

以庇古、凯恩斯为代表的经济学家则持心理预期论的观点,他们认为,由于生产者对经济繁荣、衰退、萧条、复苏阶段的不同心理预期,引发了经济周期性的波动。

经济学家杰文斯认为:由于太阳黑子的出现,导致了农业减产,进而波及互有联系的工业、商业等,对购买力、投资等方面产生消极影响,从而引起整个社会经济的萧条。太阳黑子的周期出现,致使国家经济的波动也相应地产生周期。

以霍特里为代表的经济学家认为,银行交替地扩张与收缩信用,产生了流通中货币数量的增加与减少,由此引发了经济周期的产生。

经济学家熊彼特、汉森等人认为,创新引发了对旧的均衡的破坏和向新的均衡的过渡。持续不断的创新,会产生持续不断的新的平衡,从而引发了一次又一次经济周期的产生。

盖拉斯基、杜夫特以后的诺德豪斯等经济学家持政治说观点。他们中有的人认为,由于政府为阻止周期性的通货膨胀而采取了相应的紧缩措施,人为地制造了一次停滞和衰退,从而引起经济的周期波动。有的人认为,每届到期的政府为了树立良好的政府业绩以争取选民而采取了扩张性的经济政策,以谋求连任;新一届政府上台后就要采取经济紧缩政策,以消除经济扩张政策所带来的经济问题,由于政府的选举与产生具有周期性,因此经济也出现了相应的周期。

以萨缪尔森、希克斯等为代表的经济学家,运用乘数和加速系数的交互作用,来解释经济周期运动的产生。

以普雷斯科特为代表的经济学家,则持实际周期理论。该理论认为:经济周期主要是由于总供给冲击所造成的。造成总供给冲击的因素很多,如石油危机、农业歉收、战争、人口增减、技术革新等,其中最常见的就是技术革新所造成的冲击。某一部门的创新或技术的变动所带来的影响会在经济中传播,进而引起经济的波动。

综合以上各种不同的周期理论,大致可以分为外部因素和内部因素两大类,诸如太阳黑子、科技创新、政府行为等属于外部因素,心理预期、消费投资以及乘数-加速数作用等属于内部因素。限于篇幅,本教材只介绍两个比较有影响的周期模型:乘数-加速数模型和实际经济周期理论。

三、乘数-加速原理

乘数-加速原理是关于收入水平或消费需求的变动引起投资量变动的经济理论。其基本内容是:收入水平或消费需求的变动,要求生产部门增加商品的供给量,如果生产部门的生产能力已经得到充分利用,增加生产就要相应地增加资本存量,就要有新的投资追加到生产中去。所以,乘数-加速原理分析的是收入变化与追加投资之间的关系。为更好地理解这一原理,我们首先需要了解相关概念。

(一)总投资、重置投资和净投资

投资可分为总投资、重置投资和净投资。总投资是指投资总量,它等于净投资和重置投资之和;重置投资是指用来补偿报废的资本设备的投资;净投资是指资本总量的增量,它等于总投资与重置投资之差。在资本与产量比率不变时,净投资水平主要取决于收入或产量的变动。乘数-加速原理就是研究净投资与收入变化之间的关系。

(二)加速系数

增加一定产量所需要增加的净投资量,即净投资量与产量增加量之比,称为加速系数。

若以 W 表示加速系数,以 I_t 表示本期的净投资,以 Y_t 表示本期的产量,以 Y_{t-1} 表示上一期的产量,则加速系数的公式为

$$W=\frac{I_t}{Y_t-Y_{t-1}}$$

加速系数可以表示净投资的生产率的高低,由加速公式可得

$$I_t=W(Y_t-Y_{t-1})$$

该式可以用来表示在加速系数作用下产量变化量所引起的净投资的变化量。

(三)资本-产量比率

与加速系数相关的另一概念是资本-产量比率。资本-产量比率是指平均生产一单位产量所需要的资本量。若以 K 表示资本量,Y 表示产量,v 表示资本-产量比率,则资本-产量比率的公式为

$$v = \frac{K}{Y}$$

由上式可得

$$K = vY$$

该公式表明,资本量是产量的函数,资本量随产量的变化而变化。

资本-产量比率和加速系数的大小取决于生产技术水平。在短期内,生产技术水平不发生变化,因此,资本-产量比率等于加速系数。在下面的分析中假定生产技术水平不变,即有 $v=W$。

(四)总投资的计算公式

由于总投资等于净投资加重置投资即折旧,所以,若以 $I_{总t}$、$I_{净t}$、D_t 分别代表总投资、净投资和本期的重置投资,则可以得到总投资的计算公式为

$$I_{总t} = I_{净t} + D_t = v(Y_t - Y_{t-1}) + D_t$$

上式表明,如果加速系数 W 的数值大于1,资本存量所需要的增加量必须超过产量的增加量。需要强调的是,加速原理发生作用是以资本存量得到充分利用,而且生产技术不变,从而资本-产量比率固定不变为前提的。

表6-8的数据可以更加直观地说明乘数-加速原理。

表 6-8　　　　　　　　　乘数-加速原理的数据说明

年次	销售量	销售量变动	所需资本存量	净投资	重置投资	总投资
1	100		300	0	30	30(20×1.5)
2	110	+10	330	30	30	60(40×1.5)
3	115	+5	345	15	30	45(30×1.5)
4	115	0	345	0	30	30(20×1.5)
5	105	−10	315	−30	30	0(0×1.5)

在表中可以看到,即使销售量仍处于高水平,一旦停止增长,净投资即减少为零。这时如果销售量不能维持原有水平而下降了,就会发生负投资,可能会出售一部分使用过的机器设备。这意味着,市场销售量一旦停止增加,就会引起投资下降,从而导致衰退。因此,加速过程本身就是导致经济不稳定的重要因素,因为销售量或生产量的变动能引起投资剧烈变动。要使投资稳定在一个水平上,销售量必须按照一个既定的增长率增长。

加速原理表明了国民收入变化率与投资水平之间的数量关系。根据对乘数和加速数的分析,如果加速数与乘数共同起作用,将会加深一国经济的波动,增加衰退和萧条的严重程度,并为过热的繁荣降温。假定萧条过后进入复苏阶段,投资需求逐渐恢复,工业部门的就业增加,从而提高了对消费品的需求,产生乘数效应,进而创造了消费品工业部门新的就业机会。随着就业的增加,社会对消费品的需求水平进一步提高。通过加速过程,

又增加了对投资的需求。投资支出的增加,提高了资本品工业部门的需求,又会引起乘数效应。乘数与加速数相互作用使一国经济迅速膨胀。

乘数与加速数的相互作用,还能使繁荣转变为萧条。这两者的相互作用虽然能够使一国经济迅速膨胀,但只能维持不长的时间,最后会由于某些资源的稀缺,产生瓶颈现象,阻碍经济的继续扩张。一旦生产增长速度下降,又将产生加速过程,引起投资的减少,通过乘数作用,降低消费需求,于是,失业增加,一国经济衰退。

乘数与加速数相互作用还能说明由衰退走向复苏的过程。假定一国经济正处于周期最低点的萧条阶段。家庭和企业降低消费水平,但总需求不会降低为零,必定有一个最低的总需求存在,重置投资最终总是要增加,通过乘数的作用,资本品生产增加,资本品工业部门生产水平提高,再通过乘数过程进一步增加收入,提高需求,加速过程的作用又增加了资本品工业部门的生产活动水平,于是一国经济走出谷底,经济一旦开始扩张,就会加速向上运动。

通过以上说明,形成一个简单的经济周期理论:人口增长和技术创新等外部因素带动了经济周期。一旦经济周期开始运转,加速数与乘数的这两种内部力量就将推动经济周期的循环变动。

四、乘数-加速数模型

乘数-加速数模型的基本方程如下:

$$\begin{cases} Y_t = C_t + I_t + G_t \\ C_t = \beta Y_{t-1}, 0 < \beta < 1 \\ I_t = v(C_t - C_{t-1}), v > 0 \end{cases}$$

式中　Y_t——现期国民收入;

　　　C_t——现期消费;

　　　I_t——现期投资;

　　　G_t——自发支出(如政府支出、自发投资、自发消费)。

假设现期消费是上期收入 Y_{t-1} 的函数,现期投资是本期消费增量($C_t - C_{t-1}$)的函数,则有消费函数 $C_t = \beta Y_{t-1}$ 和投资函数 $I_t = v(C_t - C_{t-1})$。

式中　β——边际消费倾向;

　　　v——加速系数。

将 $C_t = \beta Y_{t-1}$ 式、$I_t = v(C_t - C_{t-1})$ 式代入 $Y_t = C_t + I_t + G_t$ 式中,可得

$$Y_t = \beta Y_{t-1} + v(C_t - C_{t-1}) + G_t$$

根据 $C_t = \beta Y_{t-1}$ 式可知:

$$C_{t-1} = \beta Y_{t-2}$$

将 $C_t = \beta Y_{t-1}$ 式、$C_{t-1} = \beta Y_{t-2}$ 式代入 $Y_t = \beta Y_{t-1} + v(C_t - C_{t-1}) + G_t$ 式中,经整理可得

$$Y_t = (1+v)\beta Y_{t-1} - v\beta Y_{t-2} + G_t$$

这就是汉森-萨缪尔森的乘数-加速数模型。

以某地区为例,我们给出如下回归方程:

$Cg = -274.7881 + 0.4742Y$　　(拟合度为:$R^2 = 0.9896$)

$I = 3\,720.529\,4 + 0.703\,2Cg$ （拟合度为：$R^2 = 0.930\,3$）

得到

$Y = Cg + I + G = (-274.788\,1 + 0.474\,2Y_{t-1}) + (3\,720.529\,4 + 0.703\,2Cg_{t-1}) + G$

依据"加速数"原理，可以将上述公式调整为增量公式，同时将政府支出作为常数，分析乘数与加速数的相互作用而产生的周期现象。即

$$\triangle Cg = -274.788\,1 + 0.474\,2\triangle Y_{t-1}$$
$$\triangle I = 3\,720.529\,4 + 0.703\,2\triangle Cg_{t-1}$$
$$\triangle Y = \triangle Cg + \triangle I + \triangle G$$

例如，以2001年为基数，则居民消费为45 923元，比上一年增加3 012元，企业和个人投资为37 460元，比上一年增加4 960元，政府支出为18 903元比上一年增加2 716元，国内生产总值为98 618元，比上一年增加10 688元，计算第二年的居民消费增量，企业和个人投资增量，国内生产总值增量，并依据"加速数"原理，假定政府支出增量固定为3 000元，那么：

2002年$\triangle Cg$估计数 $= -274.788\,1 + 0.474\,2 \times 2001$年$\triangle Y = -274.788\,1 + 0.474\,2 \times 10\,688 \approx 4\,793.46$

2002年$\triangle I$估计数 $= 3\,720.529\,4 + 0.703\,2 \times 2002$年$\triangle Cg = 3\,720.529\,4 + 0.703\,2 \times (4\,793.46 - 3012) \approx 4\,973.25$

2002年$\triangle Y$估计数 $= \triangle Cg + \triangle I + \triangle G = 4\,793.46 + 4\,973.25 + 3\,000 = 12\,766.71$

2002年周期 $= [(2002年\triangle GDP - 2001年\triangle GDP)/2001年\triangle GDP] \times 100\% = [(12\,766.71 - 10\,688)/10\,688] \times 100\% \approx 19.449\,0$

表6-9为某地区"加速数"周期预测。

表6-9　　　　　　　　某地区"加速数"周期预测　　　　　　　　单位：万元

年度	政府支出	居民消费计算值	固定资产投资计算值	国内生产总值计算值	"加速数"给出的周期
2002	3 000	4 793.46	4 973.25	12 766.71	19.449 0
2003	3 000	5 779.19	4 413.69	13 192.38	3.338 1
2004	3 000	5 981.28	3 862.64	12 843.91	-2.645 1
2005	3 000	5 815.80	3 604.16	12 419.96	-3.300 8
2006	3 000	5 614.76	3 579.16	12 193.92	-1.820 0
2007	3 000	5 507.57	3 645.15	12 152.72	-0.337 8
2008	3 000	5 488.03	3 706.79	12 194.82	0.346 5
2009	3 000	5 508.00	3 734.57	12 242.57	0.391 5
2010	3 000	5 530.64	3 736.45	12 267.09	0.200 3
2011	3 000	5 542.26	3 728.71	12 270.97	0.031 7
2012	3 000	5 544.11	3 721.82	12 265.93	-0.041 1
2013	3 000	5 541.72	3 718.85	12 260.56	-0.043 7
2014	3 000	5 539.17	3 718.74	12 257.91	-0.021 6
2015	3 000	5 537.91	3 719.64	12 257.56	-0.002 9

从表6-9可以看出，政府支出为一个固定增量时，国内生产总值的增量呈上下波动。

其周期为 8~9 年,这虽然和我国今后的经济周期长短会有出入,但理论的分析已经体现出周期波动的规律。

五、实际经济周期理论

要全面了解实际经济周期理论,需要较高深的数学知识,超出了本教材的范围,这里我们仅对实际经济周期理论进行简要的介绍。

实际经济周期理论出现在 20 世纪 80 年代,属于自由放任的新古典宏观经济学派。该理论在经济周期的性质、经济周期的原因以及如何减少经济周期稳定经济这三个方面,向凯恩斯主义学派发起全面挑战,并取得了开创性成果。

关于经济周期的性质,实际经济周期理论认为,在长期和短期中决定经济的因素是相同的,既有总供给又有总需求。因此,经济周期并不是短期与长期趋势的背离,即不是实际国内生产总值与潜在的或充分就业的国内生产总值的背离,经济周期本身就是经济趋势或者潜在的或充分就业的国内生产总值的变动。

关于经济周期的原因,实际经济周期理论认为,市场机制本身是完善的,在长期或短期中都可以自发地使经济实现充分就业的均衡。经济周期源于经济体系之外的一些真实因素的冲击,因此这种理论称为真实经济周期理论。在引起经济波动的外部冲击中,技术进步最为重要,占三分之二以上。当一个经济中出现了重大的技术突破后,这种技术突破引起对新技术的投资迅速增加,这就带动了整个经济迅速发展,引起经济繁荣,这种繁荣并不是对经济长期趋势的背离,而是经济能力本身的提高。但新技术突破不会一个接一个,当这次新技术突破引起的投资过热过去之后,经济又趋于平静。这种平静也不是低于长期趋势,而是一种新的长期趋势。

在稳定经济的政策方面,实际经济周期理论认为,既然经济周期并不是由市场机制的不完善性所引起的,就无须用国家的政策去干预市场机制,只要依靠市场机制经济就可以自发地实现充分就业的均衡。比如,技术突破引起的投资热带动了整个经济繁荣,这时资源紧张会引起价格上升,价格上升就可以抑制过热的经济,使之恢复正常状态。相反,政府的宏观经济政策受时滞、信息以及利益集团的影响,不可能像决策者所预期的那样起到稳定作用,甚至会引起更大的经济波动。

第三节　经济发展

一、经济发展的概念

经济发展与经济增长是既有区别又相互联系的概念。经济发展不仅包括经济增长,而且还包括国民的生活质量,以及整个社会各个不同方面的总体进步。总之,经济发展是反映一个经济社会总体发展水平的综合性概念。也可以把经济发展理解为发展中国家通过各个时期的经济发展战略的实施使其经济实现工业化的过程。

在现实生活中,人们往往把经济增长与经济发展混为一谈,认为经济增长就是经济发展,国内生产总值高速增长就是经济快速发展。其实这种认识是不正确的。经济增长与经济发展并不是一回事,二者既有一定的联系又有根本区别。

经济增长主要是指国民经济总量(如国内生产总值和国民收入)的增长,它主要用国内生产总值增长率和人均国内生产总值增长率作为衡量指标。虽然在这种增长过程中也可能伴随经济结构的变化,但这种变化不是经济增长所追求的主要目标,它的主要目标是数量的增加而非质的变化。而经济发展不仅包括国民经济总量的增加,而且包括经济结构的基本变化,以及分配情况、社会福利、文教卫生、意识形态等一般条件的变化。其中,经济结构的变化是经济发展的标志,即一个国家或地区的经济从以传统农业为中心的缓慢增长转变为以现代工业为中心的持续稳定发展。衡量经济发展的主要指标是经济结构、社会福利、文教卫生、环境质量以及经济效益的状态,它表明人类社会经济生活的质的变化。如果说经济增长是一个单纯的"量"的概念,那么经济发展就是比较复杂的"质"的概念。经济发展不仅包括经济增长的速度、增长的平稳程度和结果,而且还包括国民的平均生活质量,如教育水平、健康卫生标准、人均住房面积等,以及整个经济结构、社会结构等的总体进步。

总之,一方面,经济增长包含在经济发展之中。持续稳定的经济增长是促进经济发展的基本动力和必要的物质条件,经济发展是经济持续稳定增长的结果,国民生活水平的提高、经济结构和社会形态等的进步也都很大程度上依赖于经济增长。因此,没有经济增长便谈不上经济发展。另一方面,经济增长并不等同于经济发展。如果经济增长了,经济结构和其他经济条件未发生根本变化,将有可能造成社会贫富悬殊扩大,也有可能造成经济效益低下,更谈不上经济发展,表现为所谓"有增长而无发展"的现象。经济发展应该是指一个国家经济、政治、社会文化、自然环境、结构变化等方面的均衡、持续和协调地发展,它是反映一个经济社会总体发展水平的综合性概念。

发展中国家在实现本国工业化起飞的初始阶段,有可能出现悖于经济发展宗旨的现象。比如说,为了工业的高速增长而对农业实行高积累政策,使农业发展延滞,农民生活长期得不到明显的改善和提高,产业结构严重失衡。

二、影响经济发展的基本因素

因为经济发展包含经济增长,影响经济增长的因素必然同样影响经济发展。但经济发展又不同于经济增长,因此,影响经济发展的还有另外一些主要因素。

(一)资源配置

资源配置是影响经济发展的重要因素。在社会经济各部门中,有的部门生产率高,有的部门生产率低,如果资源(包括劳动、资本、土地等生产要素)从生产率低的部门转移到生产率高的部门,那就会引起整个经济总生产率的提高,由此带来经济增长率的提高,从而促进经济发展。例如,劳动力从生产率低的传统农业部门转移到生产率高的现代工业部门,全社会的生产率就会大大提高,社会经济结构也因此得到优化。在当代发达国家的经济中,生产率高的行业(如商业、金融、医疗等服务性行业)占了主要部分(如美国这一比例就高达70%左右),而发展中国家的经济却主要以生产率低的行业(主要是传统农业)为主(不少发展中国家这一比例高达90%以上)。

(二)社会政治环境

社会政治环境优良与否,对社会经济发展至关重要。一个国家只有政局稳定,才能保证社会经济更快发展。发达国家政局一般比较稳定,相反,许多发展中国家自独立以来,政局经常动荡不安,政变、动乱不断,在此背景下,经济活动根本无法正常进行,哪里谈得上经济增长和发展。非洲大陆是世界上最贫穷的大陆,经济长期发展缓慢,其中一个重要原因就是政局的不稳定。战后,许多非洲国家频繁发生军事政变。从20世纪60～80年代,非洲国家发生过240多次军事政变,其中成功的70次,有11个国家发生过10次以上的军事政变,有20多个国家建立过军政府。据统计,参加1963年非洲统一组织宪章签字的29位非洲国家元首中,有17位是被军事政变推翻的。

(三)自然生态环境状况

自然生态环境包括人类赖以生存的土地、水、大气、生物等,它是经济发展的一个重要影响因素。工业革命以后,随着大工业的形成,人口的增加,人类改造利用自然环境和自然资源的规模和程度的扩大,环境问题也就凸显出来。如今环境问题已成为全人类共同面临的全球性问题。特别是许多发展中国家,由于在发展经济的过程中忽视对环境的保护,加上一些发达国家转嫁环境污染危机,而使生态环境变得非常脆弱。严重制约了这些发展中国家的经济发展。

此外,人口、教育、文化、对外开放水平等,也都是影响经济发展的因素。

三、发展中国家经济发展的特点

由于发达国家经过工业革命后都已完成工业化的任务,而发展中国家大多数还处于从农业经济社会向工业经济社会过渡的阶段,因此,对发展中国家而言,在实现经济增长的过程中还面临着实现经济结构、社会结构总体进步的任务。因此,经济发展主要是对发展中国家而言的。

全世界的发展中国家有140多个,大多分布在亚洲、非洲和拉丁美洲广大地区。这些国家尽管社会制度、历史文化、经济结构、资源条件等方面都不一致,但仍具有一些共同的特点。

(一)生产力水平低

绝大多数发展中国家历史上都是西方发达资本主义国家的殖民地,遭受过长期的殖民掠夺,经济基础十分薄弱,生产力发展的起点低。获得民族独立后,虽然经济也有一定增长,但由于不合理的国际经济旧秩序、人口增长过快、资金技术的缺乏以及发展战略上的偏差和政策上的失误,其生产力水平至今仍然很低。与发达国家相比,发展中国家的劳动生产率极低,人均制造业产值仅为发达国家的1/20,发展中国家每一农业劳动人口所生产的粮食,只有发达国家的1/21。

（二）人均收入水平低，生活质量差

由于生产力水平低下，发展中国家的人均收入水平很低。与此相对应，发展中国家的生活水平也很低，表现在贫困比例大、卫生状况差、教育水平低，穷人的生活困苦不堪。据世界银行专家估计，发展中国家30％的人口正在绝对贫困水平上挣扎。在许多人口密集的低收入国家，这个比例还要高得多，如埃塞俄比亚（62％）、孟加拉国（60％）、刚果民主共和国（49％）。

（三）经济的二元结构

经济的二元结构是指一个国家（或地区）经济中存在传统经济和非传统经济两大部分。这是发展中国家经济的一个重要共性特征。这一特征普遍存在于发展中国家所有的经济部门，尤其是工业和农业两大部门中。发展中国家都有一些相对发达的城市和落后的农村地区。城市以工业为主，劳动生产率和工资收入都较高；农村则以农业为主，劳动生产率低，人口多，存在大量隐性失业。

（四）经济结构单一

亚非拉地区是世界上许多重要工矿原料的生产和出口地区，同时也是一些重要农产品和经济作物的生产和出口地区。但在殖民统治时期，这些地区往往形成了畸形的单一经济结构，成为殖民国家的原料产地。这种经济结构的转变，不是短期内能完成的。所以尽管发展中国家独立后一再努力，但大多未能摆脱对单一经济的依赖。

（五）资本匮乏

发达国家工业化起步前就已通过对殖民地掠夺等途径进行过较长时间的资本原始积累，工业化起步后，资本积累规模又进一步扩大。而发展中国家在起步时，由于长期遭受帝国主义的掠夺和剥削，几乎都面临着资本匮乏的问题。由于资本匮乏，发展中国家无力进行大规模投资，基础设施缺乏，难以在经济中大量使用价格高昂的先进设备，因此劳动生产率大大低于发达国家。

（六）人口压力沉重

爆炸性的人口增长是发展中国家面临的严重问题。20世纪50年代以后，发展中国家人口增长率不断上升。过快膨胀的人口，对发展中国家社会经济带来了不利影响，阻碍了经济发展。

四、经济发展战略

经济发展战略，是指一个国家（或地区）根据本国（或本地区）发展经济所面临的主观和客观条件，从全局和长远角度出发而制订的一个较长时期内经济发展所要达到的目标，以及实现这一目标的方针和步骤的总体决策。经济发展战略是一个国家（或地区）在一定时期内制定和实施经济政策的总体纲领和基本指导原则。

经济发展战略一般包括战略目标、战略阶段、战略重点和战略对策几个方面，具体内容如下：

(一)战略目标

战略目标是指一个国家在较长时期内发展本国国民经济所要实现的总任务。任何国家都应有适合本国特点的相对稳定的战略目标。战略目标在经济发展战略中居于首要地位。

(二)战略阶段

战略目标不是一蹴而就的,战略目标要经过若干阶段的努力才能实现。战略阶段就是把依据战略目标制订的一个较长的战略计划,分解为若干个实施步骤。

(三)战略重点

战略重点就是战略阶段中各个阶段的中心任务,一般是具有关键意义的经济部门和领域。如瓶颈产业部门、主导产业部门、先导产业部门等。

(四)战略对策

战略对策是实现战略目标的重大方针和基本政策措施,包括总体对策和阶段对策。

第四节 经济的可持续发展

一、可持续发展的含义和特征

可持续发展是20世纪80年代随着人们对全球环境与发展问题的广泛讨论而提出的一个全新概念,是人们对传统发展模式进行长期深刻反思的结晶。1992年在巴西里约热内卢召开的联合国环境和发展大会把可持续发展作为人类迈向21世纪的共同发展战略,在人类历史上第一次将可持续发展战略由概念落实为全球的行动。

20世纪60年代末期以来,世界经济快速增长带来的负面效应逐步显现。随着科学技术的进步,生产力的发展,人口的激增,人类破坏自然的能力远远超过了历史上任何一个时期,人口、资源、环境等方面的压力与危机构成了对人类生存、发展、进步的严重威胁。人口膨胀、环境污染、生态破坏、资源枯竭引起了人们的高度重视。一些学者开始从地球对人类的支持能力的角度出发,考虑未来的发展问题,可持续发展战略就是在这样的背景下提出的。

在1992年巴西里约热内卢联合国环境与发展大会上,可持续发展作为全人类共同的发展战略得到确认,并有了一个较为公认的定义:"在不损害未来世代满足其发展要求的资源的前提下的发展。"1994年开罗世界人口与发展大会上更明确指出:"各国应当减少和消除无法持续的生产和消费方式,并推行适当的政策,以便既满足当代的需要又不影响后代满足自身需要的能力。"

可持续发展可以定义为:既满足当代人的需求,又不损害后代满足其自身需求的能力的发展。尽管对此定义的具体内容有不同的解释,但就本质而言,可持续发展的内涵应包括以下三方面内容:一是要使当代人和后代人都获得同等的发展机会;二是要使一代内所有人都获得平等的发展机会,特别是世界上穷人的需求应该置于压倒一切的优先地位;三是要使人类和自然界享有同等的生存和发展机会,做到人与自然的和谐统一。

（一）实现可持续发展必须坚持的原则

1. 公平性原则

可持续发展的公平性原则，包括三层内容：一是代内间的公平，就是要使现有一代人的所有人的基本需要得到满足，向所有人提供实现美好生活愿望的同等机会。二是代际间的公平，就是要使当代人和后代人获得同等的发展机会，要认识到人类赖以生存的自然资源是有限的，当代人不能因为自己的发展需要而损害后代人满足其需求的自然资源和环境。三是权利与义务的公平，就是要公平分配资源、公平分配物质财富、公平承担保护自然资源与维持生态环境良性循环的责任与义务。当今世界的现实是一部分人富裕，而另一部分人（特别是占世界人口 1/5 的人口）处于贫困状态。这种贫富悬殊、两极分化的世界，不可能实现可持续发展。因此，要给世界以公平的分配和公平的发展权，要把消除贫困作为可持续发展进程特别优先的问题来考虑。

2. 可持续性原则

可持续性是指生态系统受到某种干扰时能保持其生产率的能力。资源与环境是人类生存与发展的基础和条件，离开了资源与环境就无从谈起人类的生存与发展。资源的永续利用和生态系统的可持续性的保持是人类持续发展的首要条件。因此，可持续性原则的核心指的是人类的经济和社会发展不能超越资源与环境的承载能力。

3. 共同性原则

共同性原则强调，虽然鉴于世界各国历史、文化和发展水平的差异，可持续发展的具体目标、政策和实施步骤不可能是唯一的。但是，可持续发展作为全球发展的总目标，所体现的公平性和可持续性原则是共同的。并且，实现这一总目标，必须采取全球共同的联合行动。

（二）可持续发展的特征

1. 可持续发展的核心是发展

发展既要考虑当前发展的需要，又要考虑未来发展的需要，不能以牺牲后代人的利益为代价来满足当代人的利益需要。

2. 可持续发展并不排斥经济增长

虽然经济增长不等于经济发展，更不等于可持续发展，但可持续发展并不排斥经济增长。因为经济增长是国家实力和社会财富的体现。只不过可持续发展要求世界各国（特别是发展中国家）重新审视如何达到可持续意义上的经济增长。可持续发展不仅重视增长的数量，更追求改善质量、提高效益、节约能源、减少废弃物，改变传统的生产和消费模式，实施清洁生产和文明消费。

3. 可持续发展要以保护自然为基础，与资源和环境的承载能力相协调

发展的同时必须保护环境，包括控制环境污染，改善环境质量，保护生命保障系统，保护生物多样性，保持地球生态的完整性，保证以可持续的方式使用可再生资源，使人类的

发展保持在地球承载能力之内。要通过适当的经济手段、技术措施和政府干预来减少自然资源的消耗速率,使之低于资源的再生速率。

4. 可持续发展要以改善和提高生活质量为目的,与社会进步相适应

单纯追求产量的经济增长不能体现发展的内涵。单纯的经济增长未必能使社会和经济结构发生进化。因此,不能承认其为经济发展。虽然当代世界各国的发展阶段不同,发展的具体目标也各不相同,但发展的内涵均应包括改善和提高人类生活质量,提高人类健康水平,促进人类社会进步。

以上四大特征可总结为:可持续发展包括生态持续、经济持续和社会持续,它们之间互相关联而不可分割。生态持续是基础,经济持续是条件,社会持续是目的。人类共同追求的应该是自然—经济—社会复合系统的持续、稳定、健康发展。

二、可持续发展的指标

自从1992年里约热内卢联合国环境与发展大会提出可持续发展战略以来,世界各国纷纷开始研究并提出自己的可持续发展指标体系。为了对各国在可持续发展方面的成绩与问题有一个较为客观的衡量标准,联合国可持续发展委员会制定了由驱动力指标、状态指标、响应指标构成的联合国可持续发展指标体系。

(一)驱动力指标

驱动力指标主要包括就业率,人口净增长率,成人识字率,可安全饮水的人口占总人口的比率,运输燃料的人均消费量,人均实际GDP增长率,GDP用于投资的份额,矿藏储量的消耗,人均能源消费量,人均水消费量,排入海域的氮、磷量,土地利用的变化,农药和化肥的使用,人均可耕地面积,温室气体等大气污染物排放量等。

(二)状态指标

状态指标主要包括贫困度,人口密度,人均居住面积,已探明矿产资源储量,原材料使用强度,水中的BOD和COD含量,土地条件的变化,植被指数,受荒漠化、盐碱和洪涝灾害影响的土地面积,森林面积,濒危物种占本国全部物种的比率,二氧化硫等主要大气污染物浓度,人均垃圾处理量,每百万人中拥有的科学家和工程师人数,每百户居民拥有电话数量等。

(三)响应指标

响应指标主要包括人口出生率、教育投资占GDP的比率、再生能源的消费量与非再生能源消费量的比率、环保投资占GDP的比率、污染处理范围、垃圾处理的支出、科学研究费用占GDP的比率等。

需要说明的是,上述指标体系仅为各国提供参考。一方面,由于不同国家之间的差异,整个指标体系无法涵盖各国的情况;另一方面,由于可持续发展的内容涉及面广且非常复杂,人们对它的认识还在不断加深,要建立一套无论从理论上还是从实践上都比较科学的指标体系,尚需要进行深入的研究和探讨。

三、可持续发展的对策

为实施可持续发展战略,应采取如下对策:

(一)控制人口增长

对于任何处于某一特定时期的经济体来说,只要非劳动资源的供应量是固定的,必然存在一个与之相适应的适度人口规模。事实表明,环境污染、生态破坏以及对资源掠夺式的利用等既与追求经济增长有关,也与人口迅速增长有关。因此,当人口的增长和物质资料生产的高度发达使社会经济的可持续发展受到威胁时,我们应该控制人口的增长以减少这种威胁。

(二)改变不适宜的生产方式和消费方式

可持续发展是一种经济上长期运行的战略模式,即基于自然资源基础对于经济发展的长期支持能力而制定的发展战略。它不仅要求经济总量规模的扩大,而且要求经济活动质量和人口生活质量的提高。但长期以来,人们只认识到资源和环境的经济价值,而没有认识到它们的社会价值,从而在生产和消费上陷入误区,结果导致资源枯竭、能源危机和环境污染。因此,为实现可持续发展,必须在生产方式上改变资源消耗型的粗放经营方式,在消费方式上改变追求能源密集型的消费方式。

(三)合理开发利用资源、保护环境

资源不合理开发利用的结果,是资源的过早枯竭,包括动植物的退化和物种的灭绝。而环境的污染和破坏,严重威胁人类的生存和健康发展。因此,为实现可持续发展,必须恰当地利用现有资源,尽量采用对现有环境产生最小有害影响的发展技术;同时,必须从整体上采取防治环境污染和环境破坏的政策措施,把防治局部的环境污染与保护大自然的生态平衡结合起来。

(四)强化人力资本的积累

人类社会在经历农业经济的漫长、工业经济的辉煌之后,正逐步迈入一个崭新的经济发展阶段——知识经济时代。相对于以土地和劳动力为主要资源的农业经济、以资本和自然资源为主要投入的工业经济,知识经济以人力资本(即物化的知识)为主要资源,它具有投入要素可无限地反复使用、经济长期持续发展、知识要素的报酬递增等特点,这正是可持续发展所要求的。而且人力资本对人类社会和自然环境的和谐发展还具有促进作用。因为,使人类社会和自然环境和谐发展的重要途径是减少资源,特别是不可再生资源的开采和利用,这要求人类找到这些资源的替代物,而这种替代要求有一定的技术,更要求有一定的人力资本。因此,要实现可持续发展,必须强化人力资本的积累。

(五)加强国际合作

可持续发展的公平性原则要求世界各国在拥有按其本国环境与发展政策下开发本国自然资源的主权的同时,负有保护在其管辖范围内或在其控制下不损害其他国家或在各国管辖地区以外环境的责任。因此,可持续发展是世界各国的共同使命,世界各国有必要加强这方面的合作。但现实并不令人满意。以环境问题为例,发达国家拥有雄厚的经济实力,为其国内环境问题的防治提供了必需的财力,也取得了较好的效果,但与此同时,他们却转嫁环境污染危机给发展中国家,以邻为壑,损人利己。其实此类行为从长远看是损人又不利己的,因为自然环境和自然资源的破坏将引起一系列地区性乃至全球性的严重生态后果,发达国家到时候又岂能独善其身?因此,世界各国应充分认识到人类根本利益的共同性,必须在可持续发展上相互合作,共同建设美好的未来。

四、我国的可持续发展对策

改革开放以来,我国经济取得了举世瞩目的成就。在充分肯定成绩的同时,我们应清醒地看到,我国在经济快速发展的同时,也积累了不少矛盾和问题,主要是城乡差距、地区差距、居民收入差距持续扩大,就业和社会保障压力增加,教育、卫生、文化等社会事业发展滞后,人口增长、经济发展同生态环境、自然资源的矛盾加剧,经济增长方式落后,经济整体素质不高和竞争力不强等,这些矛盾和问题已越来越成为社会和经济发展的制约因素。究其原因,是由于长期以来,我们片面追求经济增长的速度,而忽视了社会经济的全面发展。特别是一些地方的领导干部对于党中央提出的"发展是硬道理""发展是执政兴国的第一要务"等精神的理解出现了偏差,将"发展"简单等同于"增长",认为只要经济增长了,很多问题可以自动解决。

由于片面追求经济增长的速度,粗放式的经济增长方式没有根本改变,目前我国的经济正面临人口、资源、能源、环境的制约与压力。因此,依靠高投入维持的经济高速增长是不可能持久的,更谈不上社会的全面进步和造福子孙后代。鉴于此,我国急需实行可持续发展战略。

我国的人均资源并不多,人均水资源拥有量仅为世界平均水平的1/4,石油、天然气、铜、铝等重要矿产资源人均储量分别为世界平均水平的8.3%、4.1%、25.5%、9.7%,生态环境又先天脆弱,而二十多年来盛行的高消耗、高污染、低效益的粗放扩张型经济增长方式,使得资源、能源浪费大,环境破坏严重等问题日益凸显。资料表明,我国每创造1美元国内生产总值所消耗的能源,是美国的4.3倍、德国和法国的7.7倍、日本的11.5倍。

出于对世界未来发展走向的充分把握和对我国国情的深刻分析,在国内国际总体发展趋势的大背景下,1992年6月,我国政府在巴西里约热内卢联合国环境与发展大会上庄严签署了环境与发展宣言;其后又在全世界率先组织制定了《中国21世纪议程——中国21世纪人口、环境与发展白皮书》,作为指导我国国民经济和社会发展的纲领性文件,开始了我国可持续发展的进程。1996年我国正式把可持续发展作为国家的基本发展战略,引起了国际社会的巨大反响。2004年3月,国务院总理温家宝在十届全国人大二次会议上做的政府工作报告中首度提出了"科学发展观"的概念:"坚持科学发展观,按照'五个统筹和要求'……正确处理改革发展稳定的关系,推动经济社会全面、协调、可持续发展",并要求将科学发展观全面导入各级政府的执政理念和实际工作中。

联合国环境与发展大会刚刚结束,中国国家环保局立即组织力量,根据大会反映出的全球动向和经验,结合我国二十多年来环境保护工作的实际和经验,针对中国的环境和发展问题,提出了对策。它们是:(1)实行可持续发展战略;(2)采取有效措施,防止工业污染;(3)深入开展城市环境综合治理,认真治理城市四害;(4)提高能源利用效率,改善能源结构;(5)推广生态农业,坚持不懈地植树造林,切实加强生物多样性保护;(6)大力推进科技进步,加强环境科学研究,积极发展环保产业;(7)运用经济手段保护环境;(8)加强环境教育、不断提高全民族的环境意识;(9)健全环境法制,强化环境管理;(10)制订我国行动计划。

本章逻辑结构

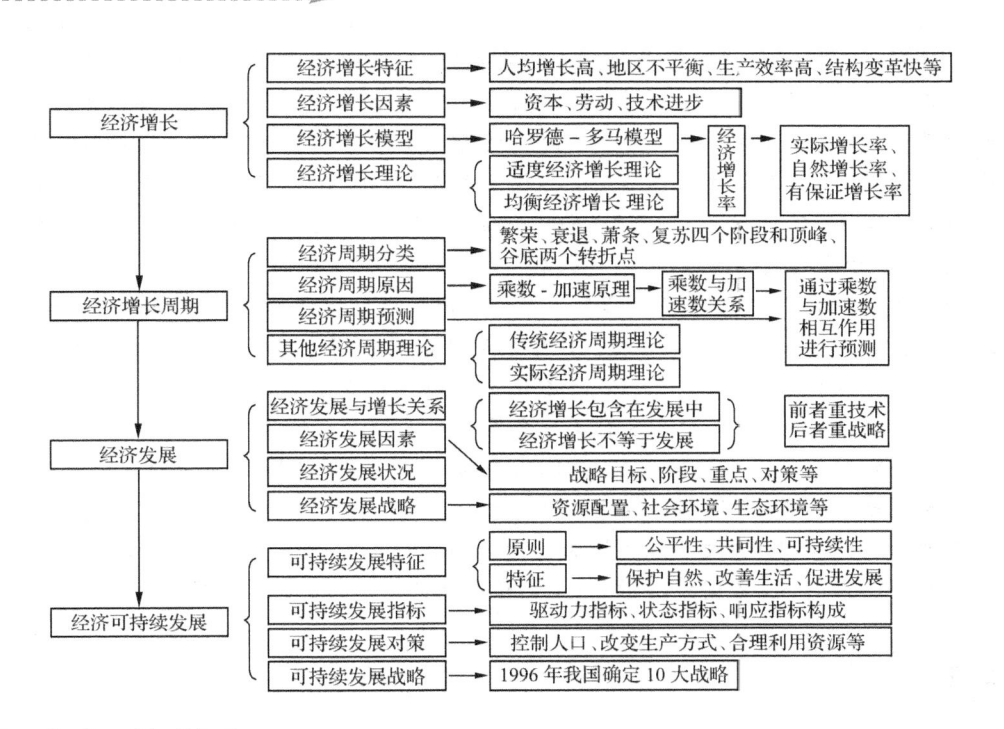

```
                    ┌─ 经济增长特征 ──→ 人均增长高、地区不平衡、生产效率高、结构变革快等
                    ├─ 经济增长因素 ──→ 资本、劳动、技术进步
       经济增长 ────┤                                       ┌─ 经济  ─→ 实际增长率、
                    ├─ 经济增长模型 ──→ 哈罗德－多马模型  ──┤  增长    自然增长率、
                    │                                       └─ 率      有保证增长率
                    └─ 经济增长理论 ──┬─ 适度经济增长理论
                                      └─ 均衡经济增长理论

                    ┌─ 经济周期分类 ──→ 繁荣、衰退、萧条、复苏四个阶段和顶峰、谷底两个转折点
                    ├─ 经济周期原因 ──→ 乘数－加速原理  ──→ 乘数与加速数关系 ──→ 通过乘数
       经济增长周期─┤                                                              与加速数
                    ├─ 经济周期预测                                                相互作用
                    └─ 其他经济周期理论 ──┬─ 传统经济周期理论                     进行预测
                                          └─ 实际经济周期理论

                    ┌─ 经济发展与增长关系 ──→ 经济增长包含在发展中 ┐ 前者重技术
                    ├─ 经济发展因素 ────────→ 经济增长不等于发展   ┘ 后者重战略
       经济发展 ────┤
                    ├─ 经济发展状况 ────────→ 战略目标、阶段、重点、对策等
                    └─ 经济发展战略 ────────→ 资源配置、社会环境、生态环境等

                    ┌─ 可持续发展特征 ──┬─ 原则 ──→ 公平性、共同性、可持续性
                    │                    └─ 特征 ──→ 保护自然、改善生活、促进发展
       经济可持续发展┤
                    ├─ 可持续发展指标 ──→ 驱动力指标、状态指标、响应指标构成
                    ├─ 可持续发展对策 ──→ 控制人口、改变生产方式、合理利用资源等
                    └─ 可持续发展战略 ──→ 1996年我国确定10大战略
```

本章相关学者

西蒙·库兹涅茨,1901年4月30日出生在俄国乌克兰哈尔科夫市的一个皮毛商人的家庭里,父亲亚伯拉罕·库兹涅茨和母亲波琳·弗里德曼都是犹太人。1922年,西蒙·库兹涅茨移居到美国,进入哥伦比亚大学攻读经济学。1923年,他获得文科学士学位;1924年,他获得文科硕士学位;1926年,他获得博士学位。1927年,西蒙·库兹涅茨进入米契尔教授主持的国民经济研究局(NBER),一直到1961年。在此期间,他同时也在大学和政府部门任职。1936～1954年,他担任宾夕法尼亚大学经济学和统计学助理教授、教授。1942～1944年,他担任哥伦比亚特区华盛顿战时生产部计划统计局副局长和计划委员会研究主任。1946年,他担任中国国家资源委员会顾问。1950～1951年,他担任印度国民收入委员会顾问。1953～1963年,他担任法尔克以色列经济研究计划主席。1954～1960年,他担任约翰·霍布金斯大学政治经济学教授。1960年,他到哈佛大学担

任经济学教授直到1971年退休。1963年,他担任以色列毛立斯·法尔克经济研究所理事会理事及名誉主席。1961~1970年,他担任美国社会科学研究会中国经济委员会主席。1971年退休。

库兹涅茨在1930年出版的《生产和价格的长期运动》一书中,提出了长期动态增长过程在深化经济现象的理解中的核心地位。在库兹涅茨看来,把经济分析局限于静态均衡理论,会阻碍它在理论上的发展。库兹涅茨毫不妥协地坚持长期考察的重要性。他指出:"如果我们既不知道需求和供给赖以发生反应的变化总过程,也不知道前者对后者可能已经施加的影响,那么,我们对需求和供给的瞬间的、静态的反应的研究怎么可能是全面的呢?"在经济增长的研究中,库兹涅茨的方法是很明显的,将一个国家或一组国家各个时期增长的数量加以比较,将一些国家在不同发展阶段上的特征曲线的某一特定时点上的横断面数据加以比较,还有对相关因素及其相互关系的研究。尽管库兹涅茨也研究地区间增长模式的差异,但他认为"国家"是最合适的研究单位,这主要是因为占统治地位的政府,有能力推行促进或阻碍经济增长的政策。

1971年12月,库兹涅茨在斯德哥尔摩作为诺贝尔奖获得者所做的演讲中,提出了现代经济增长的六个相互关联的方面。其中最主要的是总产量和人口的快速增加;第二个方面是生产效率的增长率;第三个方面是经济结构从农业生产占主导地位向制造业和服务业占主导地位的改变;第四个方面是社会结构和思维方式的转变;第五个方面是通信和运输技术改变引起的国家之间的相互依赖;最后一个方面是世界经济中的分化迹象。

他的主要著作有《1870年以来美国国民收入的长期变化》(1951年)、《各国经济增长的定量方面》(1956年)、《关于经济增长的六篇演讲》(1959年)、《现代经济增长:速率、结构和扩展》(1966年)、《各国经济增长:总产值和生产结构》(1971年)等。

本章案例分析

微软的成功秘诀:只卖"凝固的知识"——经济增长的源泉

1975年,微软公司初创时只有雇员三人、产品一种,年收入仅16 000美元。而今,它已成为软件业的"巨无霸"。1998年,其总裁比尔·盖茨的个人资产已增至510亿美元。几乎每一位PC机用户都是微软的用户,但微软从未生产过一台PC机,它只卖"凝固的知识"——软件。微软公司曾生产过的重要产品有:1975年为PC机开发的BASIC语言,1981年开发的微软磁盘操作系统(MS-DOS系统),20世纪80年代中期开发的图形操作系统(Windows系统),20世纪90年代中期开发的互联网络探索者浏览器(Internet Explorer)等。正是依靠这些软件,微软公司实现了超常发展。

微软的成功,一个首要的因素就是比尔·盖茨以非凡的洞察力意识到,只有软件能实现最大的利润。计算机行业中的许多公司都将力量集中在硬件的生产上,而软件仅处于辅助地位。与硬件相比,软件的最大优势在于其边际成本(即多生产一盘所增加的成本)极低,价值几百美元的软件的材料费可能只有几十美分,它的主要成本在研究和推销方面。所以,尽管软件前期投入不小,但一旦形成市场,净利润极高。苹果公司每销售1美元产品,只有3.3美分利润,而微软每销售1美元产品可获30多美分。以高知识含量获取高额利润,这就是微软崛起的秘密。

新经济增长理论模型主要探讨了技术进步自身的机制和规律,并把技术进步作为内生变量引入了增长模型中。技术进步是经济增长的重要因素,而技术进步又在很大程度上取决于知识的积累和运用。微软公司的发展就恰恰体现了这一点。微软公司的产品——软件正是知识的结晶,与硬件相比,生产软件的边际成本极低,但由于它的知识或技术含量极高,所以能产生高额利润。推广到一般意义上,如果说传统工业企业主要靠消耗物质资源生产物质产品,而微软公司则主要靠智力资源生产知识产品,其产品和经营方面都更多地体现为智力因素。其实,在知识经济产业中,无论企业对物质资源需求量大小如何,它的生产和经营都主要依赖于智力和知识;不一定要生产软件或计算机才算是知识经济,关键看知识含量的大小和开发、应用新知识的能力如何。

罗宾逊·克洛索的经济学——经济周期的本质

罗宾逊·克洛索是流落在一个遥远小岛上的海员。由于克洛索一人生活,所以,他的生活简单,但他必须做出许多经济决策。考虑克洛索的决策,以及这些决策如何对变化的环境做出反应,可以说明在更大、更复杂的经济中人们所面临的决策。

为了使事情简单化,设想克洛索只从事少数几种活动。克洛索把自己的一些时间用于享受闲暇,也许是在他这个岛的周边游泳;他要把其他时间用于工作,既可以是捕鱼,也可以是收集藤蔓织渔网。这两种工作形式都生产了有价值的物品:鱼是克洛索的消费,渔网是克洛索的投资。如果我们计算克洛索在岛上的GDP,我们可以把捕到的鱼的数量和织成渔网的数量加在一起。

克洛索根据自己的偏好和他面临的机会把自己的时间分配在游泳、捕鱼和织渔网上。假定克洛索要实现最优化是合理的。这就是说,在自然带来的限制为既定时,他选择对自己最好的闲暇、消费与投资量。

随着时间推移,克洛索的决策会随着外部环境对他生活的冲击而改变。假设有一天一大群鱼游过这个岛。克洛索的经济中GDP会由于两个原因而增加。第一,克洛索的生产率提高了。由于水中有大量鱼群,克洛索每小时捕到的鱼更多了。第二,克洛索的就业增加了。这就是说,他决定暂时减少自己的闲暇享受,以便努力工作,并利用这个不常见的机会捕鱼。克洛索的经济处于繁荣时期。

同样,假设有一天暴风雨来了。由于暴风雨使室外活动困难,生产率下降了。用于捕鱼的每小时或织渔网的每小时带来的产出少了。克洛索对此的反应是决定把较少时间用于工作并在茅草屋中等待暴风雨过去。对鱼的消费和对渔网的投资都减少了,因此,GDP也减少了。克洛索的经济处于衰退时期。

假设有一天克洛索受到土著人的攻击。在他保卫自己时,克洛索享受闲暇的时间也少了。因此,保护自己的需求增加刺激了克洛索经济中的就业,特别是"防卫工业"中的就业。在某种程度上,克洛索用于捕鱼的时间少了,因为把这项工作放一段时间是容易的。因此,防卫支出挤出了投资。由于克洛索把更多时间用于工作,GDP(现在包括国防的价值在内)增加了。克洛索的经济经历着战时繁荣。

这个有关繁荣与衰退的故事值得注意之处在于它的简单性。在这个故事中,产出、就业、消费、投资和生产率的波动都是个人对其环境不可避免的变动所做出的自然而合意的反应。在克洛索经济中,波动与货币政策,黏性价格,与任何一种市场失灵无关。

根据新古典宏观经济学中的实际经济周期理论,实际经济中的波动也与罗宾逊·克洛索经济中的波动一样,对我们生产物品与劳务的能力的冲击(就像岛上天气的变化)改变了就业与产出的自然率。这些冲击并不一定是合意的,但它们是不可避免的。一旦发生了这些冲击,GDP就业和其他实际宏观经济变量相应的波动就是合意的。

罗宾逊·克洛索寓言和经济学家中的任何一个模型一样并不打算刻板地描述经济的运行。相反,它力图抓住经济周期的复杂现象的本质。

本章思考与练习

一、选择题

1. 经济增长的标志是( )。
   A. 失业率的下降　　　　　　B. 先进技术的使用
   C. 通货膨胀率的降低　　　　D. 社会生产能力的不断提高

2. 下列各项中,属于要素供给增长的是( )。
   A. 劳动者教育年限的增加　　B. 实行劳动专业化
   C. 规模经济　　　　　　　　D. IT技术的大规模使用

3. 从长期来看,经济增长的源泉是( )。
   A. 经济体系总储蓄率的高低
   B. 劳动力的数量和熟练程度
   C. 土地、机器、设备、基础设施等的数量和质量
   D. 技术进步的速率

4. 下列各项中属于技术进步的因素是( )。
   A. 劳动者教育年限的增加　　B. 实行劳动专业化
   C. 规模经济　　　　　　　　D. IT技术的大规模使用

5. 除了( )之外,都是影响长期经济增长率的因素。
   A. 人口增长率　　B. 资本折旧率　　C. 技术进步速率　　D. 储蓄率

6. 当一个经济体系达到稳定状态时,以下哪一种说法是正确的( )。
   A. 人均资本占有保持稳定　　B. 人均消费水平保持稳定
   C. 资本存量不再增加　　　　D. 只有A和B对

7. 下面哪一项不影响长期经济增长率( )。
   A. 计划生育政策的制定和实施　　B. 货币供应量的增加
   C. 基础研究领域投入的增加　　　D. 外国先进技术的引进

8. 一般而言,测度经济周期的宏观经济指标为( )。
   A. GDP绝对值的变动
   B. GDP增长率的变动

C. 包括 GDP 在内的多种指标的综合指标
D. 失业率与通货膨胀率

9. 下述关于经济周期特征的描述,哪一个是错误的( )。
A. 实际 GDP、就业、价格水平和金融市场变量等是理解经济周期的重要变量
B. 经济周期一般可以分为波峰和谷底两个阶段
C. 经济周期具有循环性
D. 经济周期的时间长短具有较大的差别

10. 以下哪一种情况在经济衰退中不会发生( )。
A. 产量增长下降　　　　　B. 每位工人工作小时数增加
C. 通货膨胀率降低　　　　D. 实际工资降低

11. 下列哪个选项不是实际经济周期理论的特征( )。
A. 当事人的目的是在约束条件下的效用最大化
B. 当事人理性的形成预期,不会受到信息不对称的危害
C. 价格的灵活性可以确保持续的市场出清
D. 货币冲击是影响产出、就业波动的主要因素

12. 在古典经济周期理论中,政府支出的增加将会使实际工资降低,因为( )。
A. 政府支出增加降低了总产出
B. 政府支出增加使就业量增加,导致劳动的边际产品降低
C. 政府支出增加使劳动需求增加

13. 厂商在经济衰退时继续雇用工人而不是解雇工人,是因为在经济扩张时雇用和培训新工人的成本较高。在经济学中,这种现象被称为( )。
A. 节约劳动　　B. 劳动需求　　C. 劳动供给　　D. 劳动储备

二、名称解释

经济增长、适度经济增长、均衡经济增长、新古典增长模型、经济周期、乘数-加速原理、经济发展、可持续发展

三、简答题

1. 什么是经济增长?它有哪些特征?
2. 影响经济增长的因素有哪些?为什么?
3. 适度经济增长与均衡经济增长有何区别联系?
4. 怎样理解新古典增长模型和内生增长理论?
5. 什么是经济周期?它是如何波动的?
6. 怎样理解乘数与加速数的相互作用过程?
7. 什么是经济发展?它与经济增长有何区别?
8. 影响经济发展的因素有哪些?为什么?
9. 什么是可持续发展?其原则、特征和指标有哪些?
10. 可持续发展的对策有哪些?我们是如何提出可持续发展的对策的?

本章社会实践要求

主题：调查某地区的可持续发展情况。
要求：1. 运用可持续发展的相关知识，收集当地经济增长、人口和资源等有关资料。
    2. 分析统计数据，说明该地区经济增长与人口资源的基本状况。
    3. 分析该地区可持续发展的状况及其原因。
建议：1. 走访相关企业，了解企业生产发展与资源利用、环境保护等方面的基本情况。
    2. 走访当地发改委和环境保护部门，查阅相关统计数据，进行纵向对比。
    3. 撰写调查报告。

第七章

宏观经济学选讲模块

导学

本章选择学习汇率的概念及其决定、汇率制度;净出口函数、马歇尔-勒纳条件;国际收支平衡、国际收支平衡表;蒙代尔-弗莱明模型;固定汇率制度下的宏观经济政策及其效果;浮动汇率制度下的宏观经济政策及其效果;泡沫及其特征、次贷危机及金融监管;循环经济、低碳经济、转轨经济及知识经济。

第一节 汇率与对外贸易

一、汇率标价与汇率制度

汇率是两个国家(或地区)不同货币之间的兑换比率。汇率通常有两种表示方法:一种是直接标价法,它以外币作为标准单位,以一定数额的本币表示对单位外币交换的比率。另一种是间接标价法,它以本国货币为标准单位折算成一定数额的外国货币。

在直接标价下,汇率直观地表现为交换一个单位的外币所需支付的本币数量,因此汇率又常常被称为外币的价格。汇率上升意味着外币升值,本币贬值,即外币变得更贵,汇率市场上外汇牌价中的数字变大;汇率下降则意味着外币贬值,本币升值,即外币变得更便宜,汇率市场上外汇牌价中的数字变小。在本章分析中所指的汇率都是以直接标价法表示汇率。

汇率制度是一国货币当局对本国货币与外币交换时汇率确定方法的安排与规定,安排与规定的内容不同汇率制度就不同。当今世界上的汇率制度主要有两大类,一种是固定汇率制度,一种是浮动汇率制度。

固定汇率制就是两国货币比价基本固定,汇率的波动被控制在一定幅度之内。为了维持固定汇率,一国的货币当局必须经常运用贴现政策工具调控市场汇率,或者动用黄金外汇储备平抑市场汇率的波动。当这些办法仍不能平衡汇率的波动时,货币当局也可以实行外汇管制乃至宣布货币法定贬值或升值来重新调整本币对其他各国货币的比价关系。

浮动汇率制就是货币当局不规定汇率波动的幅度,听任外汇市场根据市场供求状况的变化自发决定汇率,政府不承诺维持固定汇率,对外汇市场一般也不进行干预。

二、汇率的决定和实际汇率

(一)浮动汇率制下的汇率决定

在浮动汇率制下,汇率由外汇市场上的供求关系决定。在外汇市场上存在着外汇供给和外汇需求两种力量。人们由于购买外国商品、在国外进行投资和投机活动或出于保值等动机而对外汇有需求。外汇需求随着外汇汇率的上升而减少,随着外汇汇率的下降而增加,因此外汇的需求曲线是向右下方倾斜的,如图7-1所示。另一方面,出口商人、从国外抽回投资的经营者以及在外汇市场上的投资者等构成外汇市场的供方力量,外汇的供给与外汇汇率同方向变动,外汇供给曲线 S 是向右上方倾斜的,如图7-1所示。在供求的相互作用下,汇率最终在 D 线与 S 线的交点处 E 点达到均衡,此时的汇率 e_0 是市场均衡汇率,外汇交易量 Q_0 是市场均衡交易量。

在同一汇率水平下,外汇需求的增加会引起需求曲线向右移动,D 线从 D_0 移至 D_1 的位置,如图7-2所示。另一方面,在同一汇率水平下外汇供给的增加会使供给曲线向右移动,S 线从 S_0 移动到 S_1 的位置。需求曲线和供给曲线的移动改变均衡汇率的水平,形成新的均衡点。

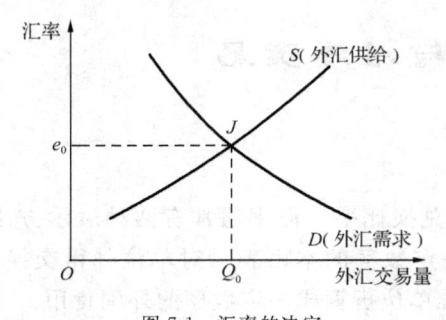

图7-1 汇率的决定

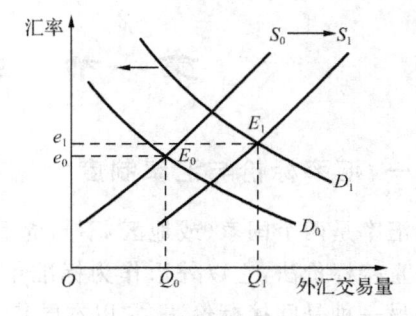

图7-2 均衡汇率的变动

(二)固定汇率制下的汇率决定

在固定汇率制下,本国货币与外国货币之间的交换比率由一国的货币当局(中央银行)来决定。

固定汇率的运行会影响一国的货币供给。以我国为例,假设人民银行把美元和人民币之间的汇率定在1美元兑换6.5元人民币。当外汇市场上对人民币需求旺盛时,汇率就有上升的压力,为了平抑汇率的上升,人民银行就会在外汇市场上投放美元,吸收人民币,于是人民币供给量减少。反之,若外汇市场上对美元的需求旺盛,汇率就有贬值的压力,人民银行就要在外汇市场上投入人民币以吸收美元,结果人民币供给量增加。

（三）实际汇率

实际汇率是一国物品交换另一国物品的交易比率，即两国物品的相对价格。实际汇率的计算公式如下

$$\varepsilon = \frac{e \times P}{P_f}$$

式中 ε——实际汇率；

e——名义汇率；

P——国内价格总水平；

P_f——国外价格总水平。

实际汇率反映了国内价格与国外价格总水平的相对比值。其他条件不变，ε 值上升（本币贬值）意味着本国商品相对于外国商品变得更贵，这时外国商品在国际市场上更具有竞争力；反之，ε 值下降（本币升值）意味着外国商品相对于本国商品变得更贵，外国商品在国际市场上的竞争力下降。

三、净出口函数

（一）净出口的概念

净出口是指一国在一定时期内（如一年、半年、一季、一月）出口与进口之间的差额。当出口大于进口，这个差额称为顺差；当出口小于进口时，则称为逆差；当出口与进口相等时，称为"贸易平衡"。

影响净出口的因素有很多，如本国商品和外国商品的价格、汇率、贸易协定、贸易壁垒以及本国和外国的经济循环等。一般认为汇率和国内收入水平是两个最重要的因素。因此，在宏观经济学中，常将净出口简化地表示为

$$nx = m_0 - \gamma y - n\varepsilon = m_0 - \gamma y - ne \times \left(\frac{P}{P_f}\right)$$

式中，m_0、γ 和 n 均为参数。参数 γ 被称为边际进口倾向，即净出口变动与引起这种变动的收入变动的比率。

（二）马歇尔-勒纳条件

汇率变动会影响一国的国际收支状况，汇率上浮（本币贬值）有利于出口，不利于进口，有利于劳务输出，不利于劳务输入，因而有利于改善国际收支状况。汇率下降（本币升值）则会恶化国际收支。

在不考虑资本流动等其他因素的情况下，一国贸易收支的状况就代表一国的国际收支状况。以本币表示的经常项目差额可以表示为

$$CA = PX - eP_f M$$

式中 CA——贸易差额；

P——国内价格总水平；

X——本国出口量；

e——汇率；

P_f——国外价格总水平；

M——本国的进口量。

一般而言,出口商品价格下降会增加出口量,进口商品价格上升会减少进口量。但是,进出口商品数量的增减幅度会由于商品需求弹性的不同而不同。

如果出口商品的需求弹性大于1,出口商品数量的增长幅度大于出口商品的降价幅度,贸易收支就能够改善;如果出口商品的需求弹性小于1,出口商品数量的增长幅度小于出口商品降价的幅度,贸易收支不仅不能改善,反而可能恶化;如果出口商品的需求弹性等于0(需求曲线垂直于横轴),那么不管价格如何下降,出口量都不能增加,出口商品降价反而会减少外汇收入,从而恶化国际收支状况。

当进口商品的需求弹性大于1时,进口数量减少的幅度大于进口商品价格上涨的幅度,进口支出将减少,从而有利于贸易收支的改善;当进口商品的需求弹性小于1时,则进口商品数量减少的幅度小于进口商品价格上涨的幅度,进口支出将增加,从而不利于贸易收支的改善。

综合进出口商品需求弹性的情况,可以得到一国货币贬值能够改善一国国际收支状况条件,这就是"马歇尔-勒纳"条件,用公式表示如下

$$|ex+em|>1$$

式中 ex——出口商品需求价格弹性;

em——进口商品需求价格弹性。

由于 ex、em 都为负值,因此取绝对值形式。

马歇尔-勒纳条件实际上是在国内外商品价格水平不变、进出口商品供给弹性无穷大的前提条件下,一国货币贬值能够改变国际贸易状况,从而改善国际收支状况的条件。

(三)J 曲线

用货币贬值的方法来改善国际收支状况时,其效果具有时滞效应。当一国的货币当局采取本币贬值的措施时,相关部门贸易量的调整不会同步进行。在贬值的初期,出口商品价格降低,但出口商品数量由于认识的时滞、决策的时滞、生产的时滞和交货的时滞等原因,不能立即同步增加,因此,出口收入会因价格下降而减少,表现为△CA 曲线先向下降,经过一段时间后,汇率贬值引起的出口商品价格降低使出口量大幅度上升,国际收支状况才会逐步改善,△CA 曲线就掉头向上升,如图 7-3 所示。

反映由本币贬值引起的国际收支状况变化的△CA 曲线,在形状上类似英文字母 J,呈现先降后升的趋势,故被称为"J 曲线"。

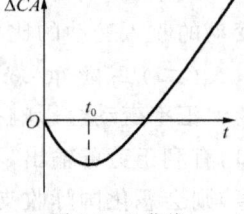

图 7-3 J 曲线

四、国际收支平衡

(一)国际收支

国际收支(Balance of Payments)是指一国在一定时期内居民与非居民之间全部经济交易活动的系统记录。

由国际收支的定义可知,判断一项交易是否属于国际收支,关键在于交易双方是否有一方是该国的居民。这里的居民,是指在一个国家的经济领土内具有经济利益的经济单

位。所谓在一国经济领土内具有经济利益,是指该单位在该国的经济领土内已经有一年或一年以上的时间大规模地从事经济活动或交易,或计划如此行事。

根据上述居民的定义,可知:

①凡是在一个国家(或地区)居住期满一年或一年以上的个人,不论其国籍如何,都是这个国家的居民。但外国的外交使节、驻外军事人员等除外。

②凡是在一个国家领土上从事经营活动的企业,不管是公有还是私有,也不管是本国的还是外国的,或是本国与外国合资、合作的,都是这个国家的居民。

③一个企业的国外子公司是其所在国的居民,而是其母公司所在国的非居民。

④一个国家坐落在别国领土上的使领馆、军事机构和其他的政府驻外机构,都是这个国家的居民。

⑤国际性机构如联合国、国际货币基金组织、世界银行等不是任一国家的居民,而是所有国家的非居民。

根据转移的内容和方向不同,居民与非居民之间的经济交易可以分为以下五类:

①金融资产与商品和劳务之间的交换,即商品和劳务的买卖;

②商品和劳务与商品和劳务之间的交换,即物物交换;

③金融资产与金融资产之间的交换;

④无偿的、单向的商品和劳务转移;

⑤无偿的、单向的金融资产转移。

(二)国际收支平衡表

国际收支平衡表是一定时期内(通常为一年)一国与其他国家间所发生的国际收支按项目分类统计的一览表,它集中反映了该国国际收支的具体构成和总体面貌。

国际收支平衡表按照现代会计学复式簿记原理编制,即以借、贷为符号,以"有借必有贷,借贷必相等"为原则来记录每笔国际经济交易。

其记账规则是:凡引起本国外汇收入的项目记入贷方,记为"+"(通常省略);凡引起本国外汇支出的项目记入借方,记为"-"。

具体而言,记入贷方的项目包括:本国居民的商品出口;外国居民在本国旅行或旅游;外国居民购买本国提供的其他劳务;本国居民在海外投资所得的收入;本国居民接受外国居民的馈赠、赔偿和其他单方面的转移;外国居民对本国进行的投资;本国居民收回其在外国投资和贷款等。

记入借方的项目则包括:本国居民进口商品;本国居民在外国旅行或旅游;本国居民购买外国提供的其他劳务;向外国居民支付其在本国投资的收益;本国居民对外国居民的馈赠、赔偿和其他单方面的转移;本国居民对外国进行的投资;外国居民收回其在本国投资和贷款等。

国际收支平衡表的内容非常广泛,各国编制的国际收支平衡表也不尽相同,但均包括三个主要项目:

1. 经常项目

即本国与外国进行经济交易而经常发生的项目,它是国际收支平衡表中最基本最重要的项目,根据《国际收支手册》第五版的规定,经常项目主要包括货物、服务、收入和经常转移。

2. 资本和金融项目

包括资本项目和金融项目两项,其中资本项目的主要组成部分包括资本转移和非生产、非金融资产的收买、放弃。金融项目反映金融资产与负债。

3. 平衡项目

反映经常项目和资本与金融项目收支差额的项目。由于经常项目与资本项目收支总量经常是不平衡的,需要通过增减国家储备求得平衡,所以,它又称为官方储备项目,包括错误与遗漏、分配的特别提款权、官方储备等项目。

2009年中国国际收支平衡表见表7-1。

表7-1　　　　　　　　2013年中国国际收支平衡表　　　　　　　单位:亿美元

项　目	差　额	贷　方	借　方
一、经常项目	18 280 719	266 366 130	248 085 411
A.货物和服务	23 537 956	242 499 453	218 961 497
a.货物	35 988 995	221 897 668	185 908 673
b.服务	−12 451 039	20 601 785	33 052 824
1.运输	−5 667 811	3 764 566	9 432 377
2.旅游	−7 691 239	5 166 400	12 857 639
3.通信服务	2 718	166 592	163 874
4.建筑服务	677 276	1 066 304	389 027
5.保险服务	−1 809 653	399 617	2 209 270
6.金融服务	−50 616	318 508	369 124
7.计算机和信息服务	944 728	1 543 252	598 524
8.专有权利使用费和特许费	−201 4641	88 667	2 103 308
9.咨询	1 693 190	4 053 563	2 360 373
10.广告、宣传	176 722	490 610	313 888
11.电影、音像	−63 558	14 716	78 274
12.其他商业服务	1 347 960	3 406 228	2 058 268
13.别处未提及的政府服务	3 885	122 763	118 878
B.收益	−4 383 889	18 550 512	22 934 401
1.职工报酬	1 607 590	1 779 011	171 420
2.投资收益	−5 991 479	16 771 502	22 762 981
C.经常转移	−873 348	5 316 164	6 189 512
1.各级政府	−311 273	112 423	423 696
2.其他部门	−562 075	5 203 741	5 765 817
二、资本和金融项目	32 620 319	172 709 962	140 089 643
A.资本项目	305 201	445 221	140 020
B.金融项目	32 315 118	172 264 741	139 949 623
1.直接投资	18 497 190	34 784 874	16 287 684

续表

项　目	差　额	贷　方	借　方
1.1 我国在外直接投资	−7 324 400	3 640 164	10 964 565
1.2 外国在华直接投资	25 821 590	31 144 710	5 323 119
2.证券投资	6 054 653	10 414 738	4 360 085
2.1 资产	−535 297	2 576 007	3 111 305
2.1.1 股本证券	−253 107	1 356 293	1 609 400
2.1.2 债务证券	−282 191	1 219 714	1 501 905
2.1.2.1（中）长期债券	−282 081	1 219 624	1 501 705
2.1.2.2 货币市场工具	−109	90	199
2.2 负债	6 589 950	7 838 731	1 248 781
2.2.1 股本证券	3 259 497	4 068 433	808 936
2.2.2 债务证券	3 330 453	3 770 298	439 845
2.2.2.1（中）长期债券	1 598 903	2 038 748	439 845
2.2.2.2 货币市场工具	1 731 550	1 731 550	
3.其他投资	7 763 275	127 065 128	119 301 854
3.1 资产	−13 652 915	14 388 900	28 041 815
3.1.1 贸易信贷	−6 026 615	648 000	6 674 615
长期	−120 532	12 960	133 492
短期	−5 906 082	635 040	6 541 122
3.1.2 贷款	−3 194 727	3 739 214	6 933 941
长期	−4 215 052	1 000 000	5 215 052
短期	1 020 325	2 739 214	1 718 889
3.1.3 货币和存款	−201 413	8 902 860	9 104 273
3.1.4 其他资产	−4 230 160	1 098 826	5 328 986
长期	1 000 000	1 000 000	
短期	−5 230 160	98 826	5 328 986
3.2 负债	21 416 190	112 676 229	91 260 039
3.2.1 贸易信贷	4 493 654	4 493 654	
长期	78 639	78 639	
短期	4 415 015	4 415 015	
3.2.2 贷款	9 344 283	94 926 479	85 582 195
长期	1 941 285	5 692 646	3 751 361
短期	7 402 999	89 233 833	81 830 834
3.2.3 货币和存款	7 576 161	12 075 961	4 499 800
3.2.4 其他负债	2 092	1 180 135	1 178 043
长期	79 920	213 087	133 166
短期	−77 828	967 049	1 044 877

续表

项 目	差 额	贷 方	借 方
三、储备资产	−43 137 943	132 026	43 269 969
3.1 货币黄金			
3.2 特别提款权	20 292	20 656	364
3.3 在基金组织的储备头寸	111 370	111 370	
3.4 外汇	−43 269 605		43 269 605
3.5 其他债权			
四、净误差与遗漏	−7 763 095		7 763 095

资料来源：2014年《中国统计年鉴》

（三）国际收支的平衡关系

由于国际收支平衡表采用复式记账原则进行编制，因而其借贷双方总额是相等的，也就是说国际收支平衡表总是平衡的。因此判断国际收支平衡与否不能以国际收支平衡表中的最终平衡关系为依据。

在国际收支中，所有交易按照发生的动机可以分为自主性交易和调节性交易。自主性交易是企业或个人出于经济利益或其他动机进行的国际经济交易，所有的经常项目和资本项目的交易都是自主性交易。调节性交易是为了弥补国际收支不平衡而进行的交易。当一国自主性交易产生的需求大于外汇供给时，为平衡供求货币当局就需运用本国的黄金、外汇等官方储备，或通过外国中央银行、国际金融机构借款以弥补自主性交易带来的收支差额。

由此可见，真正能反映国际收支状况的是自主性交易，通常意义上讲的国际收支状况实际上指的就是自主性交易收支的平衡或失衡。因此，属于自主性交易的经常项目和资本项目的借贷双方总额是否相等就成为衡量国际收支是否均衡的标准。如果经常项目和资本金融项目出现借方金额与贷方金额不相等的情况，则表明该国的国际收支不平衡。其中经常项目的借贷关系不相等，又称为贸易不平衡。当借方金额大于贷方金额，余额为"−"时，称为有国际收支逆差或贸易逆差；当借方金额小于贷方金额，余额为"＋"时，称为有国际收支顺差或贸易顺差。

在封闭经济中的国民经济均衡分析只考虑国内充分就业与物价稳定问题，一旦实现了充分就业和物价稳定也就实现了宏观经济管理的目标。但在开放经济中，国民经济的均衡不仅要考虑对内均衡，而且要考虑对外均衡，在这里对外均衡就是指国际收支均衡。由于对外经济是国内经济的向外延伸，对内不均衡必然会影响到对外不均衡。同样对外不均衡也一定会影响到对内不均衡。因此如何同时实现对内均衡和对外均衡是开放条件下的宏观分析所要解决的理论课题。

第二节 蒙代尔-弗莱明模型

一、蒙代尔-弗莱明模型

IS-LM 模型考察在价格水平不变的条件下,产品市场和货币市场同时获得均衡时利率和国民收入的关系。在开放经济条件下,决定一国国民收入水平的因素不仅有各种封闭经济状态下的宏观经济变量,而且还包括国际收支,把封闭条件下的 IS-LM 模型和国际收支模型结合起来便构成了蒙代尔-弗莱明模型。

(一)BP 曲线

根据本章第一节的分析,国际收支平衡就是该国经常项目余额与资本项目余额之和为零,用公式表示为

$$BP = NX - NF = 0$$

式中 BP——国际收支差额;

NX——净出口$(X-M)$;

NF——净资本流出,是资本流出与资本流入的差额。

由于资本项目主要记录国际投资和借贷,而国际投资和借贷的目的都是盈利。因此,一般而言,国际资本的流向是由利率低的国家向利率高的国家流动。

如果本国利率高于外国利率,外国投资和贷款就会流入本国,这时净资本流出减少。反之,如果本国利率低于外国利率,则本国的投资就会向国外投资,或向国外企业放贷,这时资本就要外流,使净资本流出增加。因此,净资本流出是本国利率和外国利率之差的函数。用公式表示为

$$NF = \sigma(r_f - r)$$

其中,r 是本国利率;r_f 是外国利率;$\sigma > 0$,表示资本流出对利率的反应敏感系数。函数图形如图 7-4 所示。

根据本章第一节的分析,可知净出口 $nx = m_0 - \gamma y - n\varepsilon$。

将净资本流出公式和净出口公式代入国际收支平衡公式,可得

$$m_0 - \gamma y - n\varepsilon - \sigma(r_f - r) = 0$$

经整理可得

$$y = \frac{m_0 - n\varepsilon - \sigma r_f}{\gamma} + \frac{\sigma r}{\gamma}$$

或

$$r = r_f - \frac{m_0}{\sigma} + \frac{n\varepsilon}{\sigma} + \frac{\gamma y}{\sigma}$$

上面两个公式便是国际收支平衡函数,简称国际收支函数。其图形即为 BP 曲线,又称为国际收支平衡线,如图 7-5 所示。

图 7-4 净资本流出函数

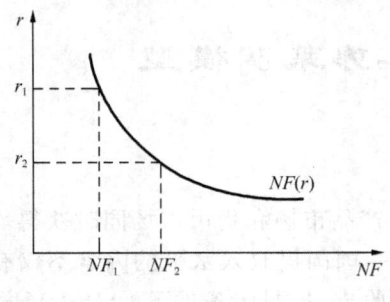

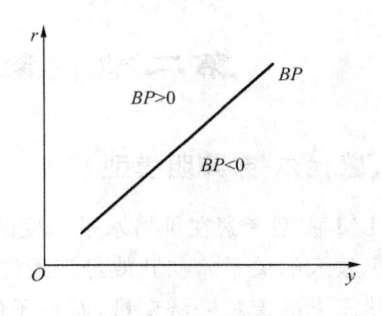

图 7-5 BP 曲线

BP 曲线表示国际收支平衡(即外部均衡)实现时,国内利率与实际产出水平组合点的轨迹。其经济含义是:在其他条件不变时,国内收入上升,引起进口上升,进而导致净出口下降,在没有外汇储备变动的情况下,就需要利率上升来引导资本净流出下降(资本净流入上升),从而使国际收支保持平衡。

BP 曲线上的每一点都代表一个使国际收支平衡的利率和收入组合,而不在 BP 曲线上的每一点都是使国际收支失衡的利率和国民收入的组合。具体而言,在 BP 曲线上方的所有点均表示国际收支顺差,即 $BP>0(NX>NF)$;在 BP 曲线下方的所有点均表示国际收支逆差,即 $BP<0(NX<NF)$。

由国际收支函数可知,BP 曲线的斜率是 $\frac{\gamma}{\sigma}$。在通常情况下,边际进口倾向 γ 较为稳定,其数值可视为常量,因而 BP 曲线的斜率主要取决于 σ。σ 值越大,BP 曲线的斜率越小,BP 曲线越平坦。反之,σ 值越小,BP 曲线的斜率越大,曲线也越陡峭。σ 是资本流出对利率反应的敏感系数,反映国际资本流动的难易程度,也表明一国资本市场的开放程度。σ 值越大,说明资本流出对利率的变动反应越敏感,较小的国内外利率差就能引起大量的资本流出,表明该国的资本市场开放程度较高;反之,σ 值越小,说明资本流出对利率的变动反应越迟钝,较大的国内外利率差才能引起资本少量流出,表明该国的资本市场开放程度较低。

当 $\sigma\rightarrow\infty$ 时,说明一国资本市场完全开放,资本可以在国内外完全流动。此时,若国内利率高于国外水平,资本就会迅速流入国内,引起本国货币供给增加,本国利率下降,直到国内外利率差消失,资本停止流动;反之,若本国利率低于外国利率,资本会立即流出,引起本国货币供给减少,利率上升,直到利率差消失,资本停止流动。可见,在资本可完全自由流动时,国内利率与国外利率将保持相等($r=r_f$),相应地,BP 曲线就成为一条水平线,如图 7-6(a)所示。

当 $\sigma=0$ 时,说明一国资本市场完全封闭,资本完全不可流动,利率变化对资本流动没有影响,净资本流出始终等于零,即 $NF=0$。此时,国际收支的均衡就完全取决于对外贸易情况。当 $NX=0$ 时,国际收支就处于均衡状态。相应地,BP 曲线就是一条位于净出口等于零时收入水平上的垂直线,如图 7-6(b)所示。

由国际收支函数还可以看出,净出口的变动会导致 BP 曲线移动。净出口减少会使 BP 曲线左移,而净出口增加会使 BP 曲线右移。由于净出口受汇率的影响,实际汇率上升,即本币贬值,有利于促进净出口增加,因此,实际汇率上升使得 BP 曲线右移;反之,实

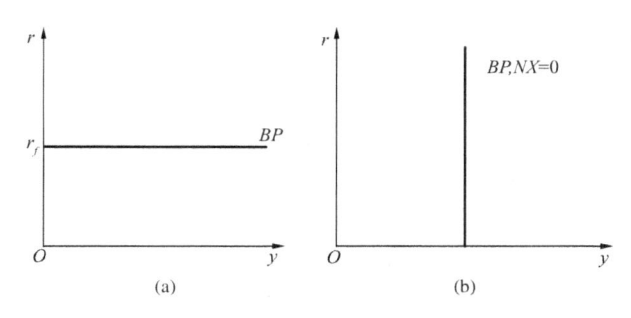

图 7-6 BP 曲线的特殊形状

际汇率的降低使得 BP 曲线左移。

(二) IS 曲线

由第一章的分析可知,开放经济中,均衡收入 $y=c+i+g+nx$。假设政府购买 g、转移支付 t_r、税收 t 都是常量,投资 $i=e-dr$,消费函数 $c=\alpha+\beta y_d$ 是线性的,将它们代入国民收入均衡公式,同时代入净出口 $nx=m_0-\gamma y-n\varepsilon$,有

$$y=\alpha+\beta(y-t+t_r)+e-dr+g+m_0-\gamma y-n\varepsilon$$

整理可得

$$y=\frac{\alpha+e+g+m_0+\beta t_r-\beta t-n\varepsilon}{1-\beta+\gamma}-\frac{dr}{1-\beta+\gamma}$$

上式便是开放经济中的 IS 方程,在以利率 r 为纵坐标、收入 y 为横坐标的坐标系中,它的图形便是一条向右下方倾斜的曲线,即 IS 曲线。

(三) LM 曲线

开放经济模型中的 LM 方程与封闭经济中的 LM 方程是一样的,相应地,开放经济模型中的 LM 曲线和封闭经济模型中的 LM 曲线也是一样的。

LM 曲线的方程为:$y=\frac{m}{k}+\frac{hr}{k}$ 或 $r=\frac{ky}{h}-\frac{m}{h}$。

(四) 蒙代尔-弗莱明模型

IS 曲线、LM 曲线和 BP 曲线分别表示价格不变的情况下,产品市场均衡、货币市场均衡和国际收支平衡时利率和国民收入之间的关系,把这三条曲线结合在一起就得到了开放条件下的宏观经济模型,即蒙代尔-弗莱明模型,如图 7-7 所示。该模型是分析开放条件下国际收支问题的基本工具。

在开放经济条件下,IS 曲线和 LM 曲线的交点所对应的状态被称为内部均衡或国内均衡。BP 曲线上的每一点所对应的状态,即国际收支平衡被称为外部均衡或国外均衡。因此,图中 IS 曲线、LM 曲线和 BP 曲线相交于 E 点,表示经济内外同时达到均衡。需要注意的是,实现了内部与外部的同时均衡,并不意味着该均衡就是充分就业的均衡。

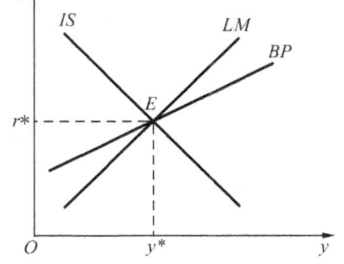

图 7-7 蒙代尔-弗莱明模型

二、开放经济的自动调节

(一)固定汇率制下的自动调节

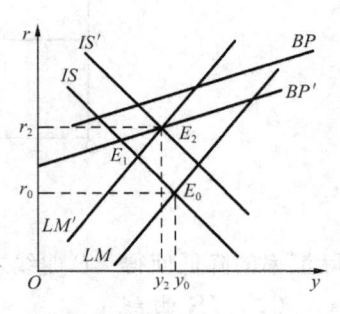

如图 7-8 所示,经济的初始状态在 E_0 点,此时实现了内部均衡,却没有实现外部均衡。由于 E_0 点位于 BP 曲线下方,所以 $BP<0$,即存在国际收支逆差。在汇率固定的条件下,国际收支逆差意味着本国货币面临贬值的压力,中央银行必须出售外国货币,从而引起国内货币供给减少,这会带来两方面的影响,一是国内价格水平的下降,另一个就是国内利率水平的上升。货币供给减少在图中首先表现为 LM 曲线左移至 LM',引起国内利率上升。国内利率上升会带来两方面的影响,一是会导致投资下降,国民收入减少,进而引

图 7-8 固定汇率制下的自动调节

起进口减少,净出口增加;二是引起资本流入,导致净资本流出减少。净出口增加和净资本流出减少使得国际收支得到改善,均衡点从 E_0 移动到 E_1。国内价格水平的下降会引起实际汇率下降,进而引起净出口增加,这样 IS 曲线就会右移,同时 BP 曲线也右移,直到开放经济实现内外同时均衡为止。在图中新的均衡点为 E_2,它是 IS、LM、BP 三条曲线的交点。

如果经济的初始状态存在国际收支顺差,那么调节过程刚好相反,具体的推理这里不再赘述。

(二)浮动汇率制下的自动调节

如图 7-9 所示,经济的初始状态在 E_0 点,E_0 点位于 BP 曲线下方,存在国际收支逆差。在浮动汇率制下,国际收支逆差会导致汇率贬值。汇率贬值的结果便是进口的减少和出口的增加,净出口因而增加。在图形上表现为 IS 曲线向右移动。净出口的增加引起国民收入增加,进而引起货币需求增加,国内利率水平上升,资本流入,净资本流出减少,在图形上表现为 BP 曲线右移。由于央行不再像固定汇率制下那样,要保持汇率固定,因而货币供给不变,从而 LM 曲线位置固定。最终,IS、LM、BP 三条曲线相交于 E_1 点,经济实现内外同时均衡。

图 7-9 浮动汇率制下的自动调节

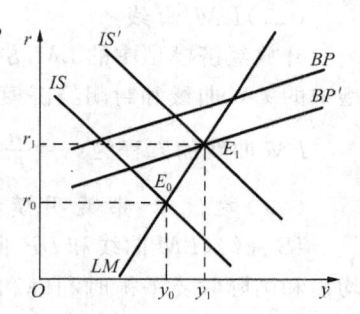

三、固定汇率制下的经济政策

(一)货币政策的效果

1. 资本完全流动的情形

由于资本完全流动,BP 曲线为一条水平线。如图 7-10 所示,经济最初处于一个内外部同时均衡的均衡点 E_1。扩张性货币政策使得 LM 曲线向右移动到 LM' 的位置。这条新的 LM 曲线与 IS 曲线相交于 E_2 点,意味着此时内部是均衡的。此时,利率下降,收入增加。收入增加会引起进口增加,净出口减少;利率降低引发了资本的大量外流,导致国际收支出现逆差,本货币面临贬值压力。为了稳定汇率,中央银行不得不在本国外汇

市场上抛售外国货币,同时购回本国货币。这样,本国货币供给减少,结果使 LM 曲线向左移动。这一过程会一直持续到最初在 E_1 点的均衡得到恢复为止。

上面的分析说明,在固定汇率制下,资本若完全流动,扩张性的货币政策是无效的。同理推出紧缩性货币政策也是无效的。

2. 资本完全不流动的情形

由于资本完全不流动,BP 曲线是一条垂直线。如图 15-11 所示,经济最初处于一个内外部同时均衡的均衡点 E_1。扩张性货币政策使得 LM 曲线向右移动到 LM' 的位置,并与 IS 曲线相交于新的内部均衡点 E_2。收入增加,利率降低。由于资本完全不流动,利率对资本流动没有影响。但收入增加,引起商品和劳务的进口增加,形成国际收支逆差(E_2 点位于 BP 曲线右边)。此时,本币面临贬值压力。为维持汇率不变,中央银行就必须抛售外币,回购本币。于是,本国货币的供给量会减少,从而使 LM 曲线从 LM' 的位置左移,直到回到原来的 LM 位置,经济又重新回到原来的内外部同时均衡点。

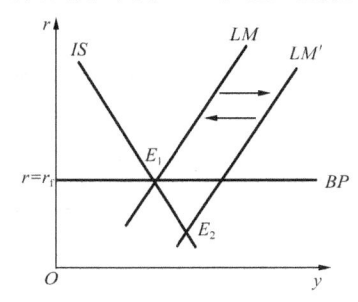

图 7-10 固定汇率制下资本完全流动时的货币政策 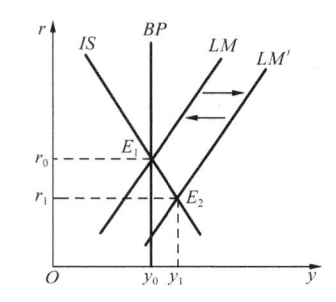   图 7-11 固定汇率制下资本完全不流动时的货币政策

由此可见,在固定汇率制下,若资本完全不流动,货币政策也是无效的。

3. 资本有限流动的情形

资本有限流动,从而 BP 曲线是一条向右上方倾斜的曲线。如图 7-12 所示,经济最初处于一个内外部同时均衡的均衡点 E_1。扩张性货币政策使得 LM 曲线向右移动到 LM' 的位置,并与 IS 曲线相交于新的内部均衡点 E_2。E_2 点对应较低的利率水平和较高的收入水平。较低的利率水平,引起资本流出,较高的收入水平   图 7-12 固定汇率制下资本有限流动时的货币政策
引起进口增加,两者共同作用使得国际收支出现逆差。为维持汇率不变,中央银行就必须抛售外币,回购本币。于是,本国货币的供给量会减少,从而使 LM 曲线从 LM' 的位置左移,直到回到原来的 LM 位置,经济又重新回到原来的内外部同时均衡点。

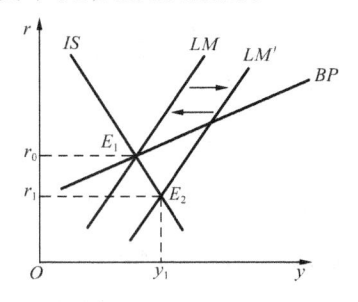

由此可见,在固定汇率制下,若资本有限流动,货币政策也是无效的。

总之,在固定汇率制度下,货币政策是无效的。

(二)财政政策的效果

1. 资本完全流动的情形

如图 7-13 所示,扩张性的财政政策使得 IS 曲线右移至 IS' 的位置,均衡点从 E_1 向右上方移动至 E_2,收入和利率同时上升。由于资本完全流动,利率上升就会引起大量资本流入,国际收支出现顺差。本国货币面临升值压力。为维持汇率固定,中央银行不得不购买外国货币,投放本国货币,导致本国货币供给增加,LM 曲线向右移动至 LM' 的位置。此时,本国利率与世界市场利率一致。均衡点从 E_2 向右下方移动至 E_3,国民收入水平进一步提高。

可见,在固定汇率制下,若资本完全流动,财政政策非常有效。

2. 资本完全不流动的情形

如图 7-14 所示,扩张性财政政策使得 IS 曲线右移至 IS' 的位置,均衡点从 E_1 向右上方移动至 E_2,收入和利率同时上升。由于资本完全不流动,利率上升对资本流动没有影响。但是,收入增加会引起进口增加,净出口下降,导致国际收支出现逆差。本币面临贬值压力,中央银行为维持汇率不变,就必须抛售外币,回购本币。于是,本国货币的供给量会减少,LM 曲线向左移动至 LM' 的位置,均衡点从 E_2 向左上方移动至 E_3。与原均衡相比,国民收入并没有增加,只是利率上升了。也就是说,在固定汇率制度下,若资本完全不流动,财政政策是无效的。

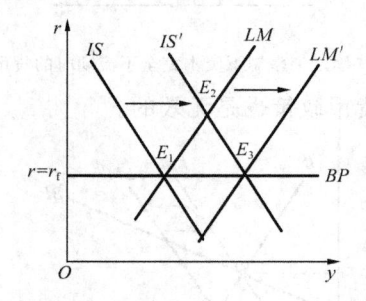

图 7-13 固定汇率制下资本完全流动时的财政政策

图 7-14 固定汇率制下资本完全不流动时的财政政策

3. 资本有限流动的情形

如图 7-15 所示,扩张性财政政策使得 IS 曲线右移至 IS' 的位置,均衡点从 E_1 向右上方移动至 E_2,收入和利率同时上升。收入增加引起进口增加,净出口下降。利率上升引起资本流入,净资本流出减少。国际收支的最终变化取决于这两个影响的净效应。净效应取决于 BP 曲线的斜率,BP 曲线越平坦,资本流动性越强,净资本流出减少的效应就越大。在图 7-15 中,BP 曲线比 LM 曲

图 7-15 固定汇率制下资本有限流动时的财政政策

线更平坦,表明资本的国际流动性很强。图中 E_2 点位于 BP 曲线上方,表明此时国际收支为顺差,这意味着利率上升导致的净资本流出减少的效应大于收入提高导致净出口下降的效应。

国际收支顺差会使本国货币面临升值压力,为维持汇率固定,中央银行就必须购买外国货币,投放本国货币,结果本国货币供给增加,LM 曲线向右移动,直到新的均衡点 E_3。此时,国民收入进一步增加,利率水平略有下降,但仍高于初始利率。

这说明,固定利率制度下,若资本有限流动,财政政策是有效的。

四、浮动汇率制下的经济政策

(一)货币政策的效果

1. 资本完全流动的情形

如图 7-16 所示,扩张性货币政策使得 LM 曲线向右移动,造成利率下降和收入上升。收入增加引起进口增加,净出口下降;利率下降,引起资本迅速流出。两种作用共同造成国际收支逆差,进而引起本币贬值。本币贬值又会引起出口增加,进口减少,导致 IS 曲线向右移动。结果,一方面收入增加,另一方面利率回升。需要注意的是,在调整过程中,汇率发生了变化。

可见,在浮动汇率制下,若资本完全流动,货币政策效果显著。

2. 资本完全不流动的情形

如图 7-17 所示,扩张性货币政策使得 LM 曲线向右移动,引起收入上升和利率下降。由于资本完全不流动,利率的降低并不会引起资本的流出。国民收入的提高却会增加进口,造成国际收支逆差。在浮动汇率制下,本国货币贬值,净出口增加,使 IS 曲线右移。结果,收入增加,利率回升。需要注意的是,在调整过程中,汇率发生了变化。

由此可见,在浮动汇率制度下,若资本完全不流动,货币政策也是有效的。

综合以上分析,可以得出结论,在浮动汇率制度下,无论资本流动性如何,货币政策是有效的。

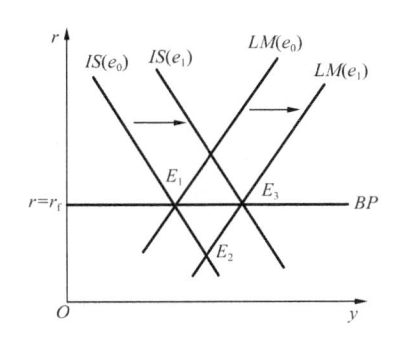

图 7-16 浮动汇率制下资本完全流动时的货币政策

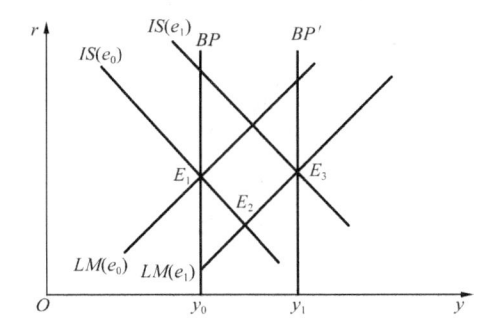

图 7-17 浮动汇率制下资本完全不流动时的货币政策

（二）财政政策的效果

1. 资本完全流动的情形

如图 7-18 所示，扩张性财政政策使得 IS 曲线右移，引起收入增加和利率上升。由于资本具有完全的流动性，利率的上升会使资本大量流入，最终出现国际收支顺差。结果，本币升值，出口减少，进口增加，从而使 IS 曲线从 IS′ 的位置左移，直到回到原来的位置。

所以，在浮动汇率制度下，若资本具有完全流动性，财政政策完全无效。

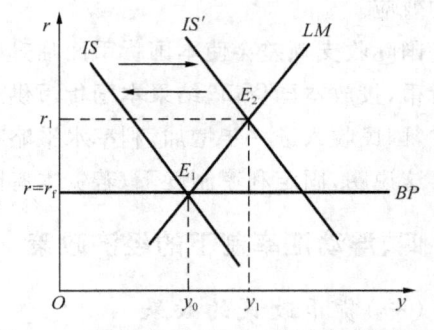

图 7-18　浮动汇率制下资本完全流动时财政政策

2. 资本完全不流动的情形

如图 7-19 所示，扩张性财政政策使得 IS 曲线右移，引起收入增加和利率上升。由于资本完全不流动时，利率提高并不会引起资本的流入。但国民收入的提高会增加进口，造成国际收支逆差。在浮动汇率制下，本国货币会发生贬值，出口增加，国际收支改善，IS 曲线继续右移，BP 曲线也右移，最终国民收入增加了，本国利率也上升了。

由此可见，在浮动汇率制度下，若资本完全不流动，财政政策是有效的。

综合以上分析，可以得出结论，在浮动汇率制度之下，资本流动性越弱，财政政策效果越大；反之，资本流动性越大，财政政策效果也越小。

（三）汇率政策的效果

如图 7-20 所示，若政府试图以本币贬值的汇率政策在短期内推动出口，从而推动国民收入增长，则 IS 曲线将右移，引起收入增加和利率上升。由于资本的完全流动，利率上升将引起资本的大量流入，并最终超过出口增加，使国际收支发生顺差。而这种顺差会引起本币升值，出口减少，进口增加，从而使 IS 曲线左移，直到回到原来位置。

由此可见，在浮动汇率制度下，若资本完全流动，汇率政策是无效的。

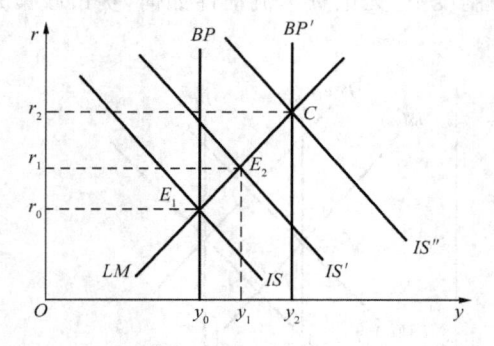

图 7-19　浮动汇率制下资本完全不流动时的财政政策

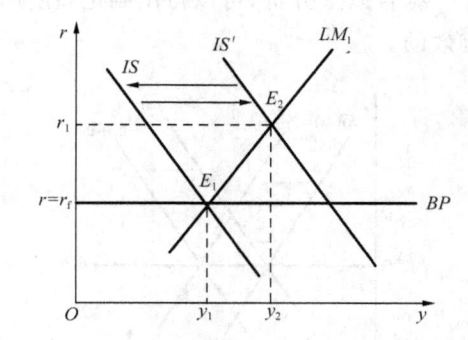

图 7-20　浮动汇率制下资本完全流动时的汇率政策

第三节　泡沫与监管

一、泡沫事件与特征

(一)历史上著名的泡沫事件

1. 郁金香泡沫

郁金香原产于地中海东部,于16世纪中叶传入西欧。郁金香的美丽和独特很快赢得了富人们的喜爱,拥有和种植这种植物就成为显示身份和地位的象征。阿姆斯特丹的富人们不惜花高价派人到君士坦丁堡购买球茎,中产阶级也开始争相购买郁金香。

从1634年开始,许多人看到种植、销售郁金香有利可图,也介入到郁金香买卖中,炒买郁金香的热潮蔓延为荷兰的全民运动。为了方便郁金香交易,人们在阿姆斯特丹的证券交易所内开设了固定的交易市场。到1636年底,荷兰郁金香市场上不仅买卖已经收获的郁金香球茎,而且还提前买卖在1637年将要收获的球茎。球茎的期货市场就这样诞生了。球茎在实际进行货物交割之前不需要实际支付货款,这又进一步加剧了郁金香的投机。

1637年新年前后,郁金香的期货合同在荷兰小酒店中被炒得热火朝天。到了1637年2月,倒买倒卖的人逐渐意识到郁金香交货的时间就快要到了。一旦把郁金香的球茎种到地里,也就很难再转手买卖了。人们开始怀疑,花这么大的价钱买来的郁金香球茎就是开出花来到底能值多少钱?在人们信心动摇之后,郁金香价格立刻就开始下降。价格下降导致人们进一步丧失对郁金香市场的信心。几乎是在一夜之间,郁金香球茎的价格一泻千里,不知有多少人成为穷光蛋,富有的商人变成了乞丐,一些大贵族也陷入无法挽救的破产境地。事态出现了失控的局面,政府不得不出面解决。荷兰政府发出紧急声明,认为郁金香球茎价格无理由下跌,劝告市民停止抛售,并试图以合同价格的10%来了结所有的合同,但这些努力毫无用处。一个星期后,郁金香的价格已平均下跌了90%,有些品种郁金香的价格狂跌到最高价位的0.005%。绝望之中,人们纷纷涌向法院,希望能够借助法律的力量挽回损失。但在1637年4月,荷兰政府决定终止所有合同,禁止投机式的郁金香交易,从而彻底击破了这次历史上空前的经济泡沫。

郁金香泡沫给荷兰造成了严重的影响,使之陷入了长期的经济大萧条。

2. 密西西比泡沫

1715年,法国国王路易十四去世,奥尔良公爵被指定为摄政王。此时的法国,对外债务已达30亿里弗尔,而每年的税收总共才14 500万里弗尔。摄政王用尽浑身解数也难以扭转局面。此时,一个金融天才出现在了他眼前,他就是约翰·劳。劳向摄政王建议,法国只要建立一个能够充分供给货币的银行就可以摆脱困境。劳的金融知识和口才,最终说服了摄政王。1716年5月5日,皇室发布命令,授权劳与他的兄弟一道在巴黎建立了一家私人银行——通用银行,也被称作"劳氏银行"。

1717年8月,劳取得了法国在北美的殖民地——路易斯安那的贸易特许权和25年自由开发路易斯安那的权力,接着又获得了在加拿大的皮货贸易垄断权,劳为此成立了西方公司。因为路易斯安那位于密西西比河流域,所以西方公司又被称为密西西比公司,劳一手导演的泡沫经济也因此被称为密西西比泡沫。该公司在1718年取得了烟草专卖权。1718年11月,劳成立了塞内加尔公司负责对非洲贸易。1719年劳兼并了东印度公司和中国公司,改名为印度公司,垄断了法国所有的欧洲以外的贸易。劳所主持的垄断性的海外贸易为他的公司源源不断地带来超额利润。

1718年12月4日,通用银行被国有化,更名为皇家银行,劳仍然担任该银行的主管。皇家银行在1719年开始发行以里弗尔为单位的纸币。1719年7月25日,劳向法国政府支付了5 000万里弗尔,取得了皇家造币厂的承包权。印度公司为此发行了5万股股票,每股面值1 000里弗尔。公司股票在市场上非常受欢迎,股票价格很快就上升到1 800里弗尔。1719年劳的印度公司先后取得了农田间接税的征税权和法国的直接税征税权,其股票价格突破了3 000里弗尔。1719年,劳为了偿还15亿里弗尔的国债,决定通过印度公司发行股票,并为此连续3次大规模地增发。9月12日增发10万股,每股面值5 000里弗尔。股票一上市就被抢购一空。股票价格直线上升。9月28日印度公司再增发10万股,每股面值也是5 000里弗尔。10月2日又增发10万股。股票价格一涨再涨,持续上升。印度公司股票的面值在1719年4月只不过为500里弗尔,在半年之内被炒作到18 000里弗尔。

印度公司的股票价格猛涨不落,吸引了大量欧洲各国的资金流入法国。为了配合股票发行,皇家银行开始大规模发行货币,每次增发股票都伴随着增发货币。1719年7月25日皇家银行发行了2.4亿里弗尔货币,用以支付印度公司以前发行的1.59亿里弗尔的股票。1719年9月和10月,皇家银行又发行了2.4亿里弗尔货币。在大量增发货币之后,法国终于出现通货膨胀。通货膨胀直接给广大民众敲响了警钟。随着民众信心的动摇,在1720年1月印度公司的股票价格开始下跌,9月跌到2 000里弗尔,到12月2日跌到1 000里弗尔,1721年9月跌到500里弗尔,重新回到了1719年5月的水平。无数人因此倾家荡产,一贫如洗。法国经济也随之陷入长期的大萧条。

3. 南海泡沫

1711年,英国成立了一家由商人组成的公司。公司与英国政府达成了一种用交易来换取经营权的协议:公司承担约1 000万英镑的政府债务,作为回报,英国政府对该公司经营的酒、醋、烟草等商品实行永久性退税政策,并赋予其经营中南美洲一带的贸易特权以及与这些地区进行远洋贸易的垄断权。这些商人就为这个公司取名南海公司。由于中南美洲是西班牙的殖民地,西班牙政府并不允许它的殖民地和外国公司交易。因此,在将近10年的时间里,南海公司业绩平平。

1720年1月,南海公司向英国政府提出,它打算利用发行股票的方法来减缓国债的压力,愿意向英国政府支付750万英镑来换取管理英国国债的特权。2月份,当英国国会刚刚开始辩论是否给予南海公司经营国债的法案的时候,南海公司就已散布谣言说英国的国会很快就要通过他们公司的国债偿付计划,其股票从每股120英镑猛然增加到每股200英镑。随着下院讨论的进展,股价还在继续以惊人的速度攀升。3月21日当英国国会通过这项法案的时候,南海公司的股票一下子翻了一番,超过了300英镑。4月初,南海公司的股票价格略有下降。但南海公司不断给媒体透露各种各样的有利消息,很快公司股票就恢复了增长的势头。4月12日,南海公司按照三比一的价格发行100万认购单,社会各界争相购买。数日之内,股价就升到340英镑,认购单的价格也提高了一倍。4月21日公司又宣布,夏季中期的股息为10%,而且所有的认购单都将被授予相同的权利,这使炒家变得更加疯狂。接着,公司又以400%的价格发行了第二个100万认购单,而且每股的股价为400英镑,认购者需要立即支付股价1/10的现金。几个小时之内,竟然卖掉150万份认购单。这两项举动给南海公司的股票投机打开了大门。人们期待着南海股票再度出现飞涨的奇迹,纷纷抢购。5月29日,股价升至500英镑,28日报价时曾高达550英镑,4天之后,又从550英镑猛增至890英镑,7月的时候更上升到每股1 000英镑的价位,到8月就开始了起伏不定的回落,8月25日跌至900英镑,9月9日暴跌至540英镑,到9月28日的时候,南海股价已暴跌到190英镑,至12月只剩124英镑。

南海公司的股价暴跌,使数以千计的股民血本无归,当中不乏上流社会人士,如大物理学家牛顿,部分人更因为欠债累累而出逃国外。

除了以上三个最为著名的案例外,历史上还发生过一些其他的重大泡沫事件,如1929年的美国股灾、1990年的日本金融危机、1997年的亚洲金融危机等。

(二)泡沫的含义与特征

经济学中的泡沫,是指资产的市场价格脱离其内在价值的部分,其实质是与经济基础条件相背离的资产价格膨胀。

泡沫经济则指虚拟资本过度增长与相关交易持续膨胀日益脱离实物资本的增长和实业部门的成长,金融证券、地产价格飞涨,投机交易极为活跃的经济现象。泡沫经济寓于金融投机,造成社会经济的虚假繁荣,最后必定泡沫破灭,导致社会震荡,甚至经济崩溃。

泡沫有以下几个显著特征:

1. 虚拟资本过度增长

虚拟资本是指以有价证券的形式存在,并能给持有者带来一定收入的资本,如股票、企业或国家发行的债券等。虚拟资本的过度增长和相关交易持续膨胀,与实际资本脱离越来越远,形成泡沫经济,最终股票价格暴跌,导致泡沫破灭、造成社会经济震荡。

2. 金融投机过度膨胀

金融投机交易过度膨胀,同实体资本和实业部门的成长脱离越来越远,便会造成社会经济的虚假繁荣,形成泡沫经济。

3. 地价飞涨

地价飞涨,脱离土地实际价值越来越远,便会形成泡沫经济,一旦泡沫破灭,地价暴跌,会给社会经济带来巨大危害。

4. 信贷投放高速增长

泡沫的产生,需要大量资金的投入来维持,因而,泡沫经济大多与信贷投放的过度扩张相关。

二、次贷危机

(一)次贷危机的发展过程

次贷危机又称次级房贷危机,是指一场发生在美国,因次级抵押贷款机构破产、投资基金被迫关闭、股市剧烈震荡引起的金融风暴。次贷危机是从2006年春季开始逐步显现的,2007年8月开始席卷美国、欧盟和日本等世界主要金融市场,最终形成全球性的金融危机。

次级贷款即"次级按揭贷款",是指一些贷款机构向信用程度较低和收入不高的借款人提供的贷款。与传统意义上的标准抵押贷款的区别在于,次级抵押贷款对贷款者信用记录和还款能力要求不高,相应地,贷款利率比一般抵押贷款高很多。

为应对知识经济泡沫破灭和"9·11"事件对美国经济的影响,2001年起,美联储将联邦基准利率从6.5%调降至1.75%,2003年进一步调降至1%。利率的降低使得美国国内的资产价格随之连续创出历史新高,房地产市场随之火爆。在房价不断走高时,次级抵押贷款生意兴隆。即使贷款人现金流并不足以偿还贷款,他们也可以通过房产增值获得再贷款来填补缺口。

在次级贷款迅速扩张的同时,美国的投资银行等金融机构也开始以次级贷款为基础进行了五花八门的金融创新。首先将次级贷款打包,以这些打包的次级贷款的利息收入为支撑,发行贷款支持债券MBS(Mortgage Based Securities)。再以MBS为基础,开发出债务抵押债券CDO(Collateralized Debt Obligation)。然后又在CDO的基础上开发出了CDO的CDO、CDO的立方以及信用违约掉期合约CDS(Credit Default Swap)等。

CDS相当于对债权人而言是其所拥有债权的一种保险。当贷款人有抵押情况下借款予借款人,而又担心借款人违约不还款时,就可以向CDS卖方买一份有关该借款人的合约。若该借款人违约不还款,贷款人可以拿抵押物向卖方索偿,换取应得欠款。卖方所赚取的是在借款人依约还款时的权利金。一些大型银行和投资者意识到CDS产品可以用于投机,如果预计信用违约掉期保险对象的经营状况良好,就购入卖方的CDS合约,而后收取权利金获益。如果预计信用违约掉期保险对象的业绩可能出现下滑,则购入买方的CDS合约,并交纳权利金,最后当保险对象破产时就可以获得卖方的赔偿。由于CDS合约具有投机性,后来人们还创造出了与抵押贷款完全没有联系的纯投机工具,例如,在从未对一家公司放债的情况下,投机者也可以购买CDS合约赌博该公司很快会破产。

在当时的美国,CDS之类的金融衍生产品是不受监管的。当这些CDS由一方转让给另一方时,监管机构甚至没有要求投资者必须证明在发生风险而需要赔偿的情况下,他们有足够的现金来履行CDS中的条款。这样,一旦发生信用违约事件,投资造成的损失根本得不到CDS的赔偿。巨大的损失可能使一家公司的市值迅速下降。如果许多公司同时出现这种情况,而且每家公司购买的CDS都得不到赔偿,那么整个市场就会因连锁反应而面临危机。CDS本身的投机性和监管的缺位,使得CDS市场迅速膨胀。

2005年,伯南克任美联储主席后,为抑制通胀,很快便将联邦基金利率重新调整到5%。到2006年,利率迅速攀升,有些借了次贷的人开始无力偿还债务。2007年,不能按时偿还按揭的人的比例变得越来越高。2007年2月13日,汇丰控股为其在美国的次级房贷业务增加18亿美元的坏账准备,美国最大次级房贷公司Countrywide Financial Corp减少放贷,美国第二大次级抵押贷款机构新世纪金融(New Century Financial Corp)发布2006年第四季度盈利预警。一个月后的3月13日,新世纪公司宣布濒临破产。随后,次贷危机全面爆发。

(二)次贷危机产生的原因

次贷危机产生的主要原因有两个,一个就是扩张性货币政策导致的房地产泡沫。2001年,美国知识经济泡沫破灭,并在同年遭遇"9·11"事件的冲击,经济严重受挫并走向衰退。为使美国的经济复苏,美国政府开始实行降息的货币政策。扩张性的货币政策导致美国国内资产价格上涨,房地产市场繁荣发展。不断上涨的房价刺激了美国人对住房的投资,次级房贷也迅速扩张。美国房地产市场在这样的趋势中发展近6年多时间。2005年后,美国为了抑制通货膨胀,连续25次加息。利率的上升和房价持续下降使房贷市场上借款的还贷压力不断增大,正处于还贷中后期的借款人由于无法承受利率提高的巨大负担,只能选择违约,进而引起抵押贷款公司的破产。对冲基金的大幅亏损,继而连累保险公司和贷款银行,同时投资对冲基金的各大投资银行也纷纷亏损,然后股市大跌,民众普遍亏钱,无法偿还房贷的民众进一步增多,次贷危机终于全面爆发。

次贷危机的另一个重要原因就是政府监管的缺失。20世纪80年代,美国经济的自由主义思潮抬头,美国政府受其影响放松了对经济的管制,尤其是放松了对金融的监管。这样,美国的银行及其他金融机构就可以自由地追逐最大利润。为了追逐高额利润,金融机构们开始了五花八门的金融创新,新的金融工具层出不穷。前面所说的CDS便是其中最具影响力的工具之一。这些金融工具在给金融机构带来高回报的同时,也在积聚着经济的风险。风险不断地加剧和扩大,并扩散和转移到整个金融体系,为金融危机的全面爆发埋下了隐患。

三、不确定性与监管

到目前为止,我们对宏观经济问题的分析,始终暗含了一个假设条件——完全信息假设。该假设的基本含义,就是人们都掌握了与其经济活动有关的全部信息。因此,人们对自己经济行为的后果是完全了解的。然而,现实却是我们对经济运行的结果并不能准确地判断。其原因就在于,现实世界中存在大量的不确定性。所谓不确定性是指经济决策者不能准确地预言任何事件或行动的结果。

任何一项经济活动都要受到多种因素的影响,任何一个因素的变动都可能导致结果的不同。在经济进入全球化和高度货币化的今天,经济中不可知因素更加复杂和多变,人们只能在不确定的条件下进行经济决策。其结果就是经济运行的不确定性。前美联储主席格林斯潘就曾说过,"联邦公开市场委员会的会议记录证明,在面临重重挑战时制定货币政策是一项困难的工作。通货膨胀、实际产出、就业情况、生产力水平、股票价格以及汇率,虽然回想起来似乎早有征兆,但当初我们却并不具有未卜先知的能力。"

特别是在虚拟经济高度发达的今天,经济系统中的不确定性更加突出。虚拟经济是指资本以脱离实体经济的价值形态,以票据方式持有收益,按特定规律运动以获取价值增值所形成的经济活动,它是相对于实体经济而言的。实体经济就是物质产品和精神产品的生产、销售以及提供相关服务的经济活动。虚拟经济产生于实体经济发展的内在需要，建立在实体经济基础上，为实体经济服务。但是，虚拟经济的发展是与投机活动并存的，投机活动使得经济系统中的不确定性大大增加，在一定的宏观经济环境中很容易造成经济的大起大落。历史上的历次泡沫经济都与虚拟经济投机密切相关。郁金香泡沫与期货投机有关，密西西比泡沫和南海泡沫与股票投机有关，次贷危机则与复杂的金融衍生品投机有关。因此，为了经济运行的健康稳定，加强对经济的监管，尤其是加强对虚拟经济的监管，就显得尤为重要。

事实上，从南海泡沫事件开始，历次泡沫事件之后，各国政府都会加强对经济和金融的监管。南海泡沫事件之后，英国在长达100多年的时间里，竟然没有发行过一只股票。密西西比泡沫事件之后，法国政府禁止银行也长达100年之久。1929年美国的股灾之后，美国政府随后出台了相关法规，要求银行和投资银行分业经营、分业监管，并加强了对证券市场的监管。然而20世纪80年代之后，美国政府在经济自由主义思潮的影响下，放松了对经济、金融的监管。监管的放松，为金融投机提供了便利，并最终酿成经济危机。

次贷危机之后，美国政府着力推进对金融监管的改革。2009年6月17日中午，美国政府正式公布了美国金融监管体系改革的"白皮书"。改革方案几乎涉及美国金融领域的各个方面，从更严格的消费者保护政策到出台对金融产品更为严格的监管规则，这一计划把目前游离在监管之外的金融产品和金融机构，都置于联邦政府的控制之下。

第一，加强对金融机构的监管。白皮书指出，所有可能给金融系统带来严重风险的金融机构都必须受到严格监管。第二，建立对金融市场的全方位监管。白皮书建议，强化对证券化市场的监管，全面监管金融衍生品的场外交易。赋予美联储监督金融市场支付、结算和清算系统的权力。第三，保护消费者和投资者不受不当金融行为损害。白皮书指出，为了重建对金融市场的信心，需对消费者金融服务和投资市场进行严格、协调地监管。第四，赋予政府应对金融危机所必需的政策工具，以避免政府为是否因应救助困难企业或让其破产而左右为难。第五，建立国际监管标准，促进国际合作。为此，白皮书建议，改革企业资本框架，强化对国际金融市场监管，对跨国企业加强合作监管，使各国的政策相协调，以创立一个相容的监管架构并且强化国际危机应对能力。

次贷危机的爆发引发了世界各国对金融监管的新一轮思考，金融监管机构的集中化趋势越发明显。

第四节 其他热点问题

一、循环经济

循环经济的思想萌芽可以追溯到环境保护主义兴起的20世纪60年代。经历了近十年的发展，到20世纪70年代，循环经济的思想还只是一种理念，当时人们主要关心的是对污染物的无害化处理。20世纪80年代，人们认识到应采用资源化的方式处理废弃物。20世纪90年代，随着环境革命和可持续发展战略成为世界潮流，环境保护、清洁生产、绿色消费和废弃物的再生利用等才整合为一套系统的以资源循环利用、避免废物产生为特征的循环经济战略。

按照国家发改委对循环经济的定义,循环经济是一种以资源的高效利用和循环利用为核心,以"减量化、再利用、资源化"为原则,以"低消耗、低排放、高效率"为基本特征,符合可持续发展理念的经济增长模式,是对"大量生产、大量消费、大量废弃"的传统增长模式的根本变革。

传统经济是一种由"资源—产品—污染排放"所构成的物质单向流动的经济。人们以越来越高的强度把地球上的物质和能源开发出来,在生产加工和消费过程中又把污染和废物大量地排放到环境中去,通过把资源持续不断地变成废物来实现经济的数量型增长,导致了许多自然资源的短缺与枯竭,并酿成了灾难性环境污染后果。循环经济则不同,它倡导的是一种建立在物质不断循环利用基础上的经济发展模式,它要求把经济活动按照自然生态系统的模式,组织成一个"资源—产品—再生资源"的物质反复循环流动的过程,使得整个经济系统以及生产和消费的过程基本上不产生或者只产生很少的废弃物,从而根本上消解长期以来环境与发展之间的尖锐冲突。

"减量化、再利用、资源化"是循环经济的基本原则,简称"3R"原则。减量化原则要求用较少的原料和能源投入来达到既定的生产目的或消费目的,从经济活动的源头就注意节约资源和减少污染。再利用原则要求制造产品和包装容器能够以初始的形式被反复使用,要求抵制当今世界一次性用品的泛滥,要求制造商应该尽量延长产品的使用期,而不是非常快地更新换代。资源化原则要求生产出来的物品在完成其使用功能后能重新变成可以利用的资源,而不是不可恢复的垃圾。

我国从20世纪90年代起引入了关于循环经济的思想,此后对于循环经济的理论研究和实践不断深入。1998年我国从德国引入循环经济概念,确立了"3R"原理的中心地位,1999年又从可持续生产的角度对循环经济发展模式进行了整合,2002年从新兴工业化的角度认识循环经济的发展意义,2003中央政府将循环经济纳入科学发展观,确立物质减量化的发展战略,2004年,提出从不同的空间规模:城市、区域、国家层面大力发展循环经济。在立法方面,也不断深入。2002年颁布了《清洁生产促进法》。2008年通过了《循环经济促进法》。

二、低碳经济

所谓低碳经济,是指在可持续发展理念指导下,通过技术创新、制度创新、产业转型、新能源开发等多种手段,尽可能地减少煤炭石油等高碳能源消耗,减少温室气体排放,达到经济社会发展与生态环境保护双赢的一种经济发展形态。低碳经济是以低能耗、低污染、低排放为基础的经济模式,是人类社会继农业文明、工业文明之后的又一次重大进步。低碳经济实质是高能源利用效率和清洁能源结构、追求绿色GDP的问题,核心是能源技术创新、制度创新和人类生存发展观念的根本性转变。

低碳经济提出的大背景,是全球气候变暖对人类生存和发展的严峻挑战。随着全球人口数量的上升和经济规模的不断增长,化石能源等常规能源的使用造成的环境问题及后果不断地为人们所认识。1972年联合国气候大会通过《斯德哥尔摩宣言》,标志着环境问题正式提上了国际社会的议事日程。1992年在巴西里约热内卢,通过了历史性文件《联合国气候变化框架公约》,确认了发达国家和发展中国家在应对气候变化中"共同但有区别的责任原则"。1997年,气候谈判通过了《京都议定书》。37个发达国家在《京都议定书》中承担减排义务,而发展中国家并不承担减排义务。2002年通过的《德里宣言》,承认发展经济和消除贫困是发展中国家的首要任务,为发展中国家逐步参与减排进程争取了时间。2003年,"低碳经济"最早见诸政府文件——英国能源白皮书《我们能源的未来:创建低碳经济》。英国为自己制定约在2050年之前将英国的二氧化碳排放量减少60%左右的目标,并在2020年之前取得切实的进展。2006年,前世界银行首席经济学家尼古拉斯·斯特恩牵头做出的《斯特恩报告》指出,全球以每年GDP1%的投入,可以避免将来每年GDP5%~20%的损失,呼吁全球向低碳经济转型。2007年,联合国气候变化大会制定了"巴厘岛路线图",要求发达国家在2020年前将温室气体减排25~40%。2009年,联合国气候变化大会达成了《哥本哈根协议》。

低碳经济的特征是以减少温室气体排放为目标,构筑低能耗、低污染为基础的经济发展体系,包括低碳能源系统、低碳技术和低碳产业体系。低碳能源系统是指通过发展清洁能源,包括风能、太阳能、核能、地热能和生物质能等替代煤、石油等化石能源以减少二氧化碳排放。低碳技术包括清洁煤技术和二氧化碳捕捉及储存技术等。低碳产业体系包括火电减排、新能源汽车、节能建筑、工业节能与减排、循环经济、资源回收、环保设备、节能材料等。

低碳经济的理想形态是充分发展太阳能经济、风能经济、氢能经济、生物质能经济。但是,由于现阶段太阳能、风能和氢能的成本太高,而使得这些能源的产业化和普及化难以实现。因此,目前低碳意味节能,低碳经济就是以低能耗低污染为基础的经济。

三、转轨经济

转轨指的是由计划经济体制向市场经济体制的转变。转轨经济就是指处在这种转轨过程中的经济体。20世纪80年代末开始,主要社会主义国家纷纷开始从中央计划经济体制向现代市场经济体制的转轨。因而,引起了经济学界的广泛关注,转轨经济学兴起。

从转轨国家的改革实践来看,转轨可以分为两种主要模式。一种是以波兰、俄罗斯等国家为代表的激进式转轨。激进式转轨是指实施激进而全面的改革计划,在尽可能短的时间内进行尽可能多的改革。另一种则是以我国为代表的渐进式转轨。渐进式转轨是指通过部分的和分阶段的改革,在尽可能不引起社会震荡的前提下循序渐进地实现改革的目标。

俄罗斯的激进式转轨又称为"休克疗法",是由美国哥伦比亚大学经济学教授杰弗里·萨克斯提出来的。"休克疗法"的基本内容一般归结为自由化、稳定化与私有化。所谓自由化就是通过"一步到位的价格改革"实现价格的自由化,通过废除对外贸易的国家垄断实现对外贸易的自由化,以及通过放弃外汇管制和垄断,实现外汇的自由化。自由化的最终目的,是最大限度地启动市场机制,使其在社会经济生活中发挥应有的调节作用。

所谓稳定化就是通过严厉的紧缩性财政和金融政策以及一系列抑制社会总需求的强制性措施,迅速遏制恶性通货膨胀,恢复经济秩序,使宏观经济趋于稳定。所谓私有化就是通过归还、出售、租赁、股份制改造等产权制度改革,将国有经济民营化,最终塑造和确立市场经济的主体。

按照"休克疗法"的思路,俄罗斯政府从1992年1月2日起,放开90%的消费品价格和80%的生产资料价格。与此同时,取消对收入增长的限制。物价放开的头三个月,收效明显。可到了4月份,消费品价格比1991年12月上涨65倍。到了6月份,工业品批发价格上涨14倍,消费市场持续低迷,企业纷纷压缩生产,市场供求进入了死循环。

放开物价的同时,俄罗斯政府实施了严厉的财政、货币"双紧"政策。税收优惠统统取消,政府削减了公共投资、军费和办公费用等。同时,提高央行贷款利率,建立存款准备金制,实行贷款限额管理,以此控制货币流量。由于税负过重,企业生产进一步萎缩,失业人数激增,政府不得不加大救济补贴和直接投资,财政赤字不降反升。紧缩信贷造成企业流动资金严重短缺,政府被迫放松银根,最终,财政货币紧缩政策流产了。

在私有化方面,每个俄罗斯人领到一张一万卢布的私有化证券,可以凭证自由购股。到私有化正式启动时的1992年10月,一万卢布只够买一双高档皮鞋。最终,私有化的措施使大批国有企业落入特权阶层和暴发户手中。特权阶层对企业经营根本没有兴趣,而职工既领不到股息,又无权参与决策,结果生产经营无人过问,企业效益每况愈下。

从俄罗斯的转轨实践看,激进式转轨具有以下特征。第一,转轨以新体制的形成为基本目标,力求在较短时间内建立新的经济体制。第二,经济转轨过程包含宪政转轨。激进式的转轨理论认为,经济转轨也就是大规模的制度变迁,需要在短期内迅速完成。否则,旧体制会成为新体制形成的巨大阻力,使得转轨变得遥遥无期。第三,经济转轨初期稳定化、私有化和自由化政策并举。第四,转轨伴随着短期的经济社会混乱,甚至是退步,经济社会风险比较大。

与俄罗斯的"休克疗法"不同,我国的经济转轨采取的是渐进的方式。在渐进式转轨过程中,采取了先易后难的做法。改革首先从农村起步,逐步向城市推进。价格改革由"双轨制"逐步并轨,最终实行市场价格。对国有经济进行战略性调整的同时,大力发展非公有制经济,建立以公有制为基础、多种所有制形式并存的混合经济。国有企业改革从主要依靠政府和政策,逐步转向主要依靠市场和法律,推进建立现代企业制度。对外开放从东南沿海逐步推向沿海、沿江和内陆地区;以经济体制改革为主线先行,逐步推进其他方面的改革。

从我国经济转轨的实践看,渐进式转轨一般具有以下特征。第一,转轨过程中力求保持经济社会发展的连续性,稳定和发展本身也被列为转轨的基本目标和标准。第二,转轨并不追求一步到位,而是通过设置过渡性的制度安排,使改革最终指向市场经济体制。第三,采取存量改革和增量改革并重的改革战略,在存量经济发挥作用的同时,注重发展增量经济,这是渐进式转轨能够确保经济稳定增长的一个重要前提。第四,改革采取先经济,后社会,再政治的路径。这是渐进式改革能够保证社会和政治稳定的基本条件。

四、知识经济

20世纪70年代,西方发达国家的学者注意到科技在经济增长中的决定性作用,便开始对未来经济发展趋势提出各种观点,一些新概念,如"信息经济""网络经济""新经济"等纷纷被提出。

1983年,美国加州大学教授保罗·罗默提出了"新经济增长理论",认为知识是一个重要的生产要素,它可以提高投资的收益。"新经济增长理论"的提出,标志着知识经济在理论上的初步形成。1990年联合国有关研究机构首次使用了"知识经济"这一概念。1996年世界经济发展与合作组织在一份题为《以知识为基础的经济》的文章中,首次对"知识经济"给出了明确的定义。根据经合组织的定义,知识经济是建立在知识的生产、分配和使用(消费)之上的经济。它是与农业经济、工业经济相对应的一个概念,是人类社会进入计算机信息时代而出现的一种新型的富有生命力的经济形态。

知识在现代社会价值的创造中的功效已远远超过传统的生产要素,成为所有创造价值要素中最基本的要素。与传统的依靠人、财、物等生产要素投入的经济增长相比,现代经济的增长越来越依赖于知识的增长。与传统经济形态相比,知识经济具有以下特征:

(一)知识成为最重要的生产要素,知识经济是一种信息型经济

信息技术的进步促进了信息产业的发展,对传统产业的改造产生极大的推动作用,它使经济增长方式发生了根本性的变化。以信息产业为核心的高科技产业成为知识经济的标志性产业及推动经济增长的主要支柱。

(二)知识经济是科技持续创新的经济

技术创新速度越来越快,并将范围覆盖人类社会生活的所有方面,技术创新成为经济增长最主要的推动力量。

(三)知识经济是一种智力支撑型经济

智力、知识、信息等无形资产的投入、占有,将成为经济发展的决定性因素。智力将成为未来社会的最紧缺的资源,谁掌握了智力资源,谁就具有了经济发展的主动权。智力资源的基础是人才,因此人才的培养和人力资源的开发,具有特殊重要的意义。

(四)知识经济是一种可持续发展的经济

传统经济的增长依靠对自然资源的掠夺,最终导致了自然资源的枯竭和生态环境的破坏。知识经济则不同,它以知识和信息的生产、传播和应用为基础,使经济增长不再严重依赖自然资源的消耗。

知识经济的兴起将对投资模式、产业结构、增长方式和教育的职能与形式产生深刻的影响。在投资模式方面,信息、教育、通信等知识密集型高科技产业的巨大产出和展现出的骤然增长的就业前景,将导致对无形资产的大规模投资。在产业结构方面,电子商务、网络经济等新型产业将大规模兴起,农业等传统产业将越来越知识化。在增长方式方面,知识可以低成本地不断复制并实现报酬递增,使经济增长方式可能走出依赖资源的模式。同时,知识更新的加快使终生学习成为必要。

第七章 宏观经济学选讲模块

本章相关学者

罗伯特·蒙代尔曾就读于英属哥伦比亚大学和伦敦经济学院，于麻省理工学院获得哲学博士学位。在1961年任职于国际货币基金组织前曾在斯坦福大学和约翰霍普金斯大学高级国际研究院Bologna（意大利）中心任教。1974年起执教于哥伦比亚大学。

蒙代尔在北美洲、南美洲、非洲、澳大利亚和亚洲等地广泛讲学。他是联合国、国际货币基金组织、世界银行、加拿大政府、拉丁美洲和欧洲的一些国家、联邦储备委员会及美国财政部等许多国际机构和组织的顾问。1970年，他担任欧洲经济委员会货币委员会的顾问；他还是1972～1973年在布鲁塞尔起草关于统一欧洲货币的报告的九名顾问之一。1964～1978年，他担任Bellagio—Princeton国际货币改革研究小组成员；1971～1987年，他担任Santa Colomba国际货币改革会议主席。

蒙代尔发表了大量有关国际经济学理论的著作和论文，被誉为最优化货币理论之父，他系统地描述了什么是标准的国际宏观经济学模型。蒙代尔是货币和财政政策相结合理论的开拓者，他改写了通货膨胀和利息理论。蒙代尔与其他经济学家一起，共同倡导利用货币方法来解决支付平衡，此外，他还是供应学派的倡导者之一。蒙代尔撰写了大量关于国际货币制度史的文章，对于欧元的创立起了重要的作用。此外，他撰写了大量关于"转型"经济学的文章。1997年，蒙代尔参与创立了《Zagreb经济学杂志》。2005年，以蒙代尔教授命名的《蒙代尔》(The Mundell)杂志出版。蒙代尔教授自1999年开始担任全球领先的战略咨询机构——世界经理人集团(World Executive Group)董事会主席。2006年受聘为首都经济贸易大学兼职教授。

瑞典皇家科学院在授奖贺词中称："蒙代尔教授奠定了开放经济中货币与财政政策理论的基石……尽管几十年过去了，蒙代尔教授的贡献仍显得十分突出，并构成了国际宏观经济学教学的核心内容。"蒙代尔发展了开放经济中的货币与财政政策（即"稳定政策"）的分析。他在《固定和弹性汇率下的资本流动和稳定政策》中探讨了开放经济中货币与财政政策的短期效应，分析很简单，但结论却很丰富、新颖、清楚。在这篇具有划时代意义的论文中，蒙代尔把对外贸易和资本流动引入了传统的 IS-LM 模型（该模型1972由年诺贝尔经济学奖得主希克斯发展，用于分析封闭经济），阐明了稳定政策的效应将随国际资本流动的程度而变化。他论证了汇率体制的重要意义：在浮动汇率下货币政策比财政政策更有威力，在固定汇率下则相反。到20世纪60年代后半期，蒙代尔已是芝加哥大学学术界的领袖人物。

本章案例分析

国际货币基金组织改革不容缓

国际货币基金组织(下称"基金组织")成立于1945年,是联合国系统下专门负责国际货币和金融事务的国际机构,其核心职能在于对成员国政策以及全球经济和金融市场的运行情况进行监督,以实现维护全球经济和金融稳定的宗旨。

在布雷顿森林体系下,基金组织的主要任务是保证各国货币与美元挂钩的汇率平价制度的稳定。20世纪70年代初布雷顿森林体系崩溃后,为确立新的国际货币制度,基金组织于1977年出台了《关于汇率政策监督的决定》(下称"1977年决定"),并于1978年开始实施《基金组织协定》第二修订案,规定成员国在履行一定义务的情况下,可以自主选择汇率制度,但同时规定"基金组织应对各成员国的汇率政策行使严格的监督","以促进有序的汇兑安排和稳定的汇率体系"。

由于除汇率政策外,其他政策也影响成员国的国际收支状况和其所选择的汇率制度,基金组织的监督范围在实践中也逐渐超出汇率政策,变得更为广泛。2007年6月,基金组织执董会通过了《对成员国政策的双边监督决定》(下称"2007年决定"),用以替代"1977年决定",该决定构成了基金组织监督的新制度框架。"2007年决定"明确基金组织对成员国的监督重点是对"外部稳定"具有重要影响的汇率、货币、财政和金融部门等政策,特别强调"成员国应避免实施导致外部不稳定的汇率政策",并将"汇率根本性失衡"等明确为监督指标。

"2007年决定"迎合了持有基金组织大多数投票权的发达国家的要求,客观上也加强了基金组织对成员国汇率政策进行监督的权力,但是该决定在执行中却遇到了重重困难,表现在:

第一,决定在设计上存在缺陷,成员国和基金组织工作人员对决定中一些关键概念的理解存在分歧,造成工作人员在决定执行中缺乏依据,受到决定影响的成员国也难以被说服和接受工作人员的监督结论;

第二,决定出台后,美国次贷危机不断恶化,不但造成了美国外部不稳定,而且引发了全球金融危机和经济衰退,这说明汇率政策并非是影响外部稳定的唯一重要因素。但基金组织将过多精力集中放在"2007年决定"的讨论和汇率水平的监督上,未能对次贷危机的风险进行深入分析和及时提出警告。许多成员国认为,基金组织监督重点有失偏颇或不够全面,对决定的恰当性产生怀疑。

在全球金融动荡不断加剧的情况下,基金组织管理层不得不暂缓实施该决定。"2007年决定"执行难的问题和本次起源于发达国家的金融危机不断恶化,体现了基金组织监督中长期存在的缺陷。要解决基金组织监督存在的缺陷,必须对导致缺陷的有关因素进行根本性改革。

第七章 宏观经济学选讲模块

本章思考与练习

一、选择题

1. 净出口有时被称为( )。
  A. 贸易余额　　　B. 贸易顺差　　　C. 贸易逆差　　　D. 贸易额
2. 在开放经济中，决定国内生产总值水平的总需求是指( )。
  A. 国内总需求　　　　　　　　B. 对内产品的总需求
  C. 国内支出　　　　　　　　　D. 消费与投资之和
3. 属于国际收支平衡表的经常项目的是( )。
  A. 国外政府在本国的存款　　　B. 本国在外国发行的股票
  C. 外国居民在本国的旅游支出　D. 外国居民在本国的投资支出
4. 人民币汇率升值是指( )。
  A. 人民币与美元的比率由 1：0.2 变为 1：0.25
  B. 人民币与美元的比率由 1：0.2 变为 1：0.18
  C. 人民币与美元的比率由 5：1 变为 2：0.4
  D. 人民币与美元的比率由 1：0.2 变为 2：0.4( )。
5. 在固定汇率下，一国货币对他国货币的汇率
  A. 绝对固定，没有变动　　　　B. 基本固定，在一定范围内变动
  C. 由外汇市场供求决定　　　　D. 由中央银行决定
6. 蒙代尔-弗莱明模型是指( )。
  A. IS-LM 模型　　　　　　　B. IS-LM 模型与国际收支的结合
  C. IS-LM 模型的开发程度　　D. IS-LM 模型的政策解释

二、名称解释

汇率、固定汇率、浮动汇率、国际收支、国际收支平衡表、蒙代尔-弗莱明模型、循环经济、低碳经济、转轨经济、知识经济

三、简答题

1. 什么是汇率？它受哪些因素影响？
2. 什么是国际收支平衡表？它由哪几大项目构成？
3. 试推导蒙代尔—弗莱明模型。
4. 试比较固定汇率制度下的宏观经济政策效果。
5. 试比较浮动汇率制度下的宏观经济政策效果。
6. 什么是泡沫？它有哪些特征？
7. 什么是循环经济？它有哪些特征？
8. 简述低碳经济的含义。
9. 什么是转轨经济？它有哪两种基本模式？
10. 什么是知识经济？其特征有哪些？

本章社会实践要求

主题：调查某地区的低碳经济发展的情况。

要求：1. 收集当地经济增长、人口、资源、低碳行业等有关资料。

2. 分析统计数据，说明该地区经济增长、人口、资源、低碳行业的基本状况。

3. 分析该地区低碳经济发展的制约因素，并提出相关对策。

建议：1. 走访相关企业，了解该地区低碳经济的基本情况。

2. 走访当地发改委和环境保护部门，查阅相关统计数据，进行纵向对比。

3. 撰写调查报告。

附 录

一、符号公式

α	—乘数	AD	—总需求曲线
AE	—总支出曲线	APC	—平均消费倾向
APS	—平均储蓄倾向	AS	—总供给曲线
C	—消费支出	EC	—恩格尔曲线
G	—政府支出	GDP	—国内生产总值
GNP	—国民生产总值	I	—投资支出
M	—进口	MPC	—边际消费倾向
MPS	—边际储蓄倾向	NDP	—国内生产净值
NI	—国民收入	NNP	—国民生产净值
Q	—总产量	S	—储蓄
T	—政府收入	X	—出口
Y	—收入		

消费函数　　　　$C=f(C)=C_o+cY$

储蓄函数　　　　$S=S_o+sY$

平均消费倾向　　$APC=c/y$

边际消费倾向　　$MPC=\Delta c/\Delta y$

平均储蓄倾向　　$APC=s/y$

边际储蓄倾向　　$MPC=\Delta s/\Delta y$

投资函数　　　　$I=e-i \cdot R$

消费与储蓄关系　$APC+APS=1$

　　　　　　　　$MPC+MPS=1$

均衡国民收入　　$\because C=C_o+cY, S=S_o+sY$

　　　　　　　　$\therefore y=\dfrac{\alpha+i}{1-\beta}, 0<\beta<1, i=-\alpha+(1-\beta)y$。

总支出函数　　　$AE=A_o+cY$

乘数　　　　　　$\alpha=\dfrac{1}{1-c}$

哈罗德经济增长　$G=\dfrac{S}{C}$

二、重点难点

1. 宏观经济学以整个国民经济活动作为分析对象,研究国民生产总值和国民收入、通货膨胀与失业、国际收支和汇率、经济增长和经济周期等各种经济现象的原因及它们之间的相互关系。

2. 国内生产总值(GDP)是指经济社会(一国或一地区)在一定时期内运用生产要素所生产的全部最终产品和劳务的市场价值。第一,GDP测度的是最终产品的市场价值,中间产品的价值不计入。第二,GDP中的最终产品包括有形产品和无形产品。第三,GDP是一个市场价值概念。第四,GDP指一定时期内生产出来的最终产品总值。第五,GDP是一国范围内生产的最终产品的市场价值,是一个地域概念。

3. 生产法是指从生产的角度出发,将各产业部门总增加值进行加总以核算国内生产总值的方法。国内生产总值＝总产出－中间投入＝第一产业增加值＋第二产业增加值＋第三产业增加值＝总增加值。

4. 支出法是指从最终产品和劳务的购买出发,通过核算在一定时期内整个社会购买最终产品的总支出来计量GDP的方法。国内生产总值＝总消费支出＋总投资支出＋净出口支出＝总支出。

5. 收入法是指从收入的角度出发,把某国一年内参与生产产品和提供劳务的各种生产要素所获得的各种收入加总起来计算GDP的方法。国内生产总值＝固定资产折旧＋劳动者报酬＋生产税净额＋营业盈余＝总收入。

6. 国民生产总值(GNP),是指某国一定时期内(通常指一年)在本国领土上所生产的最终产品和劳务的市场价值的总和。国民生产总值＝国内生产总值＋国外要素净收入。

7. 国内生产净值(NDP),指一个国家在一定时期内生产的最终产品与劳务的净增加值,即国内生产总值扣除折旧以后的差额。国内生产净值＝国内生产总值－折旧。

8. 国民收入(NI)指一个国家的生产要素在一定时期内提供生产性服务所得到报酬,即工资、利息、租金与利润之和。国民收入＝国内生产净值－间接税＋国外要素净收入。

9. 名义GDP是用生产最终产品当年价格计算的国内生产总值。实际GDP是用从前某一年作为基期价格计算出来的全部最终产品的市场价值。GDP折算指数＝某年名义GDP/某年实际GDP×100%。

10. 均衡国民收入,是指经济社会的总增加值与总需求相等的国民收入就是均衡国民收入。均衡国民收入的条件是计划投资等于计划储蓄,即 $i=s$。

11. 消费与收入之间的这种依存关系就是消费函数。平均消费倾向是指消费在收入中所占的比例。边际消费倾向是指增加的消费在增加的收入中所占的比例。储蓄函数正是储蓄与收入之间的依存关系。平均储蓄倾向是指储蓄在收入中所占的比例。边际储蓄倾向是指增加的储蓄在增加的收入中所占的比例。平均消费倾向和平均储蓄倾向之和恒等于一。边际消费倾向和边际储蓄倾向之和也恒等于1。

12. 投资乘数是指国民收入的变化和引起这种变化的投资支出的变化的比率。乘数的大小取决于边际消费倾向。边际消费倾向越大,乘数越大;边际消费倾向越小,乘数越小。边际消费倾向是小于一的,乘数一定是大于一的。

13. 政府购买乘数是指国民收入变动与引起这种变动的政府购买支出变动的比率。税收乘数是负数,表示税收的变动与均衡国民收入成反方向变化。平衡预算乘数,是政府收入和支出同时以相等的数量增加或减少时国民收入变动与政府支出变动的比率。

14. 投资函数就是指投资与利率的反方向变化关系。资本的边际效率就是指人们计划一项投资时预期可赚得的利润率。就单一投资项目而言,投资是否可行,取决于其资本的边际效率是否大于市场利率。

15. IS 曲线的含义是,在产品市场均衡(总需求等于总供给)的前提下,均衡国民收入和市场利率之间是反方向变化的关系。其背后的经济原理在于,在产品市场均衡的条件下,市场利率的上升会引起投资减少,投资减少又会通过乘数作用引起均衡国民收入大幅下降。反之,利率下降会引起投资增加,再通过乘数作用,导致均衡国民收入大幅上升。

16. 流动性偏好是指人们对货币的需求正是出于对流动性的考虑,因此对货币需求的偏好就是流动性偏好。根据凯恩斯的货币理论,人们对货币的需求有三个具体的动机:交易动机、谨慎动机和投机动机。

17. LM 曲线的含义是,在货币市场均衡(货币需求等于货币供给)的前提下,均衡国民收入和市场利率之间是正方向变化的关系。其背后的经济原理在于,在货币市场均衡的条件下,货币的投资需求保持不变,货币的购买需求和预防需求的增加,必然引起均衡国民收入的增加。反之,货币的购买需求和预防需求的减少,必然引起均衡国民收入的减少。

18. IS-LM 曲线的含义是,在货币市场均衡(货币需求等于货币供给)且产品市场均衡(总需求等于总供给)的前提下,均衡国民收入和市场利率之间的关系。

19. 总需求曲线,它是一条向右下方倾斜的曲线,表示总需求和物价水平之间的反方向变动关系。总供给曲线,它是一条向右上方倾斜的曲线,表示总需求和物价水平之间的正方向变动关系。总需求曲线与总供给曲线相交于一点,表明总需求与总供给相等,实现了宏观经济的均衡。

20. 凯恩斯革命是指凯恩斯抨击"供给自动创造需求"的萨伊定理和新古典经济学的一些观点,对资本主义经济进行总量分析,提出了有效需求决定就业量的理论,即用扩大总需求的方法来扩大就业并带动经济总量增长的理论。凯恩斯革命的核心内容是:在理论上以有效需求原理否定社会总供求由市场调节自动平衡的理论;在政策主张上反对自由放任,提倡国家干预经济;在分析方法上采用总量分析,代替个量分析,从而创立了现代宏观经济学。

21. 需求管理是指通过调节总需求来达到一定政策目标的宏观经济政策。在总需求小于总供给时,经济生活中就会出现由于需求不足而产生的失业,这时就要运用扩张性的政策工具来刺激总需求;在总需求大于总供给时,经济生活中就会出现由于需求过度而发生的通货膨胀,这时就要运用紧缩性的政策工具来抑制总需求。需求管理的手段包括财政政策与货币政策。

22. 需求管理政策,又称宏观经济政策。它有四大主要目标:充分就业、物价稳定、经济增长以及国际收支平衡。充分就业是宏观经济政策的首要目标,是指一切生产要素都有机会以自己愿意的报酬参加生产的状态。物价稳定是宏观经济政策的第二个目标,是指物价总水平的稳定。经济增长是宏观经济政策的第三个目标,是指在一个特定时期内经济社会所生产的人均产量和人均收入的持续增长。国际收支平衡是宏观经济政策的第四大目标,即保持国内经济与国际经济的平衡稳定。

23. 财政政策是政府变动税收和支出以影响总需求进而影响就业和国民收入的政策。财政政策目标应该是提供足够的有效需求,在制止通货膨胀的同时实现充分就业。因此,当有大量失业存在时,政府有责任不惜一切代价实行扩张性财政政策,增加政府支出和减少税收,实现充分就业。当经济存在通货膨胀压力时,政府要采取紧缩性财政政策即减少支出、增加税收。

24.财政政策的效果受多种因素的影响,其中最显著的当数挤出效应。所谓挤出效应,是指政府支出增加所引起的私人消费或投资降低的效果。当政府支出增加时,总需求增加,物价上涨,货币需求增加,利率上升,进而导致投资减少,消费随之减少。挤出效应越大,财政政策效应就越小;挤出效应越小,财政政策效应就越大。

25.货币政策是政府货币当局即中央银行通过银行体系变动货币供给量来调节总需求的政策。当总需求低迷,经济陷入衰退时,就要增加货币供给量,以降低利率,刺激投资和消费,来扩张总需求。反之,若总需求过旺,就要减少货币供给量,以提升利率,抑制投资和消费,来控制总需求。货币政策工具有法定准备率、再贴现率和公开市场业务。

26.货币政策的效果受经济周期的阶段、货币流通速度、外部时滞以及国际资本流动等影响。在通货膨胀时期,消费者会尽快消费,货币流通速度加快,而衰退时,货币流通速度则下降。因而,货币政策的效果会大打折扣。货币供给增加,导致利率下降,引起投资增加,扩大生产规模需要有足够的时间。在这个过程中,经济情况可能已经自行恢复。这样,扩张性的货币政策,就会加剧通货膨胀。

27.相机抉择是指政府在进行需求管理时,可以根据市场情况和各项调节措施的特点,机动地决定和选择当前究竟要采取哪一种或哪几种政策措施。即可以将各种政策搭配起来使用,也就是说可以采用"双紧""一松一紧""一紧一松""双松"等形式配合使用。

28.失业是指在一定年龄范围内愿意工作而没有工作,并且正在寻找工作的状态。衡量一个经济中失业状况的最基本指标是失业率。失业率是指失业人口占劳动力人口的比重。失业率的统计数据的获得,世界各国基本上采用两种方法进行,即登记失业率和调查失业率。

29.自然失业包括摩擦性失业和结构性失业。摩擦性失业是指在生产过程中由于难以避免的摩擦而造成的短期、局部性失业。结构性失业是指劳动者的供求结构不一致时引起的失业。

30.周期失业是指由于社会总需求不足而引起的失业。它一般只是在经济周期的萧条阶段才存在,故称为周期失业。根据凯恩斯的有效需求理论,在边际消费倾向递减规律、资本的边际效率递减规律以及流动偏好规律的共同作用下,经济社会的总需求总是不足的,从而导致失业。故而周期失业理论,又称为凯恩斯的失业理论。

31.奥肯定律是指失业率与实际国内生产总值增长率成反比例关系。依据我国的经济学家"奥肯定律"估算,我国失业率每增加 1%,实际国内生产总值增长率减少 2.9%,反之,失业率每减少 1%,实际国内生产总值增长率增加 2.9%。

32.凯恩斯的失业治理对策:在经济萧条时期,社会存在失业,政府就要通过扩张性的财政政策来刺激总需求,以实现充分就业。扩张性的财政政策包括增加政府支出与减税。在经济萧条时期,政府还要通过扩张性的货币政策来刺激总需求,以实现充分就业。扩张性的货币政策包括降低法定准备率,降低再贴现率和买进政府债券。

33.现代经济学家的综合治理对策:主动性失业治理政策包括控制和减少劳动力供

给,职业培训,缩短劳动时间,提高经济活动水平。被动性失业治理政策建立和完善社会保障制度和失业救济专项基金。

34. 通货膨胀是指物价水平普遍而持续的上涨。包括两个方面的特征:通货膨胀是指物价水平的普遍上涨;通货膨胀时期物价水平的上涨必须持续一定时期。通货膨胀用物价指数来衡量。

35. 物价指数是表明某些商品的价格从一个时期到下一个时期变动程度的指数。物价指数=报告期物价水平/基期物价水平。物价指数包括消费物价指数、零售物价指数、批发物价指数和国内生产总值折算指数。我国通常用消费物价指数表示物价指数。

36. 通货膨胀率的大小可以划分为以下几种类型:温和的通货膨胀,是指通货膨胀率低而且较为稳定的物价水平。急剧或奔腾的通货膨胀,是指通货膨胀率高而且继续攀升的物价水平。恶性通货膨胀,是指通货膨胀率高而且失去控制的物价水平。

37. 通货膨胀对经济的影响是多方面的,包括:通货膨胀将有利于债务人而不利于债权人,通货膨胀将有利于企业而不利于工人,通货膨胀将有利于政府而不利于公众。

38. 需求拉动的通货膨胀也叫超额需求通货膨胀,是指因总需求增加而引起的一般价格水平普遍和持续的上涨。它是从总需求的角度来分析通货膨胀的原因,把通货膨胀归因于对社会资源的需求超过了按现行价格所能得到的供给。由于总需求的过度增长,总供给相对不足,总需求超过总供给的能力,供不应求引起价格上升,从而导致通货膨胀。

39. 成本推进的通货膨胀也叫成本通货膨胀或供给通货膨胀,是指在没有超额需求的情况下由于供给成本的提高所引起的一般价格水平持续和显著的上涨。它认为引起通货膨胀的原因在于成本的增加,成本的增加意味着只有在高于从前的价格水平时,才能达到与以前相同的产量水平,从而引起通货膨胀。

40. 菲利普斯曲线是指一条用以表示失业率和货币工资变动率之间交替关系的曲线。它表明:当失业率较低时,货币工资增长率较高;反之,当失业率较高时,货币工资增长率较低,甚至是负数。

41. 通货膨胀的治理对策:在财政政策方面,主要采取紧缩性财政政策,它包括减少政府预算,压缩政府公共工程支出和政府购买;降低政府转移支付水平,减少社会福利费用;增加税收。在货币政策方面,主要采取紧缩性货币政策,它包括提高商业银行的法定存款准备金率,提高再贴现率,卖出政府债券。

42. 经济增长是指为给居民提供种类日益繁多的经济产品能力的长期上升。它集中表现在经济实力的增长上。需要特别强调的是,经济增长不是指现存资源的利用率提高所带来的 GDP 的增加,而是指社会生产能力的提高而带来的 GDP 的增加;经济增长也不是指名义 GDP 的增加,而是指实际 GDP 的增加。

43. 影响经济增长的因素主要有资本、劳动、技术进步和自然资源。技术进步是实现经济增长的必要条件,制度与意识的相应调整是实现经济增长的充分条件。

44. 适度经济增长是指经济优化发展的经济增长,即增长波动周期较长,波幅较小;能够实现产业结构动态协调和基本平衡;逐步改善人民生活水平;保证国际竞争力不断提高。均衡经济增长是指实际经济增长率、有保证的经济增长率和自然经济增长率的统一。

45. 经济周期,是指经济增长过程中国民收入及总体经济活动水平有规律地呈现上升和下降的周而复始的运动过程。经济增长的周期波动是经济增长过程中的普遍现象。经济周期可以分为两个大的阶段,即扩张阶段和收缩阶段。每一个典型的经济周期包括四个阶段和两个转折点,即繁荣、衰退、萧条、复苏四个阶段和顶峰、谷底两个转折点。

46. 经济周期理论,可以分为外部因素和内部因素两大类,诸如太阳黑子、科技创新、政府行为等属于外部因素,心理预期、消费投资以及乘数-加速数作用等属于内部因素。加速数与乘数共同起作用,将会加深一国经济的波动,可以说明繁荣转变为萧条,衰退走向复苏的过程。乘数-加速数原理是说明经济周期的主要理论。

47. 经济发展是与经济增长是既相区别又相联系的概念。经济发展不仅包括经济增长,而且还包括国民的生活质量,以及整个社会各个不同方面的总体进步。经济增长主要是指国民经济总量(如国内生产总值)的增长,它主要用国内生产总值增长率和人均国内生产总值增长率作为衡量指标。而经济发展不仅包括国民经济总量的增加,而且包括经济结构的基本变化,以及分配情况、社会福利、文教卫生、意识形态等一般条件的变化。

48. 经济发展战略,是指一个国家(或地区)根据本国(或本地区)发展经济所面临的主观和客观条件,从全局和长远角度出发而制定的一个较长时期内经济发展所要达到的目标,以及实现这一目标的方针和步骤的总体决策。经济发展战略一般包括战略目标、战略重点、战略阶段和战略对策几个方面。

49. 可持续发展可以定义为:既满足当代人的需求,又不损害后代满足其自身需求的能力的发展。可持续发展的内涵应包括:一是要使当代人和后代人都获得同等的发展机会;二是要使一代内所有人都获得平等的发展机会;三是要使人类和自然界享有同等的生存和发展机会,做到人与自然的和谐统一。

50. 可持续发展的对策:控制人口增长;改变不适宜的生产方式和消费方式;合理开发利用资源、保护环境;强化人力资本的积累;加强国际合作。

51. 汇率是两个国家(或地区)不同货币之间的兑换比率。汇率通常有两种表示方法:一种是直接标价法,另一种是间接标价法。汇率制度是一国货币当局对本国货币与外币交换时汇率确定方法的安排与规定。包括固定汇率制和浮动汇率制。

52. 国际收支是指一国在一定时期内居民与非居民之间全部经济交易活动的系统记录。国际收支平衡表是一定时期内(通常为一年)一国与其他国家间所发生的国际收支按项目分类统计的一览表,它集中反映了该国国际收支的具体构成和总体面貌。

53. 在开放经济条件下,决定一国国民收入水平的因素不仅有各种封闭经济状态下的宏观经济变量,而且还包括国际收支,把封闭条件下的 $IS-LM$ 模型和国际收支模型结合起来便构成了蒙代尔-弗莱明模型。把 IS 曲线、LM 曲线和 BP 曲线结合在一起就得到了开放条件下的宏观经济模型,即蒙代尔-弗莱明模型。

54. 循环经济是一种以资源的高效利用和循环利用为核心,以"减量化、再利用、资源化"为原则,以低消耗、低排放、高效率为基本特征,符合可持续发展理念的经济增长模式,是对"大量生产、大量消费、大量废弃"的传统增长模式的根本变革。

55. 低碳经济是指在可持续发展理念指导下,通过技术创新、制度创新、产业转型、新能源开发等多种手段,尽可能地减少煤炭石油等高碳能源消耗,减少温室气体排放,达到经济社会发展与生态环境保护双赢的一种经济发展形态。

三、宏观经济综合案例

【案例】

试运用下列我国统计资料进行宏观经济分析。

附表1　　　　　　　　　　1998～2005年我国主要宏观经济指标

项　目	1998年	1999年	2000年	2001年	2002年	2003年	2004年	2005年
生产法国内生产总值/亿元	84 402.3	89 677.1	99 214.6	109 655.2	120 332.7	135 822.8	159 878.3	183 084.8
第一产业/亿元	14 618.0	14 548.1	14 716.2	15 516.2	16 238.6	17 068.3	20 955.8	23 070.4
第二产业/亿元	39 004.2	41 033.6	45 555.9	49 512.3	53 896.8	62 436.3	73 904.3	87 046.7
第三产业/亿元	30 780.1	34 095.3	38 942.5	44 626.7	50 197.3	56 318.1	65 018.2	72 967.7
年末人口数/亿人	12.419 9	12.527 5	12.626 0	12.719 2	12.804 0	12.884 2	12.998 8	13.075 6
城镇人口数/亿人	4.160 8	4.374 8	4.590 6	4.806 4	5.021 2	5.237 6	5.428 3	5.621 2
农村人口数/亿人	8.315 3	8.203 8	8.083 7	7.956 3	7.824 1	7.685 1	7.570 5	7.454 4
国外要素净收入/亿元	−878	−1 088.1	−914.1	−887	−637	−248.8	77.15	124.48
零售物价指数/%	97.4	97.0	98.5	99.2	98.7	99.9	102.8	100.8
消费物价指数/%	99.2	98.6	100.4	100.7	99.2	101.2	103.9	101.8
生产价格指数/%	95.8	96.7	105.1	99.8	97.7	102.3	106.1	104.9
投资价格指数/%	99.8	99.6	101.1	100.4	100.2	102.2	105.6	101.6
城镇登记失业率/%	3.1	3.1	3.1	3.6	4.0	4.3	4.2	4.2
名义利率/%	5.67	3.78	2.25	2.25	1.98	1.98	2.25	2.25
法定准备率/%	8.0	6.0	6.0	6.0	6.0	7.0	7.5	11
再贴现率/%	5.13	3.78	3.78	3.78	3.24	3.24	3.87	3.87
财政收入/亿元	9 875.95	11 444.08	13 395.23	16 386.04	18 903.64	21 715.25	26 396.47	31 649.29
财政支出/亿元	10 798.18	13 187.67	15 886.50	18 902.58	22 053.15	24 649.95	28 486.89	33 930.28
收入法国内生产总值	82 780.25	87 671.13	97 209.37	106 766.26	118 020.69	135 539.14	159 126.6	197 789.03
固定资产折旧/亿元	11 942.6	13 209.2	14 972.6	16 779.3	18 493.8	21 551.47	24 213.5	29 521.99
劳动者报酬/亿元	43 988.95	45 926.43	49 948.2	54 934.8	60 099.4	67 260.69	72 893.61	81 888.02
个人所得税/亿元	338.20	412.83	510.18	716.01	1 211.78	1 418.04	1 737.06	2 094.91
生产税净值/亿元	11 038.8	11 870.3	13 760.1	15 027.7	16 573.4	19 362.42	24 732.11	27 919.21
生产补贴/亿元	333.49	290.03	278.78	300.04	259.60	226.38	217.93	193.26
出口退税/亿元	298.9	282.84	138.53	775.97	1 150.00	1 988.59	3 484.08	4 048.94
营业盈余/亿元	15 651.3	16 665.8	18 528.8	20 024.9	22 854.7	27 364.56	37 287.38	58 459.81
企业所得税/亿元	1 325.24	1 811.43	2 107.39	2 738.63	3 082.79	2 919.51	3 957.33	5 343.92
间接税/亿元	6 334.51	6 933.32	8 030.72	9 191.73	10 379.31	12 186.38	15 144.98	17 624.55
城镇居民平均可支配收入/亿元	5 425.05	5 854.02	6 279.98	6 859.58	7 702.80	8 472.20	9 421.61	10 493.03
农村居民平均可支配收入/亿元	2 162	2 210.3	2 253.42	2 366.4	2 475.63	2 622.24	2 936.4	3 254.93
支出法国内生产总值/亿元	86 531.6	90 964.1	98 749.0	108 972.4	120 350.3	136 398.8	160 280.4	186 700.9
总消费/亿元	51 588.2	55 636.9	61 516.0	66 878.3	71 691.2	77 449.5	87 032.9	9 6918.1
居民消费/亿元	39 229.3	41 920.4	45 854.6	49 213.2	52 571.3	56 834.4	63 833.5	70 906.0
城镇居民食品消费/亿元	8 049.07	8 494.99	9 049.54	9 747.38	11 407.36	12 658.86	14 708.52	16 382.37
城镇居民衣着消费/亿元	2 000.93	2 110.40	2 297.41	2 565.18	2 966.93	3 340.12	3 728.10	4 499.83

(续表)

项目	1998年	1999年	2000年	2001年	2002年	2003年	2004年	2005年
农村居民食品消费/亿元	7 064.68	6 800.95	6 632.68	6 609.30	6 637.97	6 809.23	7 812.07	8 663.21
农村居民衣着消费/亿元	815.73	754.75	776.04	785.29	821.53	847.44	909.67	1 107.72
政府消费/亿元	12 358.9	13 716.5	15 661.4	17 665.1	19 119.9	20 615.1	23 199.4	26 012.1
总投资/亿元	31 314.2	3 2951.5	34 842.8	39 769.4	45 565.0	55 963.0	69 168.4	79 559.8
固定资产形成/亿元	28 569.0	30 527.3	33 844.4	37754.5	43 632.1	53 490.7	65 117.7	77 464.4
库存增加/亿元	2 745.2	2 424.2	998.4	2 014.9	1 932.9	2 472.3	4 050.7	2 095.4
净出口/亿元	3 629.2	2 375.7	2 390.2	2 324.7	3 094.1	2 986.3	4 079.1	10 223.0
出口/亿元	15 223.6	16 159.8	20 634.4	22 024.4	26 947.9	36 287.9	49 103.3	62 648.1
进口(−)/亿元	11 594.4	13 784.1	18 244.2	19 699.7	23 853.8	33 301.6	45 024.2	52 425.1

附表2　　2006～2013年我国主要宏观经济指标

项目	2006年	2007年	2008年	2009年	2010年	2011年	2012年	2013年
生产法国内生产总值/亿元	211 923.5	249 529.9	314 045.43	340 902.81	401 512.80	473 104.05	519 470.10	568 845.21
第一产业/亿元	24 040.0	28 095.0	33 702.00	35 226.00	40 533.60	47 486.21	52 373.63	56 957.00
第二产业/亿元	103 162.0	121 381.3	149 003.04	157 638.78	187 383.21	220 412.81	235 161.99	249 684.42
第三产业/亿元	84 721.4	100 053.5	131 339.99	148 038.04	173 595.98	255 205.02	231 934.48	262 203.79
年末人口数/亿人	13.144 8	13.212 9	13.280 2	13.345 0	13.409 1	13.473 5	13.540 4	13.607 2
城镇人口数/亿人	5.770 6	5.937 9	6.240 3	6.451 2	6.697 8	6.907 9	7.118 2	7.311 1
农村人口数/亿人	7.374 2	7.275 0	7.039 9	6.893 8	6.711 3	6.565 6	6.422 2	6.296 1
国外要素净收入/亿元	158.59	330.01	444.49	488.95	824.56	965.60	964.39	1 008.15
零售物价指数/%	101.0	103.8	105.9	98.8	103.1	104.9	102	101.4
消费物价指数/%	101.5	104.8	105.9	99.3	103.3	105.4	102.5	102.6
生产价格指数/%	103.0	103.1	106.9	94.6	105.5	106	98.3	98.1
投资价格指数/%	101.5	103.9	108.9	97.6	103.6	106.6	101.1	100.3
城镇登记失业率/%	4.1	4.0	4.2	4.3	4.1	4.1	4.1	4.2
名义利率/%	2.52	4.14	3.60	2.25	2.50	3.50	3.25	3.25
法定准备率/%	8	14.5	15.5	15.5	18.0	20.5	19.0	18.0
再贴现率/%	3.87	4.32	1.8	1.8	2.25	2.50	2.25	2.0
财政收入/亿元	38 760.20	51 321.78	61 330.35	68 518.3	83 101.51	103 874.43	117 253.52	129 142.9
财政支出/亿元	40 422.73	49 781.35	62 592.66	76 299.93	89 874.16	10 9247.79	125 952.97	139 744.26
收入法国内生产总值/亿元	231 053.3	275 624.6	314 045.40	365 303.69	437 041.99	473 104.00		
固定资产折旧/亿元	33 641.8	39 018.8	58 185.90	55 531.11	66 608.73	81 126.80		
劳动者报酬/亿元	93 822.8	109 532.5	150 701.80	170 299.71	196 714.07	222 528.40		
个人所得税/亿元	2 453.71	3 185.58	3 722.31	3 949.35	4 837.27	6 054.11		
生产税净值/亿元	32 726.7	40 827.5	50 609.50	49 369.64	56 227.58	62 270.80		

(续表)

项 目	2006年	2007年	2008年	2009年	2010年	2011年	2012年	2013年
生产补贴/亿元	180.22	162.3	125.4	102.6	89.6	82.4		
出口退税/亿元	4 877.15	5 635.0	5 811.9	4 125.2	5 246.9	5 724.8		
营业盈余/亿元	70 862.0	86 246.0	54 548.20	90 103.24	117 456.61	107 178.00		
企业所得税/亿元	7039.60	8779.25	11175.63	11536.84	12843.54	16 769.64		
间接税/亿元	20941.00	25691.80	29961.55	33690.29	40320.77	47 435.96		
城镇居民平均可支配收入/亿元	11 759.5	13 785.8	13 984.8	14 079.9	14 795.5	15 066.1		
农村居民平均可支配收入/亿元	3 587.0	4 140.4	4 351.6	4 552.3	4 972.4	5 180.8		
支出法国内生产总值/亿元	221 170.5	263 242.5	315 974.57	348 775.07	402 816.47	472 619.17	529 399.20	586 673.00
总消费/亿元	110 413.2	128 444.6	153 422.49	169 274.80	194 114.96	232 112.00	259 600.00	292 165.60
居民消费/亿元	80 120.5	93 317.2	111 670.40	123 584.62	140 758.65	168 956.63	170 584.60	212 187.50
城镇居民食品消费/亿元	17 957.65	21 542.88	26 582.6	28 891.6	32 180.9	38 036.9	43 000.3	46 146.9
城镇居民衣着消费/亿元	5 203.81	6 187.29	7 275.5	8 284.6	9 673.6	10 877.8	12 979.3	13 905.7
农村居民食品消费/亿元	8 974.33	9 039.21	11 255.3	11 278.4	12 085.1	13 835.6	14 924.5	15 587.1
农村居民衣着消费/亿元	1 239.16	1 401.02	1 491.1	1 602.8	1 771.8	2 240.8	2 481.5	2 759.6
政府消费/亿元	30 292.7	35 127.4	41 752.09	45 691.18	53 356.31	63 154.92	89 015.40	79 978.10
总投资/亿元	94 103.2	111 417.4	138 325.30	174 463.22	193 603.91	228 344.00	253 524.00	280 456.10
固定资产形成/亿元	90 150.8	105 221.3	128 084.42	146 679.79	186 315.16	215 682.00	243 152.00	269 175.40
库存增加/亿元	3 952.4	6 196.1	10 240.88	9 783.43	10 988.75	12 662.00	10 372.00	11 280.70
净出口/亿元	16 654.1	23 380.5	24 226.77	14 037.04	15 097.00	12 163.34	14 484.00	14 151.30
出口/亿元	77 594.6	93 455.6	100 394.9	82 029.7	107 022.8	123 242.6	129 359.3	13 7170.2
进口(一)/亿元	60 940.5	70 075.1	76 168.13	67 992.66	91 925.8	111 079.26	114 875.3	123 018.9

【案例分析要点】

(1) 计算国民生产总值、国内生产净值、国民生产净值、国民收入、人均国内生产总值、实际国内生产总值并分析。

(2) 计算国内生产总值增长率、实际国内生产总值增长率、国民生产总值增长率、实际国民生产总值增长率、人均国内生产总值增长率并分析。

(3) 计算三大产业结构、三大产业贡献率(各产业增加值增量与GDP增量之比)、三大产业拉动指数(GDP增长率与产业贡献率乘积)并分析。

(4) 计算城镇居民恩格尔系数、农村居民恩格尔系数、基尼系数并分析。

(5) 计算消费率、储蓄率、平均消费倾向、平均储蓄倾向、边际消费倾向、边际储蓄倾向并分析,建立消费函数、储蓄函数和投资函数并进行预测。

(6) 计算投资乘数、政府支出乘数、税收乘数、总收入、总支出、总需求、总供给、均衡国民收入、潜在国民收入,分析失业率、通货膨胀率、经济增长率、经济周期及其各影响因素的关系。

参 考 文 献

[1] 于俊文.西方经济思想辞典,福州:福建人民出版社,1989
[2] 保罗·萨缪尔森.经济学,14版,胡代光译,北京:北京经济学院出版社,1996
[3] 梁小民.宏观经济学,北京:中国社会科学出版社,1996
[4] 梁小民.经济学教学指导,北京:中国社会科学出版社,1996
[5] 梁小民.经济学习题集,北京:中国社会科学出版社,1996
[6] 袁志刚.失业经济学,上海:上海人民出版社,1997
[7] 曼昆.经济学原理(中文本),上海:三联书店,北京:北京大学出版社,1997
[8] 辛宪.西方经济学形象导读,北京:中国国际广播出版社,1999
[9] 梁小民.宏观经济学纵横谈,上海:三联书店,2000
[10] 梁小民.西方经济学,北京:中央广播电视大学出版社,2002
[11] 高鸿业.西方经济学,3版,北京:中国人民大学出版社,2005
[12] 余少谦.经济学原理,福州:福建教育出版社,1999
[13] 余少谦.西方经济学理论与应用,福州:福建教育出版社,1999
[14] 张键民,余少谦.经济学基础,北京:中国财政经济出版社,2002
[15] 余少谦.宏观经济分析,北京:中国金融出版社,2004
[16] 余少谦.西方经济学,北京:中国财经出版社,2005
[17] 余少谦.宏观经济分析基础,北京:中国金融出版社,2006
[18] 余少谦.西方经济学,厦门:厦门大学出版社,2007
[19] 余少谦.西方经济学,北京:中国财经出版社,2008
[20] 余少谦.经济学基础,大连:大连理工出版社,2009